# 일제하
# 토지조사사업에 관한
# 법적 연구

**배병일**

영남대학교 법학과를 졸업하고, 같은 대학원에서 박사학위를 취득했다. 1985년부터 국립 강릉원주대학교 법학과 부교수를 거쳐 1992년부터 영남대학교 법과대학 교수를 지냈다. 1997년 미국 와싱턴주립대학(WSU)과 2007년 미국 올드 도미니언대학(ODU)에서 교환교수를 했다. 현재 영남대학교 특임부총장과 법학전문대학원 교수로 근무 중이다. 영남대학교 법과대학장, 법학전문대학원장, 대외협력처장, 중앙도서관장을 역임하였고, 한국법학교수회장, 국회 윤리심사자문위원장을 역임하였다. <광해로 인한 민사적구제에서의 문제점>외 160여편 연구논문과 <물권법요해>, <물권법>, <명예훼손소송과 오신의 상당성> 등 14권의 저서가 있다.

일제하 토지조사사업에 관한 법적 연구
초판 발행 2021년 2월 28일
지은이 배병일
펴낸곳 영남대학교출판부
펴낸이 최외출
출판등록 1975년 9월 5일 경산 제16-1호
주소 경북 경산시 대학로280
전화 053) 810-1801~3
FAX 053) 810-4722
홈페이지 book.yu.ac.kr

ISBN 978-89-7581-836-3 93360

값은 표지 뒷면에 있습니다.
잘못 만들어진 책은 바꾸어 드립니다.

# 일제하
# 토지조사사업에 관한
# 법적 연구

배병일 지음

영남대학교출판부

# 머리말

지금부터 111년전 제국주의 일본은 1910년 8월 29일부터 우리나라를 침략하여 국토를 유린하였고, 1945년 8월 15일까지 우리 국민들을 억압하고 괴롭혔다. 일제는 이미 1876년 강화도수호조약을 체결한 때부터 우리나라에 대한 침략 의도가 사실상 있었고, 1894년 청일전쟁에서 승리하면서 종전까지의 외교적 군사적 세력의 균형이 깨어진 이후 노골적으로 우리나라에 대한 침략 야욕을 드러내었다. 일제는 1904년 러일전쟁에서 승리하여 동북아지역 패권을 차지한 뒤, 1905년 통감부를 설치하여 우리나라 외교권을 박탈하고부터 국권을 유린하기 시작하였다. 한편 일본은 1885년 본토에서 지조(地租)개정을 위한 토지지압조사사업을 하면서 근대적 공시방법인 등기를 도입하였고, 이후 류큐국(琉球國)이었던 오키나와(沖縄)에서 1898년 토지정리사업을 하였고, 1894년 청일전쟁이후 타이완(臺灣)에서 대만 토지조사사업과 임야조사사업을 1898년에 실시하였다. 1910년 일제는 우리나라를 침략하면서 조선총독부를 설치하고, 1912년부터 1918년까지 토지조사사업을,

1918년부터 1935년까지 임야조사사업을 실시하여 지세수탈을 위한 제도적 정비를 하였다. 두 조사사업으로 우리나라에 지적도, 토지대장과 임야대장, 등기제도가 도입되었고, 그 때 만들어진 지적도, 대장과 등기는 지금까지 사용되면서 우리나라 토지정보에 영향을 미치고 있다. 최근 우리나라는 지적재조사에 관한 특별법(시행 2012. 3. 17., 법률 제11062호, 2011. 9. 16., 제정)에 근거하여 지적재조사사업을 시작함으로써 일제하에서의 토지제도 모두에 대한 변혁을 시작하였다.

19세기와 20세기에 걸친 시기에 우리나라는 지금과 같이 서비스 중심의 3차 산업이나 제조업과 같은 2차 산업이 거의 없었다. 주로 농업을 중심으로 한 1차산업 중심의 대한제국에서 가장 중요한 것은 토지세 징수이었다. 조선시대에도 양안을 중심으로 이루어진 수취체제하에서 제도적 흠결이나 장부의 허술함으로 세수확보가 쉽지 않았다. 일제는 1910년 우리나라를 식민지화하면서 국가 운영에 기본적인 요소인 예산에 바탕이 되는 징세에 관심을 가졌다. 종래와 같은 허술한 징세체제로는 조선총독부 운영에 필요한 세금 수입을 확보할 수 없었기 때문에, 수취체제의 바탕이 되는 근대적 토지제도를 도입하지 않을 수 없었다. 일제는 징세체제의 기본 바탕이 되는 토지제도의 정비를 위한 토지조사사업을 일본 본토, 홋카이도(北海道), 오키나와와 대만에서 이미 실시한 경험이 있었다. 이러한 경험을 바탕으로 일제는 우리나라에서 토지조사사업을 실시하고자 하였다. 대한제국에서도 토지조사를 위한 준비작업의 일환으로 측량기술자를 양성하려는 시도가 있었지만 일제의 통감부 설치로 흐지부지되고 말았다. 이후 일제는 토지조사사업을 위한 준비 작업으로서 측량기사를 양성하고, 토지조사사업의 근거 장부로서 결수연명부를 작성하는 등 사업을 시행하였다. 일제는 토지조사사업의 목적을 토지소유권의 확정과 지세부과의 정리라고 하여 조사사업의 명분을 근대적 토지소유권체제를 바탕으로 한 토지제도의 정비라고 했다. 하지만 실제로는 증세를 통한 조선총독부 운영 예산의 확보가 주목적이었다. 그만큼 우리 국민은 세금 증액에 따른 일제의 수탈에 생고생을 했고, 이에 저항하기 위해 소작쟁의 등 세금투쟁에 나서기도 하였다. 물론 토지조사사업을 계기로 소유권이 불분명하였던 토지소유자들은 세금을 더 내는 대신 소유자로서 절대적인 권리를 확보할 수 있는 장점은 있었다. 조선 후기부터 이미 소유자로서의 지위에 있었던 사람들은 조사사업의 결과로서 소유권을 사정(査定)받아 법인(法認)함으로써 절대적으로 취득할 수 있었지만, 일부는 토지 신고를 하지 아니하거나 하지 못함으로써 소유권이 박탈당한 경우도 있었다. 특히 1930년 조선부동산등기령이 개정되기 이전까지 종중이나 문중, 향교, 서원 등 권리능력없는 사단은 단체 명의로 등기를 할 수 없었기 때문에, 멀쩡하게 가지고 있었던 단체 소유권을 잃어버린 경우도 많았다.

일제 강점기 토지조사사업은 우리나라 토지제도에 일대 변혁을 가져온 것은 사실이지만, 그 경제적 효과 등에 대해서는 논란이 이어지고 있다. 일제는 토지조사사업과 임야조사사업을 증세를 전제로 하면서 소유권확인을 위한 등기를 도입하였다. 따라서 그 결과에 대한 분석이나 장단점 등에 대해 경제적, 이념적으로 논란이 있는 것은 어쩔 수 없다. 일제는 근대화라고 주장하지만, 우리는 수탈적, 박탈적 사업이라고 보지 않을 수 없고, 실제로 일제는 강력한 권리로 존재하였던 제도를 왜곡하면서 조사사업을 진행하였다. 일제는 기존의 입회권이나 도지권 등 물권적 권리를 채권적 권리로 파악하여 소멸시키고, 독립운동에 앞장서면서 재산적 기반을 형성하고 있었던 종중으로부터는 명의신탁이라는 해괴한 법리로 소유권을 박탈함으로써 종중재산을 왜곡하여 종중을 붕괴시켰다. 특히 입회권은 마을재산으로 조선시대부터 오랫동안 내려오던 우리나라의 관습적 물권적 권리이고, 심지어 일제의 민법체계에서도 입회권이 있었음에도 불구하고, 이를 왜곡하여 폐지하였다가 우리 국민들의 반발로 부활시키기도 하였다. 이처럼 일제는 조사사업을 계기로 기존의 강력하고 절대적인 물권적 권리로 존재하던 제도를 상대적인 채권적 권리로 격하시키거나 부정함으로써 우리 국민의 재산권을 수탈하였다. 이는 일제가 식민지였던 오키나와, 대만, 관동주, 만주 등에서 토지조사사업을 하면서 이미 이용하던 수법이었다.

이 책을 쓰게 된 동기는 첫째, 일제하 토지조사사업과정에서 왜곡된 법리를 바로잡을 필요성에 있다. 일제는 조선총독부의 토지조사사업을 계기로 우리 국민의 소유권 등 재산권을 왜곡하여 수탈하였다. 조사사업에서의 수탈과 부당함에 대한 우리 국민의 법적 소송을 조선고등법원판결을 통해 그 왜곡을 정당화하였다. 그럼에도 해방후 우리 대법원은 왜곡된 일제하 조선고등법원판결을 무비판적으로 받아들이는 안타까운 일이 있었다. 이 연구로 조선고등법원판결을 답습하고 있는 대법원판결의 법리를 변경하는 토대가 형성되었으면 한다. 둘째, 토지조사사업에 관한 법학분야의 연구 부족을 보완하고자 한다. 그동안 토지조사사업에 관한 연구는 역사학, 사회학, 경제학 측면에서의 연구는 많았지만, 법학 측면에서의 연구는 부족했다. 보잘것 없는 이 연구가 미력이나마 그 연구 부족을 채웠으면 한다. 셋째, 지적 호기심이다. 우연히 일제하 토지조사사업의 사정(査定)에 관한 대법원판결을 학생들에게 가르치다가 조사사업에 관심을 가지게 되었다. 호기심과 학생들을 가르치고자 하는 마음이 앞서서 척박한 연구 풍토를 무릅쓰고 연구하였다. 이러한 동기로 그동안 연구한 결과를 정리하여 이번에 상재(上梓)하기로 하였다.

그동안 몇 권의 책을 내면서 인사말에 감사 인사를 하지 못하였다. 이번에 책을 내면서 몇 분에게 감사의 인사를 하고자 한다. 먼저 최근 2020년 11월 30일에 별세한 엄마(허분덕, 92세 별세)를 기억하지 않을 수 없고, 이미 1979년 3월에 불의의 교통사고로 돌아가신 아버지(배이모, 56세 별세)를 생각하지 않을 수 없다. 두 분이 계시지 않았다면 나도 없었을 것이라는 점에서 부모님의 은공에 감사드린다. 또한 부모님이 살아계실 때 효도를 제대로 하지 못한 불효를 부끄럽게 생각한다. 다음으로 은사이신 김기동총장님(81세, 2010년 12월 별세)에 대해 감사를 드리지 않을 수 없다. 졸자가 1980년 대학원 석사과정 입학할 때부터 선생님께서 2010년 별세하실 때까지 나로 하여금 학문과 인간적 삶을 알도록 해주셨다. 노모와 멀리 떨어져 있던 어리숙한 제자를 가까이 살도록 불러주시는 등 30년간 아버지 없는 아이가 제대로 성장할 수 있도록 큰 도움을 주신 잊을 수 없는 분이다. 마지막으로 옆에서 묵묵히 4남매(수민, 정현, 현지, 지훈)를 키워 온 집사람(정경희)에게 감사를 드린다. 천성이 게으르고 나태한 신랑을 옆에서 지켜준 색시에게 무한한 존경을 보낸다. 아울러 책 교정을 봐준 법학전문대학원 11기 학생 변재호군과 김빛나양에게 감사드리고, 책 출간에 도움을 준 영남대학교 출판부 이종백실장님께도 감사드린다.

3.1절 102주년을 기념하는 2021. 2.

압량벌 80만평 너른터에서 배병일 識

# 차례

## 제2장 일제하 토지조사사업에 있어서의 결수연명부

## 제3장 일제하 토지조사사업에서의 사정(査定)

## 제4장 일제하 토지조사사업에 있어서의 마을재산

## 제5장 일제하 토지조사사업에서의 종중재산

## 제6장 일제하 토지조사사업과 보존등기

## 제7장 일제하 토지조사사업으로 제조된 토지공부(土地公簿)

# 제1장 | 일제하 일제의 각 식민지에서의 토지조사사업

## Ⅰ. 문제의 제기

영토는 국가의 구성요소이고, 토지는 국가 재정의 가장 중요한 요소이다. 국가는 토지 세금을 징수하여 국가재정을 운영하고, 토지의 권리관계는 등기를 통해서 공시되고 있다. 지세징수를 위해서는 명확한 지적에 근거한 토지와 세금부담자로서의 개인의 사유재산이 필요하다. 개인의 사유재산임을 명확하게 하는 토지 등기가 우리나라에 도입된 것은 일제하의 토지조사사업과 임야조사사업을 계기로 시작되었다. 일본 제국주의는 우리나라에서 토지조사사업을 실시하기 이전에 이미 다른 나라에서 토지조사사업을 실시한 적이 있었고, 우리나라에서 실시한 이후에도 계속하여 다른 나라에서도 토지조사사업을 실시하였다. 일제는 일본 본토에서의 지압조사사업(1885년-1888년)을 한 이후에 토지로부터 거둬들이는 지세가 국부의 근원임을 자각하였고 다른 국가를 침략하면서 식민지경영에 필요한 재원을 확보하기 위하여 지세증대를 위한 토지제도 개편사업을 서둘렀다. 일제는 식민지의 거버넌스 구축을 위하여 식민지에 정착하고자 하는 일본인과 식민지내의 일본인 지지세력의 보호를 위하여 부의 재편이 필요하였고, 이를 계기로 하여 구상된 것이 토지수탈을 위한 토지조사사업이었다. 청일전쟁에서 승리한 일제는 첫 번째 침략으로 대만을 병탄하였고, 그와 동시에 대만에서의 토지조사사업(1898년-1904년)을 실시하였다. 이후 일본은 본토에서의 토지조사사업을 바탕으로 하여 오키나와를 점령하고, 그와 동시에 토지정리사업(1899년-1903년)을 실시하였다. 대만과 오키나와에서의 경험을 토대로 하여 1910년 8월 우리나라를 침략한 이후 우리나라에서도 토지조사사업(1910년-1918년)과 임야조사사업(1918년-1935년)을 실시하여 지세령을 제정하는 등 일제가 원하는 국부를 얻었다. 이후에 관동주 토지조사사업(1914년-1924년), 남양군도 토지조사사업(1923년-1932년)을 실시하였고, 만주국 토지조사사업(1936년-1945년)은 실시 준비를 하던 중 1945년 8월 제2차 세계대전의 종전으로 중단하였다.

최근 우리나라는 지적불부합지를 바로 잡고 디지털지적으로 전환하기 위한 지적재조사사업을 2012년 3월 17일부터 시행하고 있다.[1] 전면적인 지적재조사에 앞서 현행 지적조사의 원형인 일제의 토지조사사업과 임야조사사업에 대한 법적 검토가 필요하고, 이에 대해서는 이미 연구가 있다. 그러나 일제가 침략한 각 지역에서의 토지조사사업에 관한 연구나 각 지역간의 연계성 등에 대해서는 그동안 연구가 부족하였다. 여기에서 일제는 각 지역에서의 토지조사사업에 앞서 그 지역의 관습조사를 하는 등 어떠한 준비과정을 거쳐서, 어떠한 법령에 근거하여 이루어졌는지, 또한

1 지적재조사에 관한 특별법(법률 제11062호, 2011.9.16. 제정)은 2012년 3월 17일부터 시행되었다.

그 이후에 어떠한 변천과정을 거쳤는지에 대한 시계열적으로 비교법[2]적 검토를 할 필요가 있다. 이 연구를 통해서 앞으로 시행될 지적재조사사업의 성패에 대하여 시사점을 얻을 수 있다.

먼저, 이 연구에서는 토지조사사업에 관한 선행적 연구를 살펴보고(Ⅱ.), 일제의 본토에서의 지압조사사업을 살펴보고자 한다(Ⅲ). 이어서 오키나와와 대만에서의 토지조사사업을 어떻게 운용하였는지를 검토한 후(Ⅳ.,Ⅴ.), 우리나라에서 전개된 토지조사사업과 임야조사사업에서의 전개과정을 천착한 후(Ⅵ.), 관동주와 남양군도, 만주국에서의 토지조사사업에 대하여 살펴본 후(Ⅶ.,Ⅷ.,Ⅸ.), 잠정적인 결론을 맺고자 한다.

## Ⅱ. 토지조사사업에 관한 선행적 연구

우리나라 토지조사사업에 대한 연구는 경제사학측면과 사회학측면에서의 선행 연구는 이미 많이 있다. 박문규[3]의 논문은 우리나라 토지조사사업에 관하여 그 역사적 의미를 처음으로 문제제기한 연구논문으로서 그 존재의의가 매우 크다. 이재무[4]의 논문도 해방이후 토지조사사업에 관하여 처음으로 발표된 논문으로 그 의미가 매우 크다. 김용섭[5]의 책

2 "비교법적"은 각국의 법률제도를 비교하는 것이지만, 여기에서는 일제가 점령한 식민지국가에서 일제가 만든 법률제도의 비교이다.

3 朴文圭,農村社會分化の起點としての土地調査事業に就て,朝鮮社會經濟史硏究,京城帝大法文學會,1933.

4 李在茂,朝鮮における土地調査事業の實體,社會科學硏究 7-5,東京大,1955.

5 김용섭,수탈을 위한 측량,한국현대사,신구문화사,1969.

은 처음으로 토지조사사업에 관하여 경제사적으로 분석한 연구로서, 의미가 중요하다. 그 이외에도 신용하[6], 배영순[7], 이영훈[8], 조석곤[9], 이영호[10], 최원규[11], 왕현종[12] 등의 연구가 있다.

그동안 토지조사사업의 결과로서 이루어진 토지 사정이 원시취득이라고 하는 내용에 관련된 조선고등법원 판결과 대법원 판결은 있고, 이에 대한 연구논문도 있다. 또한 토지조사사업과 관련된 선행적 법학적 연구는 윤대성[13], 장일혁[14], 강태헌[15], 이철우[16], 이우석[17], 이종길[18], 배병일[19] 등

---

6 신용하,조선토지조사사업연구,지식산업사,1982.

7 배영순,韓末·日帝初期의 土地調査와 地稅改正에 關한 研究,서울대 박사논문,1988.

8 이영훈,토지조사사업의 수탈성 재검토,역사비평 24호,역사문제연구소,1993,p.307.

9 조석곤,조선토지조사사업에 있어서의 근대적 토지소유제도와 지세제도의 확립,서울대 박사논문,1995.

10 이영호,일본제국의 식민지 토지조사사업에 대한 비교사적검토,역사와 현실 50,한국역사연구회,2003,p.229.

11 왕현종,조선토지조사사업연구의 과제와 시론적검토,역사와 현실 50호,2003.p.197.

12 최원규,한말 일제초기 토지조사와 토지법 연구,연세대 박사논문,1994.

13 윤대성,大韓帝國의 土地調査事業과 土地所有權의 處分-<土地調査綱要>의 分析을 중심으로,民事法理論과 實務 7집,민사법의 이론과 실무학회,2004.p.1;윤대성,“일제강점기 토지조사사업의 법적 근거”,法學論叢 30卷 1號,단국대,2006,p.37.

14 장일혁,토지조사사업 이후 토지에 관하여 작성된 제공부의 작성경위 및 효력:대법원 판례를 중심으로,不動産訴訟 2집,서울지방법원,2001,p.1.

15 강태헌,土地調査事業과 林野調査事業을 중심으로 한 近·現代 土地所有制度의 變遷過程,人權과 正義 351號,대한변호사협회,2005,p.28.

16 이철우,土地調査事業과 土地所有法制의 變遷,韓國法史學論叢(II),1991,p.349.

17 이우석,토지조사사업에 의한 소유권확정과 판결의 저촉,영남법학 10卷 2號,영남대출판부,2004,p.89.

18 이종길,韓末 牧場土의 所有關係變化와 日帝의 土地調査事業,法史學研究 25號,한국법사학회,2002,p.37.

19 배병일·주낙영,일제하 토지조사사업 이후의 토지공부에 관한 법적 문제점:경상북도를 중심으로,法과 社會 30號,박영사,2006,p.273.

이 있다. 법학적 측면에서의 토지조사사업에 관한 연구는 주로 우리나라(조선) 토지조사사업에 관하여 본격적으로 다루어진 것이 아니라 추가적인 형태의 단편적인 연구가 대부분이다. 이러한 연구들은 우리나라 토지조사사업과 관련되어 논의될 수 있는 일부 쟁점의 법적 문제에 대하여 검토된 것으로, 토지조사사업에 대한 전면적인 관점에서 우리나라 토지조사사업과 외국의 토지조사사업에 관하여 비교'법'적으로 검토하여 연구 분석된 것은 아니다. 토지조사사업에 관하여 비교사적으로 연구된 것으로 일본의 淺田喬二[20]와 우리나라의 이영호[21]가 있지만, 이것도 역시 비교법적으로 연구된 것이 아니라 경제사적으로 연구된 것이라는 점에서 아쉽다. 따라서 지적재조사사업을 계기로 토지조사사업과 관련하여 제기될 수 있는 근본적인 문제점을 해결하기 위한 비교법적 측면에서의 천착은 필요하다.

## III. 일본의 지압조사사업

일본은 1867년 명치유신이후 근대화에 힘을 쏟는 한편, 제국주의의 야욕을 우리나라를 비롯한 아시아 전역으로 드러냈다. 일본의 토지조사사업은 토지정리사업이라고도 하는데, 크게 토지소유권의 확립과 등기제도 도입, 지조개정에 의한 세법개정, 토지측량 및 토지대장 작성으로

---

20 淺田喬二,日本帝國主義下の民族革命運動,未來社,1973.

21 이영호,전게논문,p.229.

구성되어 있다.[22]

근대이전에 일본의 토지제도는 石高制로 운영하였다. 石高制는 太閤檢地에 의해 확립되어 막번체제의 성립으로 완성되었다. 석고제하의 농민은 檢地帳에 등록함으로써 토지의 경작권을 보증받지만, 동시에 公租를 부담하였다. 석고제 토지제도는 다음의 3가지로 표현된다.[23] 먼저 전답은 영구매매금지이다. 가난한 농민이 토지를 매각함으로써 몰락하는 것을 억제하기 위한 제도이다. 둘째 分地제한령이다. 이것은 농가의 분할 상속에 대한 일정한 제한을 가한 법령이다. 셋째 전답을 함부로 경작하는 것을 금지하는 것이다. 석제는 토지제도와 공조제도가 불가분적으로 결합된 독특한 제도이다. 석고제는 원칙으로 공조를 쌀로서 징수한다. 幕藩領主는 공조미를 확실하게 확보하기 위하여 미곡이외의 작물을 자유롭게 경작하는 것을 금지할 필요가 있었다. 그래서 일본은 근대화에 필요한 국가재정을 충당하기 위해서 토지로부터의 세수를 확실하게 담보하기 위한 지조개정을 서둘렀다. 이에 토지세제의 개혁안을 제시한 인물은 陸奧陽之助, 森金之丞, 神田孝平 등이다. 특히 神田孝平은 1870년 6월 전조개혁건의에서 田地賣買를 허가하고 沽券高에 준하여 金納租稅를 징수하자고 주장하였다.[24]

그래서 일본 본토에서는 1872년(명치 5년)에 태정관 포고 제50호에 의하여 地所永代 賣買의 禁制가 해소됨과 동시에 1872년 大藏省 通達 제25호에 의해서 지권(壬申地券)제도가 시행되었다. 임신지권의 발행은 1872년

**22** 이영호,전게논문,232면.

**23** 佐 木寬司,地租改正,中公新書,1989,12면.

**24** 佐 木寬司,前揭書,28면.

2월의 地劵渡方規則에 의해 이루어졌고, 이 규칙에서 지권은 지주로서의 확증을 선언하고, 토지의 매매나 양도시에 지권을 발행한다는 취지를 규정하였다. 이는 토지의 매매나 양도에 의하여 소유권이 이전한 증명서로서 지권을 발행한다는 것이다. 지권의 기원에 대해서는 舊幕藩體制下에서 개인의 사유권이 인정된 시가지 토지가 매도될 적에 일종의 매매증거문서로서 沽劵이 만들어진 경우가 있는데, 그 고권이 지권의 기원이라는 견해도 있다.[25] 지권제도는 정부의 토지-세제개혁의 이념으로서 결정한 토지소유권의 공인 수단으로서의 의의를 가지고, 권면에 기재된 조세액을 화폐로 납부하는 제도(조세금납제도)의 기본이 되었다.[26] 그래서 지권의 교부 또는 개서가 토지의 소유권이전의 효력발생요건이 되었다. 1872년 음력 7월에는 전국 전지 소유자에게 소유권을 명확하게 하기 위해 모두 지권을 발행 교부할 때 토지측량을 하지 않고, 지주가 檢地帳이나 名寄帳을 참고하여 토지 면적과 지가를 신고하도록 하였다. 이 단계에 이르러 지권을 발행함으로써 토지소유권을 공인하게 되었다. 그런데 임신지권에 기재된 토지면적은 실지조사의 결과 수치가 아니고 高反別帳, 검지장, 명기장 등 舊帳簿에 의한 것이고, 이는 현실과 상당히 차이가 있었다.

이에 1873년(명치 6년) 5월 12일에 대장성 주최의 지방관회의에서 지조개정법안을 의결하였고, 1873년 6월 8일에 田畓石高를 폐지한 후에 1873년 7월 28일에 지조개정법[27]의 공포에 의하여 지조개정작업이 시작되어 改正地劵을 발행하였다. 이 지조개정은 1881년 6월 30일에 지조개정사

25 佐 木寬司,前掲書,36면.

26 佐 木寬司,前掲書,36면.

27 상론, 태정관 포고 제272호, 지조개정조례, 지조개정규칙, 지방관심득 등을 총칭한다.

무국의 폐쇄와 함께 완료되었다. 지조개정사무국의 총재는 大久保利通, 御用掛는 大隈重信, 사무국장은 松方正義이다. 1873년 地所質入書入規則(태정관 포고 제8호)가 제정되었다. 質入은 부동산 질권에 상당하는 점유담보질이고, 書入은 저당권에 상당하는 비점유담보질이다. 토지의 질입 또는 서입의 証文에는 반드시 戶長의 奧書証印을 받도록 하였다. 1875년에는 建物書入質規則並建物賣買讓渡規則(태정관 포고 제148호)이 제정되었다. 지조개정이 마무리되자, 1880년에는 토지매매양도규칙이 제정되어 토지 소유권의 이전에도 奧書割印 제도가 도입되었다.

지조개정에 대한 농민들의 저항은 정부방침이 엄격하였던 1875년 7월부터 1876년 말까지 빈번하였다. 1877년 減租令에서 지가의 3%에서 2.5%로 인하함으로써 저항이 감소되었다.

토지소유농민의 소요가 수그러들면서 지조개정사업이 고비를 넘기면서 소작분쟁이 부각되기 시작하였다. 지주는 정액의 지조를 금납하는 대신에 소작인은 소작료로 현물로 바치기 때문에 미가상승으로 인한 이익은 지주에게 돌아갔다. 정부는 소작분쟁으로 인한 사회불안을 방지하기 위하여 또한 담세자인 토지소유자를 지켜 조세수입을 확보하기 위하여 소작분쟁을 철저히 탄압하였다.[28]

1877년에 일본은 민법제정과 관련하여 인사, 재산, 계약의 권리의무에 관한 전국의 민사관습을 조사하였다.[29] 그러나 1890년에 제정된 일본 구민법은 일본의 관행을 무시하였다는 비판에 직면해 폐기되었다. 이 관습조사는 식민지에서 구관을 조사하는 모범이 된다고 하는 견해가 있다.[30]

---

**28** 김용덕,명치초 지조개정의 시행방향,동양학 12권,1982,24면.

**29** 司法省,1877-1880 全國民事慣例類集.

일면 그런 점도 있지만, 식민지에서의 구관조사와는 다음과 같은 점에서 차이가 있다. 즉 식민지에서는 민법 제정을 위한 것이 아니라 토지조사사업을 위한 관습조사라는 점, 종전부터 인정되어 오던 식민지의 토지의 권리를 부정하기 위한 증거로서 관습조사를 한 점, 식민지의 관습을 조사하면서 그 틀을 일본의 제도에 억지로 꿰맞추어 왜곡하였다는 점 등에서 다른 나라에서의 관습조사와는 차이가 있다.

한편, 지조개정을 위해서는 필지를 분명하게 할 地押調査와 면적을 정확하게 할 丈量이 요구되었다. 1885년 2월에 地押調査를 시작하여 1888년에 조사를 완료하였다. 이 지압조사가 제2의 지조개정이라고 할 정도의 토지조사사업이었다. 1885년(명치 17년) 2월에 大藏大臣 訓令籌備 제10호에 의해서 '地押調査의 件"이 각 부현에 훈령되었고, 1886년 7월 31일에 대장대신 내훈에 의해 지압조사 시행의 순서와 주의가 시달되었다. 이 토지조사사업을 총괄한 사람이 松方正義인데, 松方은 대만의 토지조사사업에 관여하게 된다. 1889년 3월 22일에 토지대장규칙이 제정되었고, 지권제도는 폐지되었다. 등기법은 1886년 8월 11일에 공포되어 1887년 2월 1일부터 시행되었다. 이 등기법은 일본의 부동산등기법 시행이전에 제정된 것으로 구 부동산등기법이라고 한다. 등기법은 일본 민법 시행 전이라서 실체법제가 정비되지 않아 유명무실하였다. 1896년 4월 27일에 일본민법이 공포되어 1898년 7월 16일에 시행되면서 실체법이 정비되었다. 이에 따라 등기절차법의 정비가 필요하여 1899년 2월 24일에 부동산등기법이 제정되었고, 1899년 6월 16일에 시행되었다.

일본의 임야는 幕藩體制下에서 소유 이용주체에 따라 幕藩 봉건영주

---

**30** 이영호,전게논문,236면.

에 속하는 임야와 임야의 이용관리를 개인이 가지는 민유임야로 구분되고, 후자는 이용 관리를 공동조직이 하는 공동민유적 성격을 가진 入會地와 이용 관리를 개인이 하는 개인 민유지로 구분되었다.[31] 명치유신정부는 1871년 廢藩置縣직후 8월에 황무불모지를 불하하는 방침을 정하였고, 1872년 5월에는 大藏省 第76號達을 통하여 황무지 뿐 아니라 관유지도 무제한으로 불하대상으로 하였다. 1872년 9월에 지권도방규칙을 개정하여 村持와 兩村以上入會의 임야에 대하여 그 소유주체가 명확하지 않다고 판단하여 공유지로 취급하였다. 그런데 1873년 7월에는 태정관 포고 제257호에 의해 위 관유지 불하를 정지시켰다. 1873년 12월에 산업자본을 위한 官林황무지불하규칙을 공포하여 家祿奉還의 士族에게만 還祿公債에 의한 낮은 가격으로 불하하였다. 위와 같이 일본의 임야이용과 소유관계는 복잡하였고, 경지나 택지의 지조개정이 이루어지고 있는 동안에도 임야개조는 제대로 이루어지지 않았다. 일본의 임야조사사업인 임야개조에 본격적으로 몰두하기 위해서 개조기준을 처음으로 내세운 것이 1876년(명치 9년) 3월의 산림원야조사법세목이고, 이 세목에는 임야개조의 개조기준으로 토지장량, 지위등급, 지가산정, 지가표제작에 관한 4개조문을 규정하고 있다. 토지장량에서는 기본적으로 경지장량의 방법에 준하여 행한다고 하였다. 지위등급에 대해서는 용재산(用材山), 신탄산(薪炭山), 시산(柴山), 초산, 죽림, 훤초생지(萱草生地) 등의 지질별로 분류하고 있다. 산림매매에서는 토지대가와 입목대가를 구분하여 토지와 입목을 합하여 매매되는 것이 관행이었다. 일본의 본격적인 임야개조는 1878년(명치 11년)에 착수하여 1879년에 완료하였다.

---

31 佐 木寬司,前揭書,132면.

일본의 토지조사사업은 국가가 앞장서서 주도적으로 시행한 것이 아니라 국가의 요구와 농민의 필요에 의하여 지방행정기관과 농민에 의해 이루어졌다는 점, 토지조사사업으로 인하여 토지의 소유권이 창설된 것이 아니라 종전부터 이용되어 오던 지권교부에 이해 토지소유권이 확인된 점, 토지조사사업의 목적이 소유권확정에 있는 것이 아니라 국가재정을 확보하기 위한 지세증대에 있다는 점, 다른 나라 토지조사사업에서 보는 바와 같이 토지측량과 소유권확정이 연계되어 있지 않다는 점, 토지조사사업과 임야조사사업이 따로 이루어졌다는 점, 토지조사사업에 앞서 구관습조사등이 이루어지지 않았다는 점 등이 특색을 이루고 있다. 다만, 일본의 토지조사사업의 과정과 성과는 다음에 실시되는 다른 일본 식민지의 토지조사사업에 매우 중요한 자료를 제공하게 되고, 더욱이 악용되게 된다.

## Ⅳ. 오키나와에서의 토지조사사업

오키나와는 원래 류구국으로 청나라와 일본에 같이 조공을 바쳤으나, 1879년 이른바 류구처분(琉球處分)에 의해 사스마藩을 폐지하고 일본의 한 지방인 오키나와현으로 편입되었다. 그후 1894년 청일전쟁에서 일본이 승리함으로써 오키나와는 일본에 영속되었다. 당초 일본은 오키나와에 대해서 1879년 6월 25일 沖繩縣甲 第3號布達에 의해 구관온존정책으로 지배하였다. 구관온존정책은 오키나와가 일본에 영속되었지만, 오키나와의 구관을 인정해주고 그 차별을 유지하는 것을 말하고, 독립적인 지위를 인정하는 것은 아니었다. 오히려 구관의 조세가 가혹하였기 때문에 토지개혁을 하면 감세가 되므로 구관을 유지하였거나, 오키나와지배층의 저항으로 구관을 유지할 수 밖에 없었다고 한다.

토지정리 이전의 오키나와의 토지는 관유지로서 百姓地, 地頭地, 오로카지, 노로구모이지, 古宮田畓, 上納田이 있고, 사유지로 仕明請地, 仕明知行地, 請地, 拂請地 등이 있었다.[32] 백성지는 경지의 7할 이상을 차지하고, 각촌의 공동관리로 되고 있었고, 농민에게 경작(수익)권만을 인정하는 경지이다. 지두지는 왕부지배계급인 총지두, 협지두에게 부여된 녹지이다. 오로카지와 노로구모이지는 각각 간체(촌), 村役人(지방공무원), 노로구모이(신관)의 봉록지이다. 전답, 자분전답, 상납전은 일본 본토의 백성지에 상당하는 것이다. 사명청지는 농민이 만든 해안의 개간지이다. 사명지행지는 사족이 만든 개간지이다. 청지는 부락의 인구감소 등 때문에 경작이 곤란하거나 왕부에 반납된 백성지를 불하받은 경지이다. 불청지는 부락의 피폐에 의해 공조의 부담을 덜기 위해 왕부의 인가를 받아 매각된 토지이다. 舊藩이래의 토지제도는 일정한 기간이 지나면 농민에게 배분되는 地割制度가 있었고, 백성지는 배분받더라도 매매질입이 금지되었다.[33] 지할의 대상이 된 토지는 백성지이지만, 부락에 위탁된 지두지, 오로카지, 노로구모이지, 45년 또는 30년[34]으로 소작하는 토지 특히 사명지 등도 대상이 되었다.

오키나와 토지조사사업은 토지정리라고 하고, 토지소유권의 法認과 지가의 결정 등 토지제도와 조세제도의 개혁이다. 오키나와 토지조사사

---

32 西原文雄,土地整理に關する一考察,近代沖繩の歷史と民衆.沖繩歷史研究會編,至言社,1977,84面.

33 田港朝昭,沖繩縣史 2卷,沖繩縣教育委員會,1970,311면.

34 臨時沖繩縣土地整理事務局,沖繩縣土地整理紀要,1903,6면.

업에서는 소유권을 새로이 창설한 것이 아니라 기존의 소유권을 법적으로 인정하는 법인화작업이었다. 아울러 토지정리에서는 종래의 구관온존정책을 폐기하고 구관을 폐지하였다. 그래서 1893년에 구관폐지를 위한 구관조사를 하여, 조세(沖縄縣舊慣租稅制度), 지방제도(沖縄舊慣地方制度),토지(沖縄舊慣地制)에 대하여 조사하였다.

1898년 7월에 임시토지정리사무국관제가 제정됨으로써 시작된 오키나와의 토지정리사업은 그때까지의 일본 본토에서 시행된 지조개정의 연장으로서 자리매김하였다. 오키나와 토지정리사업과 병행하여 1898년 9월에 대만에서 토지조사사무국이 설립되었다. 오키나와와 대만에서는 정부기관으로서 토지정리사무국이나 토지조사국이 설치되어 그 직원에 의해서 토지조사사업이 추진되었지만, 일본 본토의 지조개정에는 지방행정기관이나 농민에 의해서 시행되었다.

오키나와에서는 오키나와현 토지정리법이 1899년 3월에 통과되었다. 27개 조문으로 구성되어 있고, 제1조는 오키나와현에서 토지는 법률이 정하는 바에 의하여 정리한다고 규정하고, 제2조에서는 부락의 백성지, 지두지, 오로카지, 노로구모이지, 상납전으로서 부락에 지할하는 토지는 지할에 의해 배당을 받는 자 또는 그 권리를 승계 받은 자의 소유로 한다고 규정하고 있다. 제26조에서 오키나와의 토지에 관한 구관에 의거해 징수한 국세는 제23조에 의해 지조를 징수하는 해부터 폐지한다고 규정하여 조세제도를 개정하였다. 제23조는 지조조례 및 국세징수법은 칙령에 의하여 기일을 정하여 점차 오키나와에 시행한다. 다만, 사찰지(社寺地), 신사(拜所)는 지조를 면제한다고 규정하였다. 오키나와 토지정리사업은 1899년 4월 1일부터 1903년 10월까지 4년 6개월이 걸렸다.

## V. 대만에서의 토지조사사업

일제는 침략한 동아시아의 여러 지역에서 각 지역에서의 토지로부터 그 지역에서의 재정운영에 필요한 稅收를 확보하기 위해서, 그리고 그 지역에 진출한 일본인의 토지소유권을 확보해주기 위해서 토지조사사업을 서둘렀다. 대만은 청일전쟁에서 중국이 일본에 패전하고 중국과 일본이 체결한 시모노세키조약의 결과로 1895년 일본에 할양되어, 최초의 일본 식민지가 되었다. 당초 대만은 일본과 관습을 달리하기 때문에, 1896년 대만총독부는 민정국 참사관실에 臨時調査掛를 설치하여 舊規慣例를 조사하였다. 대만인 상호간에는 대만의 민사관습을 따르고, 토지의 권리도 대만의 구관을 따르도록 하였다. 이에 일제는 대만의 구관을 조사하는 것이 시급하였다. 1899년 12월 대만총독부는 경도대학 岡松參太郎(오카마츠)교수를 불러서 대만구관조사용역을 주었고, 岡松는 1900년 2월부터 採風問俗을 시작하여 1900년 11월에 臺灣舊慣制度調査一斑[35]을 출판하여 보고하였다. 이후 토지에 관한 관습도 조사하였다.[36] 그 후 岡松는 1906년 11월 남만주철도주식회사(총재 後藤新平)의 창설에도 기여하고 이사에 취임하여 만주구관조사에도 관여하였다.[37]

대만에서는 청조말기의 토지소유자로는 大租戶, 小租戶, 現耕佃人의 3계급이 있었다. 대조호는 정부로부터 관유지개간권을 받은 개간권의 취득자로서, 정부에 대하여 지조납입의무가 있었다. 소조호는 대조호가 취

---

35 臨時臺灣土地調查局,臺灣舊慣制度調査一斑,1901.

36 臨時臺灣土地調查局,臺灣土地慣行一斑,1905.

37 春山明鐵,臺灣舊慣調査と立法問題,新沖繩文學 60,1984,79면.

득한 개간허가지의 개간경영자로서 대조라고 하는 조곡을 대조호에게 납입하였다. 현경전인은 소조호가 보유하는 기간지를 현실적으로 경작하는 소작인으로, 소조라는 조곡을 소조호에게 납입하였다. 1885년 대만순무에 임명된 유명전은 토지업주권(토지에 대한 최고의 권리로서, 거의 소유권에 가까운 권리이다.)의 소재를 확정하고자 淸賦事業을 시행하였다. 대만에서의 토지조사사업은 증세의 의도를 은폐하기 위하여 토지조사, 대조권보상, 지조율개정의 3단계로 구분하여 실시하였고,[38] 1898년 9월부터 540만엔의 예산으로 착수하여 1903년 6월에 완료하였다. 일제는 대만토지조사사업에서 지리 지형을 명확히 하고, 토지의 종목을 확정하고, 토지에 관한 권리를 확정하였다.[39] 당시의 토지제도는 대조호의 토지에 대한 권리는 소유권보다는 박약하였지만, 소조호와 함께 토지에 대해서는 권리자였다(一地兩主). 또한 대만에서는 은결이 많았다. 대만에서의 토지조사사업은 조선의 토지조사사업에 많은 영향을 주었고, 일제는 이를 참고로 하였다.

한편 토지조사사업과 함께 일제는 임야조사사업도 준비하였다. 1895년(명치 28년)에 관유임야단속규칙을 공포하여 소유권을 증명하는 지권이나 기타 확증이 없는 산림원야는 모두 관유로 한다(제1조)고 규정하여, 무주지국유원칙을 정하였다. 1899년(명치 32년)에는 무주지 개간에는 관허가 필요하다고 하였다. 대만총독부는 1910년(명치 43년)부터 1914년(대정 3년)까지 5년간 임야조사를 하여 관민유구분을 하고, 임야의 소유권을 확정하였다. 그 결과 관유지 75만 2091갑, 민유지 3만 1179갑으로 되어 조

---

38 江丙坤,臺灣地租改正の研究,東京大學出版會,1974,109면

39 臨時臺灣土地調査局,臺灣土地調査事業概要,1905,7면.

사임야의 거의 대부분을 관유림으로 사정하였다.[40] 주민들이 관행적으로 무단으로 개간, 경작, 조림, 임산물의 채취 등을 하고 있던 토지는 연고지로 하여, 원주민들의 임야이용을 무시할 수 없어서, 이를 보관림으로 하여 종래의 연고자에게 보관료를 부과하고 그 사용 수익을 허가하였다. 이루 보관료제도를 폐지하고, 대정 4년부터 14년까지 관유임야정리사업을 실시하였다. 이 사업은 관유임야를 요존치임야와 불요존치임야로 구분하고, 후자는 보관림 이용자, 무단개간자 등의 연고자에게 불하시키거나 예약개간성공지로서 매도하였다. 이 같은 임야조사 및 정리사업은 임야의 관민유 구분을 하여 소유권의 소재를 확정하고, 소유권의 귀속을 완전하게 증명할 수 없는 임야는 모두 관유임야로 만들어서 거대한 국가적 임야소유를 확립하였다. 일제는 대만에서의 3대사업인 토지조사사업, 임야조사사업, 관유임야정리사업을 통하여 경지, 임야와 함께 토지소유권의 소재가 명확해지고, 토지의 관민유구분이 확정되었다.[41]

## VI. 우리나라에서의 토지조사사업

1910년 8월 29일 일제에 의해 우리나라는 국권을 침탈당해서 주권을 상실했다. 이에 앞서 일제는 1905년 11월 17일 을사조약을 체결하고, 뒤이어 1905년 2월 1일 통감부를 설치하여 외교권을 박탈하고 국권을 장악하기 시작하였다. 정치적 침략에 앞서서 일제는 우리나라를 경제적으로

---

**40** 淺田喬二,前揭書,31면.

**41** 淺田喬二,前揭書,41면.

도 식민지로 만들기 위해서 토지조사사업을 실시해서 재정권까지 장악하려고 하였다. 1905년 6월에 대한제국 재정고문으로 있던 目賀田種太郎(메가다)가 일본인 측량기사를 고용해서 한국인 측량기수와 雇員을 양성하였다. 1907년 12월에 대만과 오키나와의 측량법을 참고하여 측량규정을 제정하였다. 재정고문 目賀田種太郎는 일본의 지조개정, 오키나와의 토지정리, 일본 北海道의 토지정리사업에 참여한 인물로, 일본의 지조개정이나 오키나와에서의 토지정리 경험이 우리나라에 도입되었을 가능성이 많다.

일제 통감부는 관습법에 대한 조사를 실시하여 부동산법조사회(1906)의 "한국부동산에 관한 조사기록", 법전조사국(1907)의 "한국관습조사보고서"와 "부동산법조사요록"을 간행하였고, 조선총독부 취조국은 "관습조사보고서"(1910-1912) 등을 간행하였으며, 이 관습조사는 1912년부터 실시된 토지조사사업에 큰 영향을 미쳤다. 부동산조사회의 회장은 梅謙次郎(우메), 보좌관은 中山成太郎(나카야마), 보좌관보는 川崎萬歲(가와사키)이다.

이후 일제는 1910년 3월 15일 토지조사국(1910년 10월 1일 임시토지조사국으로 변경)을 설립하면서 토지조사사업을 시작하였다. 뒤이어 1911년 11월 지적장부 조제에 착수하여 1912년 3월 조선부동산등기령과 조선민사령, 1912년 8월 토지조사령, 1914년 3월 지세령, 1914년 4월 토지대장규칙 등을 입법화하여 토지조사사업을 실행하였고, 1918년 11월에 토지조사사업을 종료하였다. 1912년의 토지조사령은 제1조에서 토지의 조사와 측량은 이 령에 의한다고 규정하였고, 제4조에서 토지의 소유자는 조선총독이 정하는 기간 내에 그 주소, 씨명 또는 명칭 및 소유지의 소재, 지목, 자번호, 사계, 등급, 지적, 결수를 임시토지조사국장에게 신고하여야 한다고 하고, 제9조에서 임시토지조사국장은 지방토지조사위원회에 자문하여 토지의 소유자 및 그 疆界를 사정한다고 하고, 제15조에서 토지소유자의 권리는 사정의 확정 또는 재결에 의하여 확정한다고 규정하였다. 이러한 토지조사사업의 결과로서 나타난 것이 등기제도의 도입이다. 일제의 우리나라에서의 토지조사사업은 1912년 토지조사령에 의해서 실시가 되었지만, 위에서 보는 바와 같이 이미 1905년 통감부시절부터 지세수입 확대를 위한 토지조사사업을 준비하여 왔음을 알 수 있다.

한편 전국토의 7할을 차지하는 임야에 대해서 조사사업을 하지 않고서는 제대로 재정운영을 할 수 없다고 판단한 일제는 1908년 삼림법을 제정하여 삼림을 국유·민유로 나누고 대부분의 임야를 국유림화하였다. 이러한 과정을 통해 만들어진 국유림을 효과적으로 경영하기 위해 일제는 1911년 삼림령을 발표하고 국유림구분조사를 행하였다. 일제는 森林法(1908.1.21.법률 제1호) 제19조에서 3년 이내에 삼림산야의 지적 및 면적의 계출이 없는 경우에 임야를 전부 국유로 간주하였다. 이 규정은 매우 중요하면서도 문제가 많은 것이다. 이후에 이를 둘러싸고 다툼이 많았다. 그래서 이 국유화에 대한 반발이 거세지자 삼림법을 폐지하고 森林令(1911.6.20.제령 제10호)을 제정하면서 제29조에서 삼림령 시행이전에 永年禁養한 국유삼림은 제7조의 대부를 한 것으로 간주하고, 삼림령 시행규칙 제46조에서 대부료까지 면제하여 사실상 민유(사유)화 시켰다.

1912년 삼림·산야 및 미간지 국유사유 구분표준(森林山野及未墾地國有私有區分標準)을 제정하였다. 국유로 강제편입된 사유림에 대한 소유권분쟁 및 경계시비가 격증하자 일제는 토지조사사업을 끝내고 임야조사사업을 계획하였다. 임야조사사업은 1918년 5월 조선임야조사령 등을 공포하고, 1년간 시험준비기간을 거쳐 1917년부터 1924년까지 9년간 1차 사정사무

(査定事務)를 완료하였고, 사정사업은 이를 관장할 전담기구를 따로 두지 않고 기존의 행정기관을 이용하여 간략한 방법에 따라 시행되었다. 2차 재결사무(裁決事務)는 조선총독부 임야조사위원회가 맡아 1919년부터 시작하여 1935년에 완결하였다.

임야조사사업에서 임야에 대한 소유권을 법인하였고, 연고가 있는 국유림에 대해서는 국유로 사정하였지만, 다툼이 많았다. 이에 일제는 1926년 4월 5일에 조선특별연고삼림양여령을 제정하여 특별한 연고가 있는 국유삼림을 해당 특별연고자에게 양여함으로써(제1조), 사유림으로 전환시켰다.[42] 특별연고자는 고기 또는 역사가 증명하는 바에 의하여 사찰에 연고가 있는 삼림에서는 그 사찰(제2조 제1항 제1호), 융희 2년(1908년) 법률 제1호 삼림법 제19조의 규정에 의하여 지적신고를 하지 않아 국유에 귀속된 삼림에서는 종전의 소유자 또는 상속인(제2조 제1항 제2호), 융희 2년 법률 제1호 삼림법 시행 전에 적법하게 점유한 삼림에서는 그 종전의 점유자 또는 상속인(제2조 제1항 제3호), 전항 제2호 또는 제3호에 해당하는 자가 부면내의 부락일 경우에는 그 부면을 특별연고자로 간주한다(제2조 제2항)고 규정하였다. 특별연고삼림에 대한 출원기간은 1927년 2월 1일부터 1928년 1월 31일까지 1년이었지만(제4조), 그 기간 동안 111만 4천건, 341만 6천정보에 해당하는 건수와 면적이 출원되었다. 양여처분은 1934년에 완료되었다.

---

**42** 임업연구원,한국의 근·현대 산림소유권 변천사,2001,90면이하.

## Ⅶ. 관동주에서의 토지조사사업

일제는 1904년 러일전쟁에서 승리하면서 1905년 중국 요동반도의 관동주와 사할린 남쪽(화태)를 차지하였다. 일제가 관동주(요동반도 남쪽의 여순, 대련지역의 조차지)를 조차한 후에 식민지 지배체제를 구축하기 위하여 설치하였던 관동도독부[43]는 1914년 5월에 토지조사사업에 착수하여, 관동청이 1924년 2월에 토지조사사업을 완료하였다.

관동주 토지조사사업은 첫째 토지소유자 및 강계의 조사, 둘째 토지측량, 셋째 토지의 가격조사, 넷째 토지의 형태측량, 다섯째 지방경제조사로 구분하여 이루어졌다.

먼저 토지의 소유자 및 그 강계조사는 토지의 종류, 業主權 및 典權을 조사하고 그 업주 및 강계를 사정하여 토지대장을 조제하고 전주와 함께 등록함으로써 다툼 있는 권리관계를 해결하고자 하였다. 둘째 토지측량은 3각측량 및 도근측량을 시행하여 그 기준을 정하고, 일필지의 강계를 측량하여 지적도를 조제함으로써 종래 애매한 지적을 명료하게 하였다. 셋째 토지가격조사는 택지에서는 임대가격을 기초로 하여 지가를 정하고 기타 토지는 수익에 기초한 지가를 정하여 과세표준을 정함으로써 장래의 지세부담을 공평하게 하였다. 넷째 토지의 형태 측량은 지형측량을 하여 지상에서의 천연 인공의 지형을 구획하고, 시가지에서는 1만분의 1로, 기타 지역에서는 25000분의 1의 축적을 사용하여 지형도를 제작하고 고저맥락분포의 상황을 도상에 명료하게 하였다. 다섯째 지방경제조

---

**43** 1906년 중국 여순에 두었던 관동도독부는 1919년에 관동청으로, 1934년에는 관동주청으로 재편되었다.

사는 관동주내 농촌의 현상 및 부침성쇄의 정세를 관찰하여 주민의 경제적 진상을 알기 위한 자료로 일반경제상황 이외 지리, 행정, 산업, 풍속 및 생활상태 등에 이르기까지 망라하여 조사하였다.[44]

관동주 토지조사는 1914년(대정 3년) 5월에 관동도독부내에 토지조사사무를 담당하는 임시직원을 배치하면서 시작되었다. 제1기 사업으로 1914년부터 1916년까지 3개년 계획으로 예산 25만원으로 착수하였다. 처음에는 군용지와 임야는 耕宅地와 기타 토지조사를 하였다. 제2기 사업은 계획을 확장하여 완성년도를 1922년(대정 11년)으로 정하고, 예산을 107만 3518원으로 편성하여 제출하였으나 의회해산으로 예산불성립이 되어 1917년에는 전년도에 비례하여 예산 10만원으로 사업을 하였다. 1920년에 이르러 완성년도를 1년 연장하여 1923년으로 정하고 예산 81만 1642원으로 편성하여 제출하였으나, 의회해산으로 예산불성립되었다. 관동부 토지조사사업은 1924년 2월에 완성하여 총 9년 10개월 동안 예산 230만 2600원이 소요되는 사업이었다.

## Ⅷ. 남양군도에서의 토지조사사업

일본은 남양군도에서 1923년 임시토지조사사업을 시작하여 관유지 및 非島民의 소유지에 관하여 경계, 지목, 면적을 조사하고, 아울러 島民소유지의 지목을 조사하였다. 이 사업은 1923년 12월부터 착수하여, 1925년 6월에 사이판(Saipan)島를, 1927년 9월에 팔라우(Palau)제도내의

---

**44** 關東廳臨時土地調査部,關東州土地調査事業報告書,1924,3면.

코로르(Koror), 마라카르, 아라카페산, 파벨다오, 1930년 2월에는 포나베島를, 1931년 6월에는 로타島를, 1932년 2월에는 얍島를, 그 후 트럭, 얄도, 구세이제도를 조사하고, 1932년에 토지조사사업을 거의 완료하였다. 1933년부터 도민지에 관하여 그 소유자 및 경계의 사정을 하여, 패리류, 사이판島를 마무리하고, 1937년에 패르다옵섬을 조사하였다.[45]

토지조사에 관한 규정으로는 ① 1925년 10월에 남양군도 토지조사규칙(남양령 제12호), ② 1926년 4월에 토지조사실지조사규정(남양청 훈령 제4호), ③ 토지조사 도근측량규정(남양청 훈령 제5호), ④ 1933년 10월에 남양군도 토지조사령(칙령 제263호)과 ⑤ 남양청 토지심사위원회령(칙령 제264호)이 공포되었지만, 그 중 가장 중요한 문제는 토지의 소유권 및 그 범위의 확정에 관한 것이다. 이 문제는 토지의 권리의무를 이해하는 내외국인에 대하여는 비교적 간단하게 실행되지만, 토지의 권리의무를 이해할 수 없거나 그 법률제도에 익숙하지 않은 島民에 대해서는 매우 곤란한 문제가 생길 수 있었다.

따라서 남양군도에서는 초기의 관유지 및 非島民有地에 관한 조사는 남양청령에 의하여, 그 방법으로는 토지를 전, 답, 야자원, 택지, 사찰지, 묘지, 저수지, 임야, 목장, 잡종지, 도로, 하천, 도랑, 철도노선 등 14종목으로 나누어, 田 以下 잡종지의 10개 종목의 토지에는 1필마다 지번을 부여하고, 남양청장관은 미리 조사를 한 지역 및 개시의 시기를 결정한 것을 고시하고, 그 지역 내에 있는 토지의 소유자 또는 그 이해관계자에 의해 토지의 소재, 종류, 면적, 관부등록번호를 신고받아, 각각 토지에 관하여 실지로 조사측량을 하고, 토지대장 및 지적도를 조제하였다.

---

**45** 上原轍三郎,南洋群島に於ける土地問題,法經會論叢 8,北海道帝國大學 法經會,1940,31면.

토지조사사업의 결과는 토지소유권의 종류, 농업적지, 농업식민적지로 구분할 수 있다. 토지소유권의 종류에서 토지의 소유는 관유, 외지인유, 도민유로 구분되었다. 조사가 완료된 토지는 28,792필, 12만 3129정보로서 군도 전면적의 57.3%를 차지하였다. 주요한 부분은 거의 조사되었다고 하였다. 남양군도 전체로서 관유지가 가장 많아 7만정보, 57%에 달하였다. 도민유지는 5만정보, 41%로서 관유지와 도민유지를 합하면, 12만 1천정보, 98%에 달하였다.[46] 농업적지는 토지조사를 한 결과, 전답이 5400여정보, 목장은 700여정보, 야자밭은 1만 1500여정보로서 농업지로 볼 수 있는 면적이 약 1만 8000여정보에 달하였다. 식민적지는 이미 1924년부터 조사를 시작하여 패르다업도에 3개소, 1059정보, 수용예정호수가 224호를 선정하고, 1927년부터 포나베도에서 1개소, 803정보, 수용예정호수가 169호를 입주시키려고 하였다. 토지조사사업의 결과 그 종류, 면적, 소속, 이용상태를 명확하게 하였고, 관유지와 도민소유지가 대부분이었다.

관유지는 1937년에 3672필, 70,449정보이었지만, 관유지는 1914년 10월에 일본 해군이 점령후 베르사이유조약 제257조에 의해 일제가 독일로부터 양수받은 독일의 구관유지와 점령후 제국정부가 매수 또는 기부를 받음으로써 획득한 토지, 1923년 이후에 이루어진 토지조사의 결과 새로운 관유지에 편입시킨 것 등 3종류가 있었다.

---

**46** 上原轍三郎,前揭論文,34면.

## IX. 만주국에서의 토지조사사업

1915년 중국과 일본은 만몽조약(남만주 및 동부내몽고에 관한 조약)을 체결했는데, 이 조약에서 일본은 남만주와 동부 내몽고에서 토지상조권을 가진다고 하였다. 이 만몽조약 체결이전의 만주에서는 일본인의 토지취득 권리는 임차권에 지나지 않았다. 따라서 만몽조약에서 토지상조권이 인정되었다. 그런데 중국과 일본은 상조권의 성격, 적용범위, 대상을 둘러싸고 다툼이 있었다. 일본은 이를 토지소유권이라고 주장하였고, 중국은 이를 임차권이라고 주장하였다. 일본인이 만주국에서 취득한 상조권은 舊상조권(1915년의 만몽조약이전에 일본인이 만주에서 사실상 소유하고 있던 토지권리), 기성상조권(만몽조약 제2조에 의하여 일본인이 만주에서 상조라는 명칭으로 소유하고 있는 토지권리), 新상조권(일본인이 만주국 성립 후에 만주국 정부가 정한 토지상조에 관한 규정에 의해서 취득한 토지권리)의 3종류가 있었다. 이러한 상조권을 정리하기 위한 상조권정리법이 1936년 9월에 제정·공포되었다.[47]

만주국에서는 1932년부터 토지조사를 시작하였지만, 1937년 중일전쟁을 일으켜 자원수탈에 집중해서 토지조사사업을 할 겨를이 없었고, 그래서 1945년 일제가 패전할 때까지 토지조사사업을 끝내지 못하였다.

한편 남만주철도주식회사 조사과가 1913년부터 1915년까지 만주구관조사보고서 9책을 간행하였다. 이것은 전편 토지의 종목, 제1권 몽지(蒙地), 제2권 내무부관장(內務府官莊), 제3권 황산, 제4권 一般民地(상), 제5권 일반민지(중), 제6권 일반민지(하), 제7권 전의 관습(典ノ慣習), 제8권 압의 관습(押ノ慣習), 제9권 조권(租權)으로 구성되어 있다.

---

**47** 淺田喬二,前揭書,326면.

## X. 마무리

19세기까지는 국부는 토지의 생산력에 의존하였고, 국가 재정의 기초인 세금도 지세가 가장 중요한 세원이었다. 일본은 명치유신으로 근대국가로 발돋움하기 위해서 필요한 재정을 지조개정을 통하여 조달하고자 하였고, 이런 과정에서 조세부담자로서의 개인의 토지 소유권의 인정이 필수적이었다. 이에 일본은 지조개정작업을 통하여 토지조사사업을 하게 되었고, 나아가 개인의 토지소유권을 창설한 것이 아니라 지권교부를 통해서 종전의 소유권을 법인화하게 되었다. 이후 일본의 제국주의는 청나라와 러시아를 상대로 전쟁을 하면서 노골화되었고, 이를 통하여 획득한 대만, 우리나라 등 식민지에 대하여도 본토에서의 지조개정 경험이 식민지경영을 위한 세원확보를 위한 토지조사사업으로 전환되었다. 일제의 각 식민지에서의 토지조사사업은 세수확보가 목적이었지만, 그 과정에서 일제는 토지소유권의 근대화라는 명목으로 강압적인 수탈정책을 펼쳐나갔다. 특히 19세기 후반에 들어오면서 구축되기 시작한 토지소유권의 사유화는 각 식민지에서 많이 진척되어 있었음에도 불구하고, 일제는 본토와는 달리 각 식민지에서 이를 무시하고 등기제도의 도입이라는 명분으로 소유권을 창설한다고 하면서 미신고 토지의 국유화라는 수탈정책을 폈다.

위에서 살펴 본 바와 같이 일제의 각 식민지에서의 토지조사사업은 상호간에 밀접한 관련성을 가지고 있음을 알 수 있다.

먼저 용어상의 유사성이다. 일제는 토지조사사업과 관련한 용어를 일본에서는 지조개정, 지적조사, 토지정리사업이라고 하고, 오키나와와 만주에서는 지적정리사업, 대만과 관동주, 남양군도 및 우리나라에서는 토지조사사업이라고 하였다.

다음으로 상호간에 통시적인 계열별로 연관성을 가지고 있다. 일제는 본토에서의 토지조사사업을 시초로 하여 그 후 식민지에서의 토지조사사업에 기존의 경험을 전수하거나 되살려 시도하였고, 이는 일제가 식민지를 침략하면서 시간적 순서대로 일본, 대만, 오키나와, 우리나라, 관동주, 남양군도, 만주 등에서 토지조사사업을 시행하였다.

셋째, 일제 각 식민지에서의 토지조사사업에서 역할을 한 종사자들의 인적관련성이 있다고 할 수 있다. 일본 민법제정과정에서의 구관을 조사한 우메겐지로(梅謙次郎)는 우리나라에서의 관습조사에 깊숙이 관여하였다. 메가다(目賀田種太郎)는 일본의 지조개정, 오키나와의 토지정리, 北海道의 토지정리사업에 참여하였고, 우리나라 재정고문으로 있으면서 토지조사사업에 간섭적으로 역할을 하였다. 대만의 구관조사에 관여한 고토신페이(後藤新平)대만총독부 민정장관, 나카무라(中村是公) 임시토지조사국장, 오카마츠(岡松參太郎) 임시구관조사부장은 만주 토지조사사업에 큰 역할을 한 남만주철도주식회사의 총재, 부총재, 조사부장을 옮겨가서 만주토지조사사업에 관여하였다. 타와라(俵孫一) 오키나와 토지조사과장은 조선총독부 임시토지조사부장으로 전출되어 우리나라 토지조사사업에 깊은 영향을 끼쳤다.

실무자급으로는 미야우치(宮內季子) 대만구관조사원이 남만주철도주식회사 조사원으로 전출되었고, 나카야마(中山成太郎) 대만조사원이 조선부동산회의 구성원으로 옮겨갔다. 스키모토(杉本吉五郎)남만주철도주식회사의 구관조사원이 만주국 토지국의 고문이 되었고, 와다(和田一郎)조선토지

조사사업 실무책임자도 만주국 토지고문이 되었다.[48]

넷째, 일제는 토지조사사업을 하면서 임야조사사업을 동시에 하거나 계속하여 별개사업으로 한 경우가 많았다. 일제는 우리나라에서 토지조사사업이 끝난 이후에 임야조사사업을 단행하였다. 임야조사사업은 일본과 오키나와에서는 임야조사사업을 따로 하지 않고 토지조사사업에 포함시켜 진행하였지만, 대만과 우리나라에서는 토지조사사업과 별개로 임야조사사업을 따로 하였다.

마지막으로 토지조사사업을 하면서 토지를 비롯한 재산관계 등에 관한 관습조사를 사전에 하거나 병행하여 추진한 점이 의미가 있다. 일제는 본토에서의 지조개정작업을 하면서 민법개정을 위한 관행조사를 한 적이 있지만, 지조개정을 위한 관행조사는 하지 않았다. 그러나 일제는 대만에서 토지조사사업을 하면서 구관온존정책을 폐지하고자 하였고, 이에 구관에 관한 조사를 하지 않으면 안되었다. 대만에서의 구관조사경험은 향후 오키나와, 우리나라, 관동주 등에서 토지조사사업을 하면서 식민지에서의 구관을 어떻게 자리매김해야 할지 여부를 정책결정하고자 필요한 필수적인 작업이었다. 이에 따라 일제는 식민지에서의 토지조사사업에 앞서서 또는 사업도중에 일관되게 관습조사를 하였고, 이는 토지조사사업의 하나의 정형적인 모델로 자리잡은 것이라고 볼 수 있다.

일제는 관습조사를 통해서 자신들에게 불리한 토지 관습이 있으면 이를 폐지시키고 그 대신에 일본의 제도를 적용시키고, 자신들에게 유리한 구관습이 있으면 그 제도를 계속 유지하도록 한 것으로 보인다. 우리나라의 경우를 살펴보면, 전자에 해당하는 것은 입회권제도이다. 이는 일본인

48 이영호,전게논문,259면.

자신들이 토지를 소유하는데 우리나라 사람의 입회권은 매우 큰 장애로 작용할 수 있기 때문에, 이를 폐지하도록 하였다. 이후 이에 대하여 민중의 반발이 매우 심해지자 완화하거나 양여제도를 이용해서 입회지를 불하하기도 하였다. 후자에 해당하는 것이 명의신탁이다. 이는 일제의 식민지체제에 대하여 양반들의 반발이 거세지고, 이들 양반들의 경제적 기반이 대규모 토지를 소유한 종중이라는 점에 착안해서 한국의 관습을 빌미로 하여 명의신탁이라는 관념을 만들었다. 이를 통해서 수탁자로부터 매수한 악의의 제3자에게도 소유권을 인정하도록 함으로써 종중재산의 분산과 종중의 몰락을 재촉하였다.

# 제2장 | 일제하 토지조사사업에 있어서의 결수연명부

## I. 문제의 제기

우리나라 부동산등기의 도입은 일제하 1912년에 실시된 토지조사사업과 1918년에 실시된 임야조사사업을 통해서 이루어졌다. 일제는 토지조사사업을 하면서 우리나라 토지를 측량하고, 이를 토대로 토지소유자를 사정하고, 토지대장을 조제하고, 토지등기부를 만들었다. 또한 임야조사사업을 하면서 임야를 측량하고, 임야소유자를 사정하고, 임야대장을 조제하고, 토지등기부를 만들었다. 최근 일제하 토지조사사업에서 수기로 만든 종이지적이 지적의 디지털화에 맞지 않고 불부합지가 많아져 100여년만에 우리 땅을 우리 손으로 새롭게 조사·측량하고자 지적재조사에 관한 특별법(2011.9.16. 제정, 법률 제11062호, 2012.3.17. 시행)을 제정하여 시행에 들어갔다. 우리나라의 토지소유권은 이미 임진왜란이후 조선의 토지제도가 무너지면서 사유화가 진행되었고, 이러한 토지에 대한 사유는 조선후기의 소지, 입안이나 문기 등에서도 확인할 수 있다. 또한 토지에 대한 사유가 정부의 공식적인 문서로 확인될 수 있는 것이 양안[1]이다. 양안은 국가의 조세징수를 목적으로 만들어진 장부이지만, 이것은 토지의 개인소유[2]를 전제로 하여 조세를 부담하는 점에서 매우 중요한 문서이다. 이외에도 깃기와 작부부가 있다. 일제는 세수확보를 위해서 정확하고 치밀한 세원의 발굴과 그에 따른 지세징수를 계획하였고, 이를 위해 결수연명부를 만들었다. 결수연명부는 양안과 깃기에 근거하여 작성된 문서이고, 이 결수연명부를 근거로 하여 토지조사사업에서 소유자를 사정하였다.

물론 토지조사사업에서의 사정은 토지의 소유자 및 그 강계를 확정하는 행정처분으로서, 사정은 이를 공시하는 것이고[3], 사정의 확정 또는 재결에 대하여는 그 사유의 여하를 묻지 않고 다시 이를 사범재판에 회부할 수 없는 것으로 토지조사 이전에서의 모든 사유는 사정에 의하여 일체 단정되는 것이라고[4]하고 있다. 그래서 토지조사사업과 임야조사사업 이전의 권리관계를 입증한다고 하여도 사정의 효력을 복멸할 수 없으므로 사정 이전의 권리관계는 오늘날 법률적 의미가 없다고 하는 견해[5]가 있다.

---

1 조세 부과를 목적으로 만든 대장이다. 조선시대에는 20년마다 전국적인 규모로 量田을 실시하도록 했지만, 실제로는 수십 년 내지 100여 년이 지난 뒤에야 실시되었다. 양안에는 자호(字號)·지번(地番)·양전 방향·토지의 등급·지형·척수(尺數)·결부수(結負數)·사표(四標)·진기(陳起)·주(主) 등을 기재하였다.

2 소유권이 아니라 경작권이나 소작권이라고 하는 견해도 있다.

3 조선총독부 임시토지조사국, 조선토지조사사업보고서, 1919, 411면.

4 조선총독부 임시토지조사국, 전게서, 412면.

5 강태헌,"토지조사사업과 임야조사사업을 중심으로 한 근·현대토지소유제도의 변천과정, 인권과 정의 351호, 2005, 28면.

그러나 소유권을 공시하는 제도로서의 등기는 소유자를 누구로 인정하느냐 여부와는 별개의 문제이다. 일제가 주장하는 바와 같이 토지조사사업에서 등기를 함으로써 근대적 소유권이 확립되었다고 주장하는 견해에서는 등기를 함으로써 소유권을 원시취득하였다고 하고, 이에 등기된 자를 소유자로 볼 수 있다고 한다. 그러나 일제의 토지조사사업을 통해서 토지소유권이 확립된 것이 아니라 종래 토지소유권이 인정되어 오던 것을 法認化하였다고 하는 견해에서는 등기는 단지 소유자를 확인하는 작업의 결과로서 만들어진 것이라고 하고, 그렇다면 등기 이전에 작성된 결수연명부 등의 관련 서류를 종합적으로 검토하여 사정을 확인할 필요도 있을 수 있다고 할 것이다. 일제는, 토지조사사업보고서상의 사법재판에 회부할 수 없다는 선언에도 불구하고, 법원의 판결과 토지 사정관의 관계에 대하여 각각 독립해서 효력을 가진다고 하였다. 따라서 지적재조사를 앞두고 있는 우리로서는 토지조사사업 당시 토지대장이나 임야대장상의 소유자 확정의 근거가 된 결수연명부의 법적 의미를 논의할 필요가 있다. 이에 100년전에 이루어진 일제의 토지조사사업의 역사적 의미와 경과를 살펴보고, 그 당시 소유자의 확정에 결정적인 영향을 끼친 결수연명부의 작성배경과 작성 경과 등을 천착하고, 그 과정에서 제작된 결수연명부의 양식을 통하여 소유권을 담보한 결수연명부의 법적 의미에 대하여 살펴보고자 한다.

## II. 토지조사사업의 역사적 의미와 경과

일제의 토지조사사업은 광의로는 1912년부터 1918년까지 실시된 토지조사사업과 1918년부터 1935년까지 실시된 임야조사사업을 말하고, 협의로는 전자의 사업만을 의미한다. 일제는 1910. 1. 토지조사사업계획(1차)을 수립하고 토지조사사업을 시작하였다. 1910. 3. 토지조사국 관제를 공포하고 1910. 8. 23. 토지조사법을 공포하였으며, 1910. 9. 30. 조선총독부 임시토지조사국 관제를 공포하고 1910. 12.에 수정한 2차 토지조사사업계획을 수립하였다. 1911. 11. 결수연명부규칙을 공포하여 1912. 1.부터 시행하였으며, 1912. 3.에는 과세지견취도를 작성하는 한편 조선부동산증명령을 공포하였고, 1912. 3.에 조선부동산등기령을 공포하였다.

1912. 8.에는 조선총독부 고등토지조사위원회 관제와 조선총독부 지방토지조사위원회 관제를 공포하고 1912. 8. 13. 토지조사령을 공포하여 토지조사법을 폐지하였다. 토지조사의 사정업무는 임시토지조사국장이 하였고, 재결사무는 고등토지조사위원회가 하였다. 1913. 4.에는 수정한 3차 토지조사사업계획을 수립하였으며, 1913. 8.에 결수연명부규칙을 개정하고, 1913. 11. 12. 충북 청주군 청주면을 시작으로 토지소유권 사정을 개시하였다. 1914. 3.에는 지세령을 공포하였다. 1915. 3.에는 수정한 4차 토지조사사업계획을 수립하였다. 1918. 6. 지세령을 개정하고, 1918. 10.에 조선토지조사사업을 완료하였다.

임야조사사업은 1910년 임적조사사업과 1911~1924년까지의 국유임야구분조사사업의 준비기간을 거쳐 1918. 5. 1. 조선임야조사령을 제정하여 1917년부터 1924년까지 9년간 1차 사정사무를 도장관이 맡아 하였고, 1918. 5. 1. 조선임야조사령 시행규칙을 제정하고, 1918. 11. 25. 조선임야조사령 시행수속을 시행하였다. 제2차 재결사무는 조선총독부 임야조사위원회가 맡아 1919년부터 시작하여 1935년에 완결하였다.

토지조사사업에 대해서는 이미 경제사적으로는 많은 연구가 있었지만,

법학적으로는 연구가 많지 않다. 그동안 토지조사사업의 역사적 의미에 대해서는 다음과 같이 수탈론과 근대화론(개발론)이 대립하고 있었다. 이 논란의 정점은 미야지마 히로시(宮嶋博史)의 朝鮮土地調査事業史の研究[6]로서, 토지조사사업이 근대적 토지소유제도와 지세제도를 확립하였고, 외래 권력에 의해 강요된 것이 아니라 조선사회의 내재적 전개에 부응한 근대적 토지변혁으로서의 성격을 가진다고 하였다. 이에 대하여 토지조사사업의 수탈성을 간과하였고, 낡은 논리의 식민사관 내지는 친제국주의적 논리에 빠진 것이라고 비난이 쏟아졌고[7], 이에 대하여 다시 국내 일부 학자들이 반박[8]에 나섬으로써 논쟁에 들어갔다.

수탈론은 일제의 토지조사사업이 농촌사회의 새로운 계급분화의 기점으로서 토지사유제도의 확립, 농민의 전통적 토지점유권으로부터 분리가 이루어져, 반봉건적인 영세농과 소작관계를 발달시켰다[9]고 한다. 또한 토지의 사유권이란 것이 무엇인지조차 알리없는 농민이 기한내에 신고수속을 이행한다는 것은 도저히 불가능하였고, 이 신고주의야말로 다수의 농민들의 소사유지와 부락공유지 등을 함부로 또 대규모로 약탈하기 위해서 계획적으로 설정한 가장 음흉한 모략의 함정이라고 하였다.[10] 또한 토지조사사업이 야만적인 식민지적 토지수탈정책으로 토지신고가 강요되자 큰 혼란과 폭력적 수탈이 발생하였고, 지주총대에 의해서 대량의 무신고

---

6 東京大學 東洋文化研究所, 1991.

7 박명규,낡은 논리의 새로운 형태-宮嶋博史의 朝鮮土地調査事業史の研究 비판, 한국사연구 75,1991;윤수종,토지조사사업연구와 신판 근대화론,역사비평 15,1991.

8 이영훈,토지조사사업의 수탈성 재검토,조선토지조사사업의 연구,민음사,1997, 505면 이하.

9 朴文圭,農村社會分化の起點としての土地調査事業に就て,朝鮮社會經濟史研究,京城帝國大學法文學會,1933,521면 이하.

10 印貞植,조선농업경제론, 박문출판사,1949,52면.

지가 조선과 일본의 관헌과 지주의 소유지로 수탈되었다고 한다.[11] 나아가 토지조사사업은 토지소유관계의 근대화라는 미명하에 이루어졌지만, 그 본질은 토지를 약탈하고 지세를 수탈하는데 있었던 만큼 조사사업의 실시과정에서 농민의 권리를 박탈하는 폭력성이 나타났고, 토지 측량과 신고 및 사정과정에서도 민족적 계급적 자의성이 작용했다[12]고 한다.

근대화론은 1990년대부터 주장된 논리로서, 토지조사사업은 인민의 사적 소유를 소유자라는 근대적인 형식으로 법인하고 그에 상응하는 증명제도를 구비하였으며, 나아가 종래의 결부제를 폐지하고 근대적 토지 소유관계를 성립시켰다고 보았다. 토지조사사업의 과정에서 농민의 토지와 관습적인 권리가 폭력적으로 수탈되는 국면이 국책적으로 조장되거나 실태적으로 관철된 적이 없다고 한다. 오히려 토지조사사업에 대하여 농촌주민들이 사업의 취지를 이해하면서 사업의 성과를 즐거워하고 협조를 제공하기도 하였다고 한다.[13]

근대화론에서는 결수연명부 등 각종 서류등이 아무런 의미가 없는 것이고, 오직 사정만이 소유권의 기초가 된다고 볼 수 있지만, 수탈론에서는 이미 소유권이 확립되어 있는 상태이고, 그 소유권의 기초가 되는 자료가 결수연명부라는 점에서, 결수연명부의 존재 의의가 있다.

토지조사사업으로 인하여 등기제도가 도입됨으로써 근대적 공시제도가 확립된 것은 분명하지만, 근대적 토지소유관계가 확립되었다고까지는

11 李在茂,朝鮮における土地調査事業の實體, 社會科學研究7-5,東京大學 社會科學研究所,1955.

12 김용섭,수탈을 위한 측량-토지조사, 한국현대사 4, 1969;신용하,일제하의 토지조사사업에 대한 일고찰,한국사연구 15,1977.

13 김홍식,조선토지조사사업의 연구,민음사,1997;이영훈,토지조사사업의 수탈성 재검토,역사비평 22,1993.

할 수 없을 것이다. 이미 조선말에 이르러 입안이나 증명제도, 나아가 깃기나 작부, 결수연명부 등을 통해서 우리나라는 토지소유권의 근대적 토지소유제도가 성립되고 확립되어 있었다고 할 수 있다. 그래서 일제도 결수연명부의 존재를 인정하고 그 신뢰성을 의심하지 않았기 때문에, 토지조사사업에서 토지신고서와 결수연명부를 대조하여 토지소유자를 확정한 것이다. 아울러 토지조사사업에서의 우리나라 사람들의 반발에 대해서는 연구도 있고,[14] 입회권 등의 수탈에 대한 졸문[15]을 고려하면, 토지조사사업의 수탈론이 합리적이라고 생각한다.

## III. 결수연명부의 개념과 작성배경

### 1. 결수연명부의 개념

결수연명부는 한 면내에 소재하는 토지의 결수에 대하여 납세의무자가 신고한 결수신고서를 각 면단위, 각 납세의무자별로 편철한 장부를 말한다. 결수연명부는 1909년 7월부터 징세대장의 일종으로 작성되기 시작하여 1912년 1월 1일부터는 신고의무와 허위 신고에 대한 처벌규정을 둔 결수연명부규칙이 시행되었고, 1912년 2월에 작성이 완료되었다.

당초 토지조사사업의 舊토지신고심득(1910년)[16]에는 토지신고서와 결

14 왕현종,경남 창원 토지조사의 실시와 지역주민의 대응,한국학연구 24집,인하대학교 한국학연구소, 2011.

15 배병일,임야입회관행에 관한 문헌적 연구,토지법학 제18호,한국토지법학회,2002,4면 이하.

16 구 한국관보 제4768호,융희 4년(1910) 8월 29일. 心得은 주의사항이라는 의미이지만, 지금의 시행세칙에 가깝다.

수연명부와의 관계에 대하여 아무런 규정을 두지 않았지만, 개정된 토지신고심득(1913년)[17]에는 신고서가 결수연명부에 의거하면서 작성되어야 한다는 것을 규정하였고, 신고서 기재례에서도 과세지견취도와의 관계를 명시하였다. 그래서 토지조사사업에 있어서 토지소유권은 결수연명부와 토지신고서의 대조에 의하여 확정한다고 하는 원칙을 명확하게 제도적으로 규정하게 되었다.[18] 이로써 당초 징세대장으로서의 성격을 가졌던 결수연명부가 토지소유권의 확정에 매우 큰 영향을 끼치게 되었고, 나아가 토지소유권을 담보하는 기능을 하게 되었다. 그러나 결수연명부만으로는 토지의 위치나 형태를 알 수 없었기 때문에, 그 위치 등을 확인하기 위해서 과세지견취도[19]의 작성이 필수적이었다. 그래서 결수연명부의 공부화의 최종단계를 과세지견취도라고 하는 견해[20]도 있다.

일제는 1912. 3. 18. 조선부동산등기령을 제정하였으나 토지조사사업에 의한 토지대장이 마련되기까지는 1912. 3.에 제정되어 1912. 4. 1.부터 시행된 조선부동산증명령을 시행하기로 하였다. 이는 당시 작성 중에 있던 결수연명부에 기대를 했기 때문이라고 한다.[21] 즉, 조선부동산증명령에 의한 증명신청에는 신청서, 증명원인을 증거하는 서면 등의 신청서류가 필요하였는데(제9조), 과세지의 경우 증명의 원인을 증거하는 서면은

---

**17** 조선총독부 관보 제137호, 1913. 1. 17. 조선총독부 고시 제5호 토지신고심득.

**18** 宮嶋博史,朝鮮土地調査事業史の研究,東京大學 東洋文化研究所,1991,464면.

**19** 과세지견취도는 과세의 목적이 되는 토지의 개형을 표시한 도면을 말하고, 1912년 3월 4일 과세지견취도 작성의 건에 따라 경상도 등 8도로 확대되어 1912년에 작성이 완료되었다. 지세는 결수연명부에 의하여 부과하지만, 과세지 지적을 명확히 하고자 과세지견취도를 제조하였다. 과세지견취도는 과세지의 위치는 알 수 있지만 납세자별 세액은 알 수 없었기 때문에, 과세지견취도는 결수연명부를 보완하는 기능을 가졌다.

**20** 宮嶋博史,전게논문,157면.

**21** 최원규,한말 일제초기 토지조사와 토지법연구,연세대 박사논문,1994,207면.

결수연명부이다.[22] 조선임야조사령 시행수속 제27조에서도 민유 또는 조선임야조사령 제3조 제2항의 연고가 있는 것으로 하여 신고한 임야로서 결수연명부에 기재가 있는 것은 舊삼림법 제19조의 규정에 의한 계출 여부를 불문하고 민유로서 조사한다고 규정하고 있어서 결수연명부의 중요성을 강조하고 있다.

## 2. 결수연명부의 작성배경

1905년 일제는 통감부를 설치하여 우리나라에 대한 침략을 노골화하면서 세수확충에 노력하였다. 세수확충의 방법으로 거론된 것은 토지세에 대한 새로운 세원의 발굴과 세금의 인상이었다. 그러나 세율의 인상에 대한 납세자의 저항이 지금이나 그 때나 만만치 않았을 것이고, 부득이 일제는 세원의 발굴에 관심을 집중할 수밖에 없었다. 그러나 당시 징세기구는 戶首, 吏胥 등이 주도하는 깃기(衿記)[23] 및 작부부(作夫簿)[24]라는 장부를 중심으로 한 총액제적인 과세체계를 가지고 있었다. 깃기 및 작부는 소작인 등 납세자 중심으로 작성되어, 토지소유자와는 관련이 없었다. [24]

일제는 1906년 9월 관세관(管稅官)관제를 공포하여 세무감, 세무관, 세무주사로 구성되는 징세기구를 확립하였다. 1906년 10월에 조세징수규

---

22 최원규,전게논문,227면.

23 징세 업무를 담당한 書員들이 지주의 이름과 조세의 액수를 기록한 장부로서 어느 한 사람이 그가 소유한 토지를 모두 취합하여 납부할 세금을 계산하였다. 깃기는 신라의 이두음이다. 지방마다 이름이 일정하지 않아 유초, 명자책이라고도 했다.

24 地稅는 서원에 의해서 看坪, 考卜, 作伕의 과정을 거쳐 부과되고, 戶首, 面里任, 吏胥에 의해 징수되었다. 서원은 각 단계마다 수고의 댓가로 수수료를 받았다. 간평은 그 해의 농사상황을 직접 조사하여 재실을 구별하는 것을 말하고, 고복은 각 면의 고준서원이 각 면단위로 결민의 원복을 확인 대조 정리하였다. 작부는 고준된 결부를 일정한 단위, 즉 주비로 묶어 납세의 가장 기초적인 단위를 만드는 작업을 말한다.

정을 공포하여 종래 징세권을 장악하고 있던 수령과 향리를 징세기구로부터 배제함과 동시에 징세기구 전체를 일본인이 장악하도록 하였다.[25] 수령과 향리를 배제하고 그 대신에 세무관, 세무주사로 구성되는 징세기구를 형성하여 그 인사권을 탁지부로 일원화시켰다. 1906년 10월 관세관관제와 조세징수규정의 시행으로 지세는 종래 군수와 이서가 장악하였던 것을 세무서의 세무관이 담당하게 되었다. 1906년 10월 조세징수규정 시행세칙의 면수납부는 세목에 따라 조정액, 수납액, 미납액을 기재하였다. 이를 계승 발전시킨 것이 1908년 7월의 지세징수대장이다.

일제는 1908년 7월 16일 지세징수대장 조제규정을 공포하여 결수를 면 단위로 면내에 소재하는 토지의 지세징수대장을 작성하였다. 종전에는 징세장부가 사람을 기준으로 하는 속인주의였지만, 지세징수대장부터 속지주의를 채택하였다. 또한 종래에는 동리단위로 작부하였지만, 이때부터 면단위로 작성하였다. 지세징수대장은 면단위로 결총을 파악하는 사업이고, 작부사업과 결수신고서작업은 개인별 납세결수를 파악하는 작업이다. 지세징수대장은 결수신고서를 토대로 하여야 하고, 지세징수대장은 작부사업에 기초하여 이루어지는 점에서 서로 연관되어 있다.[26]

그러나 지세징수대장 조제규정에서는 재무서가 실지조사한 후에 기재하도록 하였지만, 그 조사방법에 대한 상세한 규정은 없었다. 그래서 각 재무감독국별[27]로 독자적으로 자체적인 방법을 이용하여 지세징수대장

---

**25** 宮嶋博史,전게논문,296면.

**26** 이영호,한국근대 지세제도와 농민운동,서울대출판부,2001,274-275면.

**27** 1908년 1월 1일부터 시행된 재무감독국은 한성(경기도, 강원도 관할), 평양(평남, 평북, 황해도), 대구(경북, 경남, 충북), 전주(전북, 전남, 충남), 원산(함남, 함북)의 5곳에 설치되고, 산하에 1-3개군을 관장하는 재무서를 배치하였다.

을 작성하였다.

## Ⅳ. 결수신고서와 결수연명부의 작성

지세징수대장은 그 작성에 관한 구체적인 규정이 없어서, 부득이 각 재무감독국에서는 다음과 같이 스스로 자체적인 작성원칙을 만들어 작성하였다. 전주재무감독국은 광무양안에 근거하여 실지조사에 입각한 작부사업을 하였고, 대구재무감독국은 신고주의에 입각한 결수신고서의 작성을 통하여 지세대장을 작성하였다. 이 신고주의는 향후 토지조사사업에서의 신고주의에 영향을 끼쳤다. 공주재무감독국은 전주와 대구의 방법을 종합하여 舊양안을 기초자료로 한 결수대조의 방법으로 작성하였다.

### 1. 전주재무감독국

전주재무감독국은 1908년 7월 21일에 회의를 소집하여 다음과 같은 중요한 사항을 시달하였다. 1. 지세징수대장은 매년 지세부과의 기초가 되는 것인 즉 이를 조제할 때에는 진력하여 신중히 조사하여 결수의 탈루가 없도록 하고, 2. 지세징수대장을 조제할 때에는 근일 송부할 신양안 등을 참고하여 소작인 및 토지소유자의 성명을 조사하여 토지소유자에게 지세를 징수하는 경우의 준비를 하도록 하였다. 7. 곧 송부할 신양안은 일찍이 정부가 조사한 것이나 … 단지 내부의 판단에 제공하여 활용함에 주의하라고 하였다.[28] 당시 전주재무감독국이 채택하였던 1908년 7월 16

---

28 이영호, 전게서, 276-277면.

일 탁지부의 지세징수대장의 양식은 [표-1]과 같다.

[표-1] 지세징수대장 양식[29]

| 적요 | 결수 | | | | | | | 세액 | 비고 |
|---|---|---|---|---|---|---|---|---|---|
| | 답 | 전 | 화전 결 | 속전 결 | 노전 결 | 초평 결 | 계 | | |

여기에서 신양안은 광무양안을 의미하고, 광무양안은 양지아문에서 1899년부터 1901년까지 전국 331군중 124군에서 양전을 실시하고, 지계아문에서 1902년부터 1903년까지 94군에서 실시한 결과로 작성된 양안이다. 광무양안은 1907년 4월 초 일본인이 석유등을 잘못 다루어 탁지부 측량과에 대화재가 발생하여 소장하던 전국의 양안이 많이 소실되었다.[30] 기재방식이 양안에 전답의 도형을 기입하고, 면적을 척수로 표시하였고, 전답의 등급에 따라 결부를 산출하고 소유자와 소작인을 모두 기재하였으며, 가호의 소유관계, 두락 수를 기록하였다. 양안의 작성목적이 국가의 수세지를 파악하고자 군·현·면·동 단위의 양전 결과를 기재하였기 때문에, 개인별 농지의 소유나 소유자 이름을 기재한 것은 아니다.

### 2. 대구재무감독국

대구재무감독국은 지세징수대장의 작성과 작부사업은 동시에 진행되었고, 지세징수대장은 결수신고서를 근거로 작정하였다. 1908년 7월 25일에 회의에서 제시된 작부방침 중 중요한 사항은 다음과 같다. 1. 결수신고는 제세처리순서 제1호 양식에 따라 각 면장으로 하여금 취합하여 8월

---

29 1908년 7월 16일. 宮嶋博史,전게논문,322면

30 만세보 하,1907년 4월 5일 논설 '대화재',278면.

31일까지 재무서에 제출하게 하고, 2. 면장으로부터 제출받은 결수신고는 근일 송부할 신양안 면별 결수를 등사한 것에 따라 … 그리고 그 신고서를 기왕 3개년의 작부성책과 일일이 대조하였다.[31] 그러나 8월 31일까지 이행하지 못하였고, 9월 7일 독려차 출장을 시키면서 10월 10일까지 연기하였고, 다시 10월 15일까지 연기하였다. … 종래의 작부를 폐하고 신고주의를 채택한 것은 서원 등이 은결을 사복하지 못하게 하며,… 라고 하였다.[32] 또한 신양안 결수와 정미조 전 2개년[33]의 결수를 對査하여 그 많은 것을 근거로 하라고 하였다.

대구재무감독국의 작부의 특징은 신고주의에 기한 결수신고로서, 납세자가 면장을 통하여 직접 세무서에 결수신고서를 신고하는 것이다. 이 경우 결수를 종전보다 적게 신고할 수 없도록 하였고, 결수가 감소하여 의심스러울 때에는 실지조사를 하도록 하였다. 당시 대구재무감독국이 채택한 결수신고서의 양식은 [표-2]와 같다.

[표-2] 대구재무감독국의 결수신고서 양식[34]

○ 재무서前　　　　소　경작인 또는 소유주　씨명　인

| 토지 소재 | 자 | 번호 | 지목 | 결수 | ○○으로부터 移來 | 소유주 주소 씨명 |
|---|---|---|---|---|---|---|
| | | | | | | |

대구재무감독국은 광무양안 뿐 아니라 종래의 작부책도 참고하였고,

31 이영호,전게서,287면.

32 이영호,전게서,288면.

33 1907년 丁未條와 1908년 戊申條.

34 1908년 7월 18일. 이영호,전게서,291면 각주 114;宮嶋博史,전게논문,318면.

결수도 구양안 결수와 대조하도록 함으로써 결수 증가를 도모하였다. 공적 장부에서 처음으로 소유자를 명시적으로 밝히도록 하였다.

### 3. 공주재무감독국

일제는 1908년 10월 1일 대구재무감독국의 충청북도와 전주재무감독국의 충청남도를 합쳐서 공주재무감독지국을 만들고, 1909년 3월에 공주재무감독국으로 승격시켰다. 공주재무감독국은 1909년 6월 29일 다음과 같은 중요한 사항을 시달하였다. 1. 1909년 5월 말일 현재 결수를 원총결수 및 신양안 결수와 대비하여…, 결수신고는 별지서식에 따라 납세자로 하여금 진재결 등의 여하를 불문하고 전부를 등록하게 할 것…이라고 하였다. 당시 공주재무감독국이 채택한 결수신고서의 양식은 [표-3]과 같다.

[표-3] 공주재무감독국의 결수신고서 양식[35]

군 면 리(동)

납세자 —— 지 주
—— 소작인
—— 대리인

| 년도 | 동리 명 | 관호 | 지목 | 두락 수 | 결수 | 세율 | 세액 | 지주 주소 씨명 | 적요 |
|---|---|---|---|---|---|---|---|---|---|
| | | | | | | | | | |

공주재무감독국은 광무양안과 대조할 뿐만 아니라 舊양안을 의미하는 원총결수까지도 결수 대조하도록 하였고, 결수신고서에 납세자로서의 지주의 주소와 이름을 명기하도록 함으로써 공적 장부에 소유자의 이름과 주소가 함께 기재되어 소유권을 담보하는 기능을 가졌다. 아울러 소작인

**35** 1909년 6월. 이영호,전게서,302면 각주 133.

이나 대리인이 아닌 소유자를 명기하도록 함으로써 소유자가 소작인과는 다르다는 점을 확인시켜 준 점에 의미가 있다.

### 4. 결수연명부의 작성방법

일제는 각 재무감독국별로 독자적인 방법으로 작부가 이루어진 것을 통일하고자 결수연명부를 도입하게 되었다. 리동계와 면계를 조사한 것이 지세징수대장이고, 결수신고서를 취합하고 리동계와 면계를 첨부한 것이 결수연명부이므로, 결수연명부는 지세징수대장과 결수신고서를 통합하여 작성한 것이다. 일제는 토지조사사업을 하면서 행정편의주의와 대면적주의원칙하에 기존의 군, 면, 동, 리의 행정구역과 역할을 전면 재조정하였다. 일제는 1911년부터 행정구역개편을 추진하여 1913년 12월 29일 부군 통폐합작업을 완료하여 317군을 220군으로 만들었다. 결수연명부는 지세징수대장의 개인별 내역부로서 결수신고서를 편철한 것이다.[36] 그래서 지세징수대장으로부터 발전된 것이라고도 할 수 있지만, 실제로는 결수신고서를 발전시킨 것이라고 보아야 한다.[37]

#### 가. 결수연명부 작성방침

1909년 7월에 만들어진 탁지부의 결수연명부의 작성방침은 다음과 같다. 1. 각 사람별 결수의 조사는 주로 신고에 의하고, 2. 그 신고는 토지소재지의 리동장에게 하도록 하였다. 3. 리동장은 별지의 양식에 따라 납세의무자마다 이름으로써 연명기입하여, 1통은 재무서에, 1통은 면장에게

---

**36** 宮嶋博史,전게논문,449면.

**37** 이영호,전게서,307면.

제출하고, 4. 신고결수의 타당성 여부는 舊양안 기타 서류를 참고하거나 실지조사 또는 지방의 知事者에게 문의하여 판정하도록 하였다. 5. 이러한 결수신고서를 면별로 철하고, 리동계·면계를 붙여 결수연명부라고 칭하고, 재무서에 보관하였다. 6. 결수연명부 조제후의 異動에 대하여는 그 때마다 그것을 정정할 것 7. 결수연명부의 면계에 이동을 낳을 때에는 그 이동이 있을 때마다 지세징수대장의 면계를 정정할 것 8. 신고를 엄중히 감독하여 吏隱結, 官隱結, 또는 民隱結을 발견하는데 노력할 것 9. 본 건에 관한 경비는 별도로 그것을 배부하도록 하였다.[38] 당시 결수신고서의 양식은 [표-4]와 같다.

[표-4] 결수연명부 작성을 위한 결수신고서 양식 [39]

군 면 리(동)
리(동)장 씨명 인

| 토지 소재 | 자호 | 번호 | 지목 | 두락 수 | 결수 | 납세의무자 주소 씨명 | 지주 주소 씨명 | 적요 |
|---|---|---|---|---|---|---|---|---|
| | | | | | | | | |

1908년 당시 작부의 결수신고서는 각 결민의 신고서를 면장이 취합하여 세무서에 신고하도록 하였지만, 결수연명부를 위한 결수신고서는 결민이 동리장에게 신고하면 동리장이 이를 양식에 따라 결민을 연명으로 기재하여 면장과 세무서에 제출하였다. 여기에서는 납세의무자와 별개로 지주의 이름과 주소를 병기하도록 하였다.

38 이영호, 전게서, 307-308면.

39 1910년 6월. 이영호, 전게서, 308면 각주 140;宮嶋博史, 전게논문, 324면.

### 나. 원산재무감독국

1909년 7월 원산재무감독국은 결수연명부의 작성을 8월부터 착수하여 9월 말일까지 완료하도록 하면서, 다음과 같이 중요한 사항을 시달하였다. 1. 결수연명부는 결수신고를 취하여 1면씩 편철하여 충용할 것. 2. 결수연명부에는 리동계 면계를 붙임이 옳다. 3. 결수신고서는 토지를 본위로 삼아 그 소재 리동마다 각각 따로 할 것. 4. 신고는 리동장이 각인 대신에 그 동리에 있는 토지를 조사 신고하는 것으로 한다. 그러나 신고서의 조제는 임시고원으로 하여금 대역케 할 것. … 8. 신고결수는 전년의 부과결수에 비하여 감소할 수 없다. 9. 신고의 적부는 구양안 기타 참고서류와 대조하든지 혹은 실지에 나아가든지 혹은 지사자에게 묻는 등의 방법에 따라 조사하도록 …하였다.[40] 원산재무감독국은 신고결수가 종전 부과결수보다 감소하는 것을 허용하지 않았다는 점이다.

## 5. 수정된 결수연명부 작성 방침

탁지부는 1910년 6월 18일에 다음과 같이 결수연명부 작성방침을 수정하여 각 재무감독국에 시달하였다. 그 중에 중요한 사항은 다음과 같다. 1. 신고는 면을 단위로 하여 그 면내 소재의 토지를 취합하여 신고하게 할 것. 2. 결수연명부의 양식은 [표-5]의 서식에 따라 지주마다 그 면내의 소유 토지를 연기하고 말미에 합계를 붙일 것. 3. 거주는 지주로 하여금 하게 할 것. 단 부득이한 경우에 한하여 소작인 또는 리동장 혹은 면장으로 하여금 대리로 신고하게 할 것. 4. 이미 작성된 연명부를 보건대 지주의 주소, 씨명 중 정확하지 않은 것이 있다. 이것은 지주납세로 개

---

**40** 이영호, 전게서, 310면.

정하는데 필요하므로 특히 주의할 것. 5. 지목은 지난해 10월 30일 司税甲 제3113호의 통첩에 따라 일정하게 할 것(답, 전, 화전, 초생지, 택지, 잡지) 6. 신구양안 기타 종래 지세의 징수에 사용한 제장부를 수집하여 그 집계 및 현재와 대조할 것이라고 하였다.[41] 당시 결수연명부의 양식은 [표-5]와 같다.

[표-5] 결수연명부 양식 [42]

| | | | 주소(군·면·동·리) | | | | 성 명 | |
|---|---|---|---|---|---|---|---|---|
| 토지 소재 | 자번호 | 지목 | 면적 | 결수 | 세율 | 세액 | 소작인 주소씨명 | 적요 |
| | | | | | | | | |

1909년의 결수연명부는 리동장이 신고하여 동리별로 작성되었지만, 1910년에는 지주가 신고하여 면단위로 작성되었다. 신고양식에 기록되는 이름도 舊양안에서는 소작인 등 납세의무자가 원칙이었지만, 1909년 결수연명부에서는 납세의무자 뿐 아니라 소유자도 기록하였고, 1910년 결수연명부에서는 지주 즉 소유자를 원칙적으로 기록하고, 예외적으로 납세의무자도 기록하였다. 따라서 1910년 결수연명부에서 지주가 신고하는 것을 두고 자기소유의 토지에 대한 최초의 신고로 보아야 한다는 견해[43]가 있다. 결수연명부에서 종전에 볼 수 없던 납세관리인이 등장하였는데, 1897년 3월 일본 국세징수법 제4조의 6의 규정에서도 납세관리인을 두고 있었다.

---

41 이영호, 전게서, 311면.

42 1910년 6월 18일. 이영호, 전게서, 312면; 宮嶋博史, 전게논문, 329면.

43 조석곤, "조선토지조사사업에 있어서의 근대적 토지소유제도와 지세제도의 확립", 서울대 박사논문, 1995, 255면.

## V. 결수연명부규칙의 제정과 폐지

일제는 토지조사사업을 시행하기에 앞서 토지소유자의 개념을 중요시 하여 결수연명부를 작성하던 초기와는 달리 점차 토지소유자 명의로 결수연명부를 작성하도록 하였다. 이 시기에는 납세자가 소유자로 변화되고 있다.

### 1. 전주재무감독국의 지세작부 방침

전주재무감독국 산하 전주세무서에서는 결수연명부의 작성과정에서 지주납세의 원칙을 관철하고자 다음과 같은 지시를 하였다. "각자 소유토지의 소재, 두락수 및 결수 등을 신고하여 미리 공부에 등재를 청하여 그 보증을 얻지 않으면 그 공고함을 기하기 어려운 것은 소유권 확인에 관한 소송이 빈발함에 비추어도 분명하다. 하물며 토지의 매매, 증여, 교환 등에 관하여는 이미 토지가옥증명규칙을 시행하고 겸하여 소유권 보존에 관한 규정을 공포하였다. 생각건대 이들의 규정은 모범을 선진국에서 취하여 권리사상 발달의 기운에 수반하여 소유권의 효력을 완전케 함에 있음은 물론이오, 이를 일본의 예에 비추건대 토지의 등기를 청하고자 하는 자는 우선 소할 세무서로부터 그 등기하고자 하는 토지에 대한 등본을 받음을 요한다. 그 등본은 토지의 소재, 면적 및 소유자씨명을 기재한 것으로서 이를 재판소에 제출하여 등기를 받는 순서로 한다."[44]

이것은 결수연명부의 납세자를 지주로 등록하여야만 토지소유권을 확인해줄 수 있고, 종전 토지가옥증명규칙의 적용도 이 결수연명부에 의

---

**44** 이영호, 전게서, 313면.

할 것이라고 하는 것이다. 이는 일선 현장에서 결수연명부의 지주가 소유자를 전제로 하고 있음을 확인하는 중요한 근거이다. 결수연명부에 지주가 아닌 소작인이나 대리인을 등록하는 경우 토지소유권을 빼앗길 수 있다는 점을 확인하고, 이를 통해서 결수연명부의 명의가 소유자라는 점을 확인할 수 있다.

## 2. 광주재무감독국의 지세작부 방침

1910년 7월 15일 광주재무감독국은 산하 지방위원회에 다음과 같이 시달하였다.

"작년 중 각 지방 재무서에서 조제한 결수연명부는 곧 정부에서 제정한 법령에 기인한 것이다. 대체로 결수연명부를 조제한 것은 토지소유자의 사권을 확실히 함과 결수의 허실을 명백히 하여 징세의 기초를 공고하게 함으로써 예전과 같이 은결 허결 등의 폐해를 없애는 데 있어도 일반 결민들은 이같은 이유를 알지 못한다. 여러 가지 의심점을 층생하여 결수연명부 지주성명란에 자기의 성명을 기입하지 않고 억지로 소작인명 혹은 타인의 이름을 기재한 것이 자못 많기 때문에 마침내 그 연명부의 조제가 불완전한 데 이르렀다. … 다행히 이번에 상부의 훈칙을 다시 받아 관하 각 재무서로 하여금 이미 제작한 연명부를 상세히 개정하여 이에 고시한다. 일반 결민은 이 호기를 잃지 말고 각각 그 소유권을 확고히 수호해야 할 것이다. 만약 이번에도 전과 같이 지주인 자가 자기의 성명을 기입하지 않고 소작인 혹은 타인명을 기재하면 그 후 자기의 토지라고 칭할 수 없다. 그것을 매각 또는 양여하려 할 때는 소할 군아에 증명을 청구하더라도 관은 결코 이와 같은 자에게 증명을 부여하지 않는다. … 이번 연명부 개정에 임하여는 귀원은 충분히 주의하여 본 고시의 전문을 다수 등사하여 각 동리에 면밀히 게시하여 일반 결민에게 간절히 설시하여 이번 연명부 개정에서는 지주인 자는 반드시 자기의 진정한 성명으로써 신고하여 장래 후회하는 탄이 없도록 해야 할 것이다."[45] 여기에서도 결수연명부의 지주가 소유자라는 것과 이를 통해서 결수연명부가 토지소유권을 담보하는 확인대장이라는 점을 알 수 있다. 결수연명부는 지세대장을 탈피하여 토지소유권 공시장부로서의 자리매김하고 있다는 점을 알 수 있다.

### 3. 결수연명부규칙의 제정

1911년 11월 10일 조선총독부령 제143호로 결수연명부규칙이 제정되었고, 1911년 12월에 결수연명부 취급수속을 제정함으로써 결수연명부가 공부화되었다. 1912년 1월 1일에 지세징수대장을 폐지하고 본격적으로 결수연명부를 시행하도록 하였다. 지세징수대장 대신에 과세지집계부를 작성하였다. 결수연명부 규칙 중 중요한 사항은 다음과 같다.

1. 부군과 면에서는 결수연명부를 비치하고 지세를 부과하는 토지에 대해서는 토지의 소재, 자번호, 지목(답, 전, 택지, 잡지), 면적, 결수, 결가 및 지세액, 소유자의 주소, 씨명 또는 명칭을 등록하여야 한다. … 7. 결수연명부에 등록한 토지의 소유자 旣주소, 씨명 또는 명칭을 변경할 때에는 지체없이 부윤 또는 군수에 신고하여야 하고, 8. 토지소유자는 기소유지의 등록사항에 한하여 결수연명부의 열람을 부윤 또는 군수에게 신청할 수 있다. 9. 본령의 신고 또는 신청은 토지의 소재지를 관할하는 부윤이나 군수에 이를 해야 한다. 10. 제2조 내지 제7조의 신고를 게을리하거나

---

**45** 이영호, 전게서, 315면.

허위신고를 한 자는 과료에 처한다고 규정하였다. 당시 결수연명부의 양식은 [표-6]과 같다.

[표-6] 결수연명부 양식[46]

| 납세관리인 | | | 주소(군·면·리(동)) | | | | 씨명 |
|---|---|---|---|---|---|---|---|
| 토지 소재 | 자 번호 | 지목 | 면적 | 결수 | 결가 | 세액 | 적요 |
| | | | | | | | |

1910년 결수연명부의 양식에 있던 소작인의 주소와 성명란이 1912년 결수연명부에서는 없어졌다. 결수연명부규칙의 단계에서 지세징수대장으로서의 성격을 가졌던 결수연명부는 토지소유권을 뒷받침하는 토지대장으로서의 공부가 되었다.[47]

### 4. 결수연명부규칙의 개정

결수연명부 작성작업이 1912년 2월에 마무리되었고, 이에 일제는 1912년 4월 1일 결수연명부규칙을 조선부동산증명령에 부합하도록 개정하였다. 1912년 3월 23일에 제령 제15호로 조선부동산증명령이 제정되어 4월 1일부터 시행되었는데, 제15조에서 미증명토지에 대하여 소유권보존증명을 신청하려고 할 때에 신청서와 함께 증명의 원인을 증명할 서면을 제출하여야 하는데, 이 증명서면이 결수연명부이다. 조선부동산증명령은 토지조사사업이 완료된 지역부터 순차적으로 시행되었던 조선부동산등기령의 공포(1912년 3월 18일)에 따라 부동산등기령이 시행되기까지의 잠정

46 이영호, 전게서, 445면. 1912년 1월 1일 / 1911년 11월 10일 총독부령 143호.

47 宮嶋博史, 전게논문, 462면.

제령으로서 제정되었고, 이에 의하여 종전의 토지가옥증명규칙은 폐지되었다. 1912년 3월 30일에 결수연명부규칙이 개정되어 토지가옥증명규칙에 기한 토지소유권의 이전과 결수연명부 등록인의 명의변경과의 연동이 제도적으로 보장되었다. 1913년 1월 17일에 공포된 새로운 토지신고심득에는 토지신고서를 결수연명부에 의거하여 작성하도록 하였다. 1913년 8월 15일에 개정된 결수연명부규칙은 다음과 같이 규정하여 토지소유권의 변동을 결수연명부에 등재하도록 하였다. 결수연명부에 등록된 토지소유자의 이동은 증명관리의 통지가 있지 않으면 이를 등록할 수 없다(결수연명부규칙 제2조). 결수연명부에 등록된 토지로서 미증명토지의 소유자에 이동이 생겼을 때에는 토지소유자 이동신고서 양식에 의해 증빙서류를 첨부하여 지체없이 부윤 또는 군수에게 신고하여야 한다. 단 증명을 받은 경우에는 본조의 신고를 요하지 않는다(결수연명부규칙 제2조의 2). 이처럼 부동산증명령에 의한 토지소유권의 확인은 반드시 결수연명부에 의거하도록 함으로써 결수연명부가 사실상 소유자 대장으로 기능하도록 하였고, 명실하게 준비된 공부로서의 성격을 가지게 되었다.[48] 아울러 1913년에는 과세지견취도를 작성하지 않았던 평안북도, 강원도, 함경남도, 함경북도 등 4개도의 남겨진 군에서도 작업이 이루어져 전국적으로 과세지견취도 작성이 완성되었다. 과세지견취도와 결수연명부의 대조사무가 1913년에 이루어져 결수연명부는 전국적으로 지적적인 배경이 부여되어 그 신뢰성이 현저히 높아졌다.

---

**48** 宮嶋博史, 전게논문, 466면.

### 5. 결수연명부규칙의 폐지

결수연명부는 1909년 7월부터 작성되기 시작하여 1912년 2월에 종결되었지만, 1914년 3월 16일 지세령 제정과 함께 결수연명부 규칙도 폐지되었다. 지세는 토지조사사업의 결과인 토지대장이 작성된 곳에서는 토지대장과 지세명기장에 의하여 부과하고, 토지대장이 없는 곳에서는 결수연명부에 의해 부과하였다. 결수연명부는 지세령이 개정되어 결수연명부취급수속이 폐지될 때까지 시행되었다. 이 당시 결수연명부의 양식은 [표-7]과 같다.

[표-7] 결수연명부 양식[49]

| 납세관리인 주소 씨명 | | | 납세자주소 | | | | 납세자 씨명 또는 명칭 |
|---|---|---|---|---|---|---|---|
| 토지소재 | 자번호 | 지목 | 면적 | 결수 | 결가 | 세액 | 적요 |
| | | | | | | | |

이 양식에서는 납세관리인과 납세자를 구분해서 별도로 명기하도록 한 점이 특징적이다. 이 양식에서는 결수연명부가 토지소유권의 확인대장이라기보다는 지세부과대장으로서 기능을 하도록 하였다. 이는 토지조사사업이 실시되면서 곧 토지대장과 토지등기부가 제조될 것을 예상한 조치라고 생각된다.

### 6. 지세령의 제정

조선총독부는 1914년 3월 16일 지세령을 제정하였고, 결수연명부의 양

---

**49** 이영호, 전게서, 447면. 1914년 4월 21일 지세령 시행규칙.

식을 발전시킨 지세명기장을 제조하였다. 지세명기장은 결수연명부와 유사하지만, 토지의 소재는 동리로 하였고, 자호 대신에 지번으로 교체되었고, 지적도 평수로 교체되었다. 이 당시 지세명기장의 양식은 [표-8]과 같다. 이 지세명기장은 오로지 과세대장으로의 기능에만 치중된 양식이다.

[표-8] 지세명기장 양식[50]

<table>
<tr><td colspan="5">납세관리인 주소 씨명</td><td colspan="4">납세자 주소 씨명 또는 명칭</td></tr>
<tr><td rowspan="2">리<br>동</td><td rowspan="2">지<br>번</td><td rowspan="2">지<br>목</td><td rowspan="2">지<br>적</td><td rowspan="2">지<br>가</td><td>결수</td><td>납기</td><td>구분</td><td rowspan="2">적요</td></tr>
<tr><td>세액</td><td>제1기</td><td>제2기</td></tr>
<tr><td></td><td></td><td></td><td></td><td></td><td></td><td></td><td></td><td></td></tr>
</table>

## 7. 토지관련 장부의 관계도

위에서 본 바와 같이 깃기, 작부부, 양안, 지세징수대장, 결수연명부, 과세지견취도, 토지신고서, 토지조사부, 토지대장 등 토지관련 장부의 관계를 도표로 만들면, 아래와 같다.[51]

깃기(衿記) → 작부부(1907) → 제1차 결수연명부(1909) → 제2차 결수연명부(1910)

양안 → 지세징수대장(1908) ↙내역부

50 이영호, 전게서, 448면.

51 宮嶋博史, 전게논문, 546면 참조.

↓ ←-----대조(1912,1913)----과세지견취도

(1912,1913)

결수연명부 공부화(1913.8)

↓ ←-----대조(1913~ )------토지신고서

토지조사부

↓

토지대장(토지대장 집계부 / 지세명기장) = 지적도 → 토지등기부

## VI. 결수연명부와 소유자

### 1. 결수연명부와 소유지

결수연명부는 결수신고서를 묶고 리동계와 면계를 합쳐 붙인 것이다. 그런데 리동계와 면계를 조사한 것이 지세징수대장이므로 결국 결수연명부는 지세징수대장과 결수신고서를 합쳐서 작성한 작부장부이다. 위에서 살펴 본 바와 같이, 결수신고서의 초기 양식에서는 토지소유권과 관련이 있는 소유주나 지주 등도 신고자로 되어 있었지만, 토지소유권과 관련이 없는 경작인이나 소작인 등도 신고자로 되어있었다. 결수연명부 작성을 위한 결수신고서 양식에서는 납세의무자 또는 지주의 이름을 적도록 되어 있었지만, 실무 현장에서는 지주가 신고하도록 하였고, 납세자도 지주로 등록해야만 하였다. 그래서 결수연명부는 당초 지세대장의 성격을 가진 장부에서 점차 토지소유자를 증명하는 장부로 발전되어 갔다. 그래서 토지조사사업 당시에는 토지소유자를 확인하는 서면으로 결수연명부가 중시되어, 일제는 토지신고서의 소유자의 이름과 결수연명부의 지주 이

름이 동일한 경우에만 토지신고서의 접수를 받았다.

## 2. 납세자에서 소유자로 변화

결수연명부는 1912년 2월에 작성이 완료된 문서이다. 토지조사사업의 실무규정인 토지신고심득에서는 당초 토지신고서와 결수연명부의 관련에 대해서 아무런 규정을 두지 않았지만, 1913년 1월 17일 개정된 토지신고심득에서는 토지신고서를 결수연명부에 기초하여 작성하도록 하였다. 1913년 3월 3일 조선총독부 정무총감 명의로 통첩한 '토지신고서와 결수연명부와의 서로 다른 처리 방법의 건'에서 토지신고서와 결수연명부의 구체적인 대조방법으로 임시토지조사국에서 조제할 토지대장과 결수연명부와의 관계를 확보하기 위하여 준비조사를 할 때 토지신고서와 결수연명부를 대조하도록 지시하였다.[52] 여기에서 결수연명부는 토지소유권의 확인 장부로서 기능을 하였다. 그러나 1914년 3월 지세령 제정으로 결수연명부가 지세명기장으로 변화하면서 소유자와는 관련성이 약해지고, 다시 지세대장으로서의 성격이 강조되어졌다. 따라서 결수연명부는 1913년 1월부터 토지조사사업을 하면서 토지소유권을 담보하는 문서로서 역할을 하였다. 그러나 일제는 토지조사사업의 결과로 토지등기부가 만들어지고 난 이후부터는 등기부만 소유권 공시수단으로서의 공적장부로 인정하였고, 결수연명부는 지세대장으로서의 성격을 가진 문서에 머물게 하였다. 그렇다고 하여 결수연명부의 소유권 공시장부로서의 법적 성격이 변할 수 있는 것은 아닐 것이다.

---

**52** 宮嶋博史, 전게논문, 465면.

## Ⅶ. 결수연명부와 토지사정의 번복

### 1. 토지조사사업과 사법심사

1910.8.23. 시행된 토지조사법에서는 토지조사와 관련하여 사법심사를 구하는 것을 허용하지 않는다는 규정을 두었으나(토지조사법 제8조), 1912.8.13. 시행된 토지조사령에서는 사정을 확정한 사항 또는 재결을 경과한 사항에 대해서는 처벌받은 행위에 의하여 판결이 확정된 때에 한하여 처벌받아야 할 행위에 기하여 사정 또는 재결을 받은 경우나 사정 또는 재결의 증빙자료가 되는 문서가 위조 또는 변조된 경우에 사정의 확정이나 재결이 있을 날로부터 3년 이내에 임야조사위원회에 재심의 청구를 할 수 있다고 규정하여(토지조사령 제16조), 재심사유를 제한하기는 하였지만, 사법심사를 구할 수 없다는 규정은 두지 않았다. 그런데 토지조사사업에서 위 재심 이외의 사유로 토지의 사정이 번복될 수 있는지 여부가 문제되었다. 이에 대하여 조선고등법원은 토지조사령에 관련된 사정 또는 재결과 재판소의 확정판결과의 사이에 상호 저촉되어 서로 조화될 수 없는 결과가 생긴 때에는 양자는 각각 독립해서 그 효력을 가진다. 따라서 일방은 사정 또는 재결에 의해 확정된 권리를 주장할 수 있고, 다른 일방은 판결로 인하여 확정된 권리를 주장할 수 있어서, 그 당사자간에는 양자 상호 대립하여 현재의 상태를 유지하고 상호 다른 일방의 권리를 침해함이 없이 그 권리를 행사할 수 있다고 하였다.[53] 따라서 사정명의인 또는 재결명의인의 소유권취득은 확정판결에 따른 제한이 있는 소유

---

**53** 조선고등법원 대정 8(1919).3.14.

권의 취득이라고 보아야 할 것이다.[54]

## 2. 조선고등법원판결에 나타난 결수연명부

일제하 우리나라의 최고법원이었던 조선고등법원은 결수연명부와 관련된 사안에서 결수연명부상의 명의를 소유명의로 인정하고 있다. 즉, 결수연명부상 공유자 1인의 소유명의로 등록되어 있는 경우에 그 등록이 공유자 전원의 합의에 의한 경우에 한하여 공유자 전원과 그 소유명의인과의 사이에 신탁관계[55]가 존재하는 것으로 인정할 수 있다. 이 경우 단순히 공유자 1인의 소유명의로서 오랫동안 결수연명부에 등록되어 있었다는 하나의 사실에 의해서 명의신탁관계가 존재하는 것이라고 추정할 수는 없다고 하였다.[56] 또한 일정한 토지를 점유하여 그 경작 및 수익을 하고 결수연명부 및 과세지견취도상 그 소유권을 가지고 결세를 납부하여 온 자는 당해 토지에 대한 소유권존부의 다툼에 관하여 유리한 추정을 받아야 하고, 그 점유자에 대하여 당해 토지의 소유권을 주장하여 그 확인 및 인도를 구하려는 자는 사실심법원으로 하여금 그 주장 사실을 신뢰할 수 있게 하는 충분한 입증을 하여야 한다고 하였다.[57] 다만, 결수연명부는 징세의 이용을 목적으로 작성된 공부로서 등기부증명부와 달리 부동산권리의 득실변경을 공시하는 것은 아니지만, 일문 공유의 토지에 관하여 일문 협의하에 결수연명부에 공유자 중의 1인의 소유명의로서 등록한 사실이 있을 때에는 이에 의하여 공유자 일동이 그 1인에 대하

---

**54** 이우석, "사정에 의해 확정된 토지소유권의 성격", 법사학연구 36호, 2007, 96면.

**55** 판결에서는 신탁 관계, 신탁 양도라고 하지만, 이는 명의신탁이라고 보아야 한다.

**56** 조선고등법원 1919.3.18. 민상 제62호.

**57** 조선고등법원 1917.7.24. 민상 제163호.

여 그 권리를 신탁양도한 사실을 인정할 수 있다고[58] 함으로써 결수연명부의 토지소유자의 이름이 소유권 확정의 입증에 일정 부분 역할을 하고 있음을 인정하고 있다.

그러나 조선고등법원은 결수연명부의 기재를 등기부에서와 같이 권리변동의 효력을 인정하지 않고, 소유권 취득의 효력이 있는 것은 아니라고 하고 있다. 군수는 지세령 시행규칙에 의하여 증명관리의 통지에 의하지 아니하면, 절대로 지세를 부과할 토지의 소유권이전을 결수연명부에 등록할 수 없으므로, 그 말소신고를 하여야 함을 청구하는 것은 불필요한 행위를 구하는 것이므로, 그 청구는 기각하여야 한다. 따라서 진정한 소유자는 결수연명부 명의인에 대하여 소유권 방해배제로서 그 말소를 청구할 수 없다. 특히 결수연명부는 단지 토지에 관한 징세 공용의 도구임에 불과하므로, 결수연명부에 어떤 기재가 있다는 것으로 그 토지에 관한 권리 의무를 정하는 효력을 당연히 가져야 하는 것은 아니다.[59] 또한 결수연명부는 지세를 부과하는 토지의 소재, 지목, 면적, 결수, 소유자의 주소, 성명 등을 명확하게 하기 위한 목적으로 부, 군 및 면이 직권으로 작성하는 문서로서 토지소유자의 신청에 기초하여 그 권리를 증명할 목적으로 작성하는 문서이다. 결수연명부가 토지소유자의 권리를 증명하는 자료로 제공되는 사실이 있다 하더라도 그것 때문에 문서 자체의 성질에 변경을 가져 오는 것은 아니다. … 결수연명부에 토지소유자로 등록된 사실이 소유자의 권리를 증명하는 자료의 하나일 수 있다 하더라도 등록

---

**58** 조선고등법원 1917.5.8. 민상 제20호.

**59** 조선고등법원 1915.1.29. 민상 제540호

그 자체가 소유권 취득과 동일한 효력이 있는 것은 아니다.[60] 1910년도에 사용된 결수연명부로서 납세관리인의 주소 성명 및 납세자의 주소 성명이 기재되어 있지만, 토지소유자의 주소 성명에 관해서는 그 기재가 없는 경우에 납세자는 바로 토지소유자로서 당해 결수연명부에 기재된 토지는 납세자의 소유라고 인정할 수 있는 것이 아니라고 하였다.[61]

### 3. 토지 사정과 확정판결

조선고등법원은 확정판결의 기판력은 소송당사자 및 그 일반승계인간에 한하여 효력이 미치고, 확정판결의 승소자는 사정명의인 또는 재결명의인으로부터 양도받은 특별승계인에게는 그 소유권을 주장할 수 없다. 반면에 사정명의인의 특별승계인은 확정판결의 승소자에게 그 소유권을 주장할 수 있다. 확정판결의 승소자로부터 소유권을 양도받은 특별승계인은 기판력을 이유로 사정명의인 또는 재결명의인에 대하여 그 소유권을 주장할 수 없고, 오히려 사정명의인 또는 재결명의인이 확정판결의 특별승계인에 대하여 소유권을 주장할 수 있다고 하였다.[62] 사정이 확정판결에 우선하는 효력이 있다고 하였다. 토지조사사업 당시 지주조사는 신고주의에 의하여 동일한 토지에 대하여 2인이상의 권리 주장자가 있는 경우나 단순한 1인의 권리주장의 경우에도 권원이 의심되는 경우를 제외하고는 신고명의인을 지주로 인정하였다. 당초 임시토지조사국은 토지소유자의 신고가 제대로 이루어지지 않고 조사후에 불복신청하여 조사의

60 조선고등법원 1914.12.28. 형상 제114호.

61 조선고등법원 1918.3.8. 민상 제42호.

62 조선고등법원 1921.11.17.

진행을 방해하지 않을까 염려하였다. 또한 토지소유자들도 각종 세금을 물지 않을 목적으로 소유자 명의 노출을 꺼려하였다.[63] 다른 한편 소작인은 다른 사람의 소유지임에도 불구하고 자기 소유로 신고하여 차후에 지주가 이를 발견하여 불복하는 경우도 있었다.[64] 토지신고서의 지주명이 사정을 거쳐 소유자가 되었다. 사정으로 인한 토지소유권은 법원의 판결이 아니라 조선총독부 임시토지조사국이라는 행정기관의 행정처분으로 절대성을 부여받았지만, 이에 대하여 의문이 있을 수 있고,[65] 만약 불합리하거나 부적절한 문제가 있다고 한다면, 이의를 제기할 수 있었다. 결론적으로 결수연명부의 기재와 다르게 토지 사정이 되었다면, 법원의 판결로 달리 판결하였을 것이다.

## Ⅷ. 마무리

결수연명부는 1912년부터 1918년까지 실시된 일제하 토지조사사업의 시행과정에서 매우 중요한 역할을 한 문서이다. 토지조사사업 당시 일제는 토지조사사업의 의의를 근대적 소유권의 도입이라고 강변하고 있었다. 그러나 그 당시 일제도 우리나라에 이미 토지소유권이 존재하고 있다는 것을 전제로 하여, 토지신고서의 소유자 이름을 결수연명부의 소유자 이름과 대조하여 처리하였다. 나아가 토지조사사업에서도 결수연명부

---

63 매일신보, 토지조사현황, 1914.2.10.

64 매일신보, 지주와 소직인, 1912.2.23.

65 최원규, 전게논문, 309-310면.

의 지주 이름을 기초로 하여 토지소유자를 확정하고 사정한 것이다. 일제는 당초 결수연명부를 시행한 초기에는 지세대장으로 작성하고자 하였고, 이 경우 결수연명부의 명의는 토지소유자와의 관련성이 많지 아니하였다. 이는 결수연명부 작성을 위한 결수신고서의 양식에서 경작인 또는 소작인의 명의로 제출한 점에서도 확인된다. 그러나 토지조사사업을 본격적으로 시행하면서 토지조사사업에서의 토지신고서의 지주 이름과 결수연명부의 지주 이름을 대조하여 신고받도록 함으로써 결수연명부가 토지조사사업의 소유자 확정에서 결정적인 역할을 하였다. 결수연명부는 1913년 1월부터 토지조사사업에서의 토지소유권을 확인하는 중요한 역할을 함으로써 결수연명부 그 자체로서 토지소유권을 공시하는 문서로서의 기능을 하였다. 결론적으로 결수연명부는 종전의 지세대장으로서의 기능과 함께 토지조사사업에서의 소유권의 확정과 공시에 직접적인 영향을 끼친 문서로서, 토지소유권을 담보하는 중요한 역할을 하였다. 아울러 결수연명부는 그 자체로서 토지소유권을 공시하는 장부로서의 기능도 있었다고 보아야 할 것이다.

# 제3장 | 일제하 토지조사사업에서의 사정(査定)

## Ⅰ. 문제의 제기

일제는 1910년 한일합병으로 우리나라를 침략한 이후 토지 소유권의 확인과 지세부과의 정리[1]라는 명분으로 토지조사사업(1910-1918)과 임야조사사업(1917-1924)[2]을 실시하였다. 그러나 오히려 재조일본인의 재산권을 보장하고 일본인의 우리나라 토지에 대한 투자의 안전성을 확보해주기 위한 목적도 있었다.[3] 일제는 조사사업을 통해서 토지를 측량하고, 토지의 소유자를 사정함으로써 근대적 의미의 토지소유권을 확정하였다. 일제는 토지의 사정 또는 재결은 절대적으로 토지소유권관계를 확정하고, 이로 인하여 사정전 다른 법령에 의하여 취득하거나 보장된 일체

---

1 조선총독부 임시토지조사국,조선토지조사사업보고서,1918,2면.

2 임야조사사업의 재결은 1935년까지 계속되었다.

3 조선고등법원 연합부 1925. 12. 26. 민상 302호.

의 토지소유권에 우월하는 것이라고 하였고,[4] 토지조사이전의 모든 사유는 사정에 의하여 일체 단절된다고 하였다.[5] 나아가 일제하 조선고등법원도 사정은 토지의 소유권을 확정하는 하나의 행정처분이지만, 그 사정이 확정된 때에는 당해 사정명의자가 종래 소유권을 가지는지 여부를 불문하고 절대적으로 그 소유자로 확정된다고 하였다.[6] 한편 우리 대법원은 해방이후 형사판결에서 일정 대정년도에 있었던 토지의 사정은 소유권의 원시취득의 효력이 있다고 하였고,[7] 뒤이어 민사판결에서도 토지조사령에 의한 토지사정을 받은 자는 그 토지를 원시적으로 취득한다고 하여,[8] 토지의 사정에 관한 일제하에서의 절대적 효력을 무비판적으로 받아들이면서 한걸음 더 나아가 원시취득이라고 하였다. 이러한 대법원의 원시취득설은 최근까지도 대법원의 확고한 법리가 되어 있다.[9] 한편, 정부는 친일반민족행위자 재산의 국가귀속에 관한 특별법(2005. 12. 29. 친일재산귀속법)을 제정하였고, 이를 계기로 하여 사정은 친일재산귀속법상 취득에 포함되지 아니한다고 하는 주장이 있었고,[10] 뒤이어 사정의 창설적 효력설을 비판하는 주장까지 나타났다.[11] 이에 대법원은 사정에 의한 취득은 친일재산귀속법 제2조 제2호에 정한 '취득'에 포함된다고 하였다.[12] 종

---

**4** 조선총독부 임시토지조사국,전게서,441면.

**5** 조선총독부 임시토지조사국,전게서,412면.

**6** 조선고등법원 1916.5.6. 민상 85호;조선고등법원 1917. 3. 27. 민상 25호.

**7** 대법원 1983. 10. 25. 선고 83도2118 판결.

**8** 대법원 1984. 1. 24. 선고 83다카1152 판결.

**9** 대법원 2005. 5. 26. 선고 2002다43417 판결.

**10** 윤진수,토지 및 임야사정의 법적 성격,서울대 법학 53권 1호,2012.

**11** 심희기,사정의 법적성격,토지법학 31권 1호,2015.

**12** 대법원 2012. 2. 23. 선고 2010두17557 판결.

전까지 식민지사관에 입각하여 조선시대는 왕토사상이 지배하여 개인의 토지소유권이 없었다고 하였다. 그러나 최근에는 임진왜란이후 토지에 관한 매매 등을 통하여 개인의 토지소유권이 일부분 인정되기 시작하였고, 이는 당시의 소송서류인 소지 등을 통해서도 확인할 수 있다고 하는 연구가 있는 점을 고려하면,[13] 조선 후기에 와서는 개인에게 토지에 관한 소유권이 상당하게 인정되고 있었다고 보아야 한다. 이것은 일제가 토지조사사업 당시 결수연명부와의 대조를 통해서 소유자를 확인하도록 한 사실을 보더라도 알 수 있다.[14] 따라서 일제는 조사사업의 사정을 통해서 소유자를 확정하였지만, 이 사정은 기존 토지소유자에게 이미 소유권이 있다는 것을 확인 또는 法認하는 것에 지나지 않았다고 볼 수 있다. 그럼에도 불구하고, 일제하 조선총독부의 방침과 조선고등법원의 판례가 종전의 사유와 단절시키는 절대적 효력이 있다고 하는 점은 문제가 있다. 이 연구에서는 100여년전에 이 땅에서 일제가 수행한 토지사정에 대한 의문을 해결하기 위해서 일제하 조사사업에서 사정이 있기까지의 전후 사정을 당시의 조선고등법원 판결을 통하여 검토해보고자 한다. 또한 토지 사정의 법적 성격에 대하여 조선고등법원은 절대적 효력설을 주장하고 있지만, 절대적 효력설이 사정과 판결, 등기, 저당권 등과의 관계에서는 다르게 해석하고 있다. 이에 관한 문제점을 조선고등법원판결을 분석 검토함으로써 확인하고, 이를 통해서 사정의 법적 성격을 규명하고자 한다.

---

**13** 박병호,한국법제사고,법문사,1983;강진철,한국중세토지소유연구,일조각,1996;이재수,조선중기전답매매연구,집문당,2003.

**14** 배병일,일제하 토지조사사업에 있어서의 결수연명부,한양법학 26권 3호,2015.

## II. 토지조사사업

### 1. 토지조사법과 토지조사령

일제는 토지조사사업에 앞서서 토지조사의 필요성을 인식하여 이미 통감부시절에 토지조사를 위한 토지조사법(1910.8.23. 법률 제7호)을 제정하였다. 토지조사법은 1910. 8. 23.에 공포되었고, 토지신고는 1910.8.24.에 경기도 부평, 양천, 김포, 통진과 경북 대구에서부터 시작되었다. 이후 1910.8.29. 일제 병탄이후에도 계속되어 1910.9.15.에 경기도 시흥, 안산, 과천에서 토지신고를 받았고, 1910.10.13.에 경기도 인천에서, 1910.11.8.에 경기도 강화, 교동에서 이루어지는 등 토지조사사업의 신고는 계속 되었다. 토지조사사업의 근거법령인 토지조사령(1912. 8. 13. 제령 제2호)은 1912. 8. 13.에 와서야 제정되었지만, 이미 그 이전에 토지조사법에 의한 토지신고는 많이 이루어졌다. 다만, 토지사정은 1913. 11. 12.에 전국에서 처음으로 충북 청주로부터 시작되어, 1913. 11. 24.에 함경북도 경성, 회령, 청진에서, 1913. 11. 28.에 평안북도 의주, 신의주에서, 1913. 11. 29.에 경남 산청, 고성, 하동, 거제, 합천에서, 1913. 12. 1.에 전북 군산, 전주 등에서 이루어지는 등 사정의 고시가 계속 되었다. 토지조사령에 의한 사정은 조사신고 당일 현재를 기준으로 이를 하는 것이기 때문에(토지조사령 제10조), 사정에서는 고시일보다는 신고일이 그 기준이 된다. 토지조사령이 1912. 8. 13.에 제정되면서 토지조사법은 폐지되었다. 많은 지역에서 토지조사사업의 신고는 토지조사법에 의해 이루어졌지만, 사정은 토지조사령에 의해 이루어진 것으로 보이고, 일부 지역에서는 신고와 사정이 토지조사령에 의해 이루어진 것으로 보인다. 토지조사령 부칙에서는 '종전의 규정에 의하여 행한 처분, 수속 기타의 행위는 본령에 의하여 이를 행한 것으로 간주함'이라고 규정하고 있어, 종전의 규정인 토지조사법에 의한 토지조사를 토지조사령에 의한 토지조사로 간주하고 있다. 조선고등법원도 토지조사법에 의하여 사정을 받았다고 하여도, 같은 토지조사령에 의하여 사정을 받은 것이라고 보아야 하므로, 그 사정의 결과는 토지조사령에 의하여 사정을 받은 것과 조금도 다르지 않다고 하였다.[15] 대법원도 토지조사법과 토지조사령에 의한 것을 같은 토지조사로 보고 있다.[16] 토지조사법과 토지조사령의 차이점은 불복규정의 존재 여부이다. 토지조사법에는 토지조사국 총재의 사정을 거친 사항에 대해서는 재결을 청구하는 외에 소송을 제기할 수 없다(토지조사법 제8조 제2항)고 하는 규정이 있지만, 토지조사령에는 이러한 규정이 없다. 따라서 토지조사령 시행 후에 사정에 불복이 있는 자는 고등토지조사위원회에 불복을 신청하여 재결을 청구함과 동시에 그 사정명의인이 된 자에 대하여 소유권을 다투거나 또는 그 권리에 대하여 기타의 침해를 한 때에는 재판소에 소유권확인 등의 소송을 제기하여 그 보호를 요구할 수 있다.

### 2. 토지조사사업과 사정

일제는 토지조사사업에서 우리나라 토지를 측량하고 그 토지의 소유자를 조사하여 사정함으로써 토지소유자를 확정하였다. 이를 토지조사부에 기재하고, 이를 근거로 토지대장을 만들고, 이에 터잡아 등기부를 만들었다. 토지조사사업의 근거법령인 토지조사령에서는 토지의 소유자는 조선총독이 정하는 기간내에 임시토지조사국장에게 신고하여야 하고

---

15 조선고등법원 1916.5.6. 민상 85호.

16 대법원 2009. 3. 26. 선고 2006다55692,55708 판결.

(토지조사령 제4조), 임시토지조사국장은 지방토지조사위원회에 자문하여 토지의 소유자 및 그 강계를 사정한다(토지조사령 제9조). 사정에 대하여 불복이 있는 자는 60일이내에 고등토지조사위원회에 재결을 신청할 수 있고(토지조사령 제11조), 고등토지조사위원회의 재결은 이유를 붙인 문서로 하고(토지조사령 제13조), 임시토지조사국장 및 지방관청에 통지한다(토지조사령 제14조). 토지의 사정은 신고 또는 통지 당일의 현재에 의하여 하여야 하고(토지조사령 제10조), 토지소유자의 권리는 사정의 확정 또는 재결에 의하여 확정한다(토지조사령 제15조)고 규정하고 있다. 따라서 토지소유권은 토지소유자가 임시토지조사국장에게 신고한 날에 확정된다. 조선고등법원도 토지조사령에 의한 사정은 조사신고 당일 현재를 기준으로 이를 하는 것이고, 사정당일 현재를 기준으로 이를 하는 것이 아니라고 한다.[17] 또한 고등토지조사위원회의 재결은 이유를 붙인 문서로서 하고(토지조사령 제13조), 토지소유자의 권리는 사정의 확정 또는 재결에 의하여 확정한다(토지조사령 제15조)고 규정하였다. 따라서 토지조사는 토지조사법과 토지조사령에 의해서 이루어졌다. 일제하 조선고등법원은 사정이라는 것은 토지소유자에게 토지소유권을 부여하는 것이 아니라 조사사업에서의 조사 신고 당일을 기준으로 그 명의인에게 소유권이 있다는 것을 확정하는 의미라고 하였다.[18] 또한 토지조사령에 따른 사정이나 재결은 하나의 행정처분이지만, 그 사정이나 재결이 확정된 때에는 토지소유자의 권리는 확정되어 재심의 신청으로 변경되지 않는 한 그 사정이나 재결의 명의인은 그 때까지 소유권을 가졌는지 여부에 관계없이 절대적으로 그

---

**17** 조선고등법원 1915. 12. 24. 민상 제235호.

**18** 조선고등법원 1918. 7. 9. 판결 민상 126호.

토지의 소유자로 확정되는 것이라고 하였다.[19] 여기에서 확정이라는 의미가 무엇을 의미하는 것인지 분명하지 않지만, 소유권이 새롭게 발생하는 것을 의미하는 것은 아닐 것이다. 그럼에도 불구하고, 일제의 조사사업 보고서에서는 사정을 행정처분으로 보면서 토지조사 이전에서의 사유는 사정에 의하여 일체 단절된다고 함으로써,[20] 소유권이 새롭게 발생하거나 부여하는 것처럼 표현하고 있다. 생각건대, 일제는 토지조사사업을 통해서 소유자를 사정함으로써 개인의 토지소유권을 확인하는 것에 지나지 않았다고 보아야 할 것이다.

## Ⅲ. 임야조사사업

### 1. 삼림법상 지적신고 등 예비조사와 임야조사령

본격적인 임야조사사업에 앞서서 예비조사로서의 성격을 가진 삼림법의 지적신고(1908), 임적조사사업(1910), 국유임야구분조사사업(1911-1924) 등이 먼저 실시되었다. 삼림법(1908.1.24. 법률 제1호)의 지적신고는 삼림산야의 소유자는 본법 시행일로부터 3개년 이내에 삼림산야의 지적 및 면적의 약도를 첨부하여 농상공부대신에게 계출할 것. 기간내에 계출이 없는 것은 전부 국유로 간주한다(제19조)는 규정에 의해 이루어졌다. 이에 따라 1908. 1. 24.부터 1911. 1. 23.까지 52만건에 220만여정보가 신고되었고, 신고되지 않은 약 1,400만정보는 국유화됨으로써 일제는 삼림법

19 조선고등법원 1916. 5. 6. 민상 85호; 조선고등법원 1917. 3. 27. 민상 25호.

20 조선총독부 임시토지조사국,조선토지조사사업보고서,1918,411-412면.

제19조에 의해 우리나라 임야 중 87%이상을 국유화시켜 수탈하였다. 기간만료 직전 신고건수가 많아서 건명부에 등재하지 않고 지적보고대장에 기재한 후 각 부군으로 삼림산야지적대장을 송부하여 비치할 정도로 문제가 심각하였다.[21] 일제는 지적계출만으로 임야의 소유권이 확정되지 않는다고 하였지만,[22] 삼림법 제19조에 따라 신고된 삼림에 한하여 삼림산야 및 미간지국유사유구분표준(1912.2.3. 훈령 제4호)의 국유 사유구분표준에 합당한 경우에는 임야조사사업이전이라도 임야의 소유권증명을 받을 수 있었다. 임적조사사업은 임적조사내규(1910.1.)에 의하여 1910.3.부터 1910.8.까지 실시하였는데, 국유임야 830만정보, 사유임야 750만정보로 조사되었다. 이 사업으로 우리나라 최초의 임상도인 조선임야분포도와 국유임야 가대장(假臺帳)이 만들어졌다. 또한 이 사업으로 임야에 관한 마을재산과 입회권이 해체·부정되었다.

국유임야구분조사사업은 국유임야구분조사내규(1915.2.)에 의하여 1911.부터 1924.까지 실시하였는데, 국유림을 요존임야와 불요존임야로 구분하고, 불요존임야는 제1종과 제2종으로 구분하여 요존임야와 특별한 연고를 가지고 일반에 개방하기 어려운 사정이 있는 제2종 불요존임야는 국유로 상세한 조사를 하고, 아무런 연고를 가지지 않고 일반에 개방할 수 있는 제1종 불요존임야는 입회관행의 유무를 조사하였다(국유임야구분조사내규 제23조 사호.). 제2종 불요존임야로 구분된 연고림은 임야조사사업에서 '연고있는 국유림'으로 사정되고 이후 특별연고삼림양여령에 의해 대부분 무상양여되어 사유화되었다. 제1종 불요존임야는 일본인 자

---

**21** 농상공부 산림국 임정과 기안문(1911. 5.12.)

**22** 삼림산야지적에 관한 건,관통첩 제402호,조선총독부 관보 제414호(1913.12.15.)

본가 등에게 직접 양여 또는 조림대부-양여 등으로 제공되었다. 삼림법을 폐지하면서 제정된 삼림령(1911.6.20. 제령 제10호)에서는 삼림법상 부분림제도를 폐지하고, 종전에 폐지하였던 입회관행을 인용하였다(삼림령 제8조). 삼림령 시행당시 삼림법 제19조의 지적계출을 하지 않는 것은 국유로 된 것으로 해석하는 것은 의문의 여지가 없다고 하여 강행하였지만,[23] 일부에서는 입회관행의 인정을 통하여 사유화되었다. 이와 같이 사유화된 임야는 이후 임야조사사업의 사정에 의해서 소유권이 확정된다. 본격적인 임야조사사업은 각 도[24]마다 이루어진 임야정리조사내규에 의한 임야조사사업과 조선임야조사령(1918. 5. 1. 제령 제5호)에 의한 임야조사사업으로 구분된다. 전자의 사업으로 만들어진 서류가 임야조사부이고, 후자의 사업으로 만들어진 서류가 임야조사서(조선임야조사령 제4조)이다. 임야조사사업에서는 삼림법(1908. 법률 제1호) 제19조의 규정에 의하여 지적의 계출을 하지 아니함으로써 국유에 귀속된 임야는 구소유자 또는 그 상속인의 소유로서 이를 사정할 것(조선임야조사령 제10조)이라고 하여 종전에 국유화된 임야에 대하여 사유로 회복할 수 있도록 하였다. 이에 결수연명부에 기재가 있는 것 및 결수연명부에 기재가 없지만 일찍이 지세를 부과하고 또는 현재 지세를 부과하는 것, 토지가옥증명규칙 또는 토지가옥소유권증명규칙의 증명에 의하여 민유로 인정된 것 등에 해당하는 것은 구삼림법 제19조 규정에 의한 계출을 하고 하지 않고에 불구하고 민유로 조사하도록(조선임야조사령 시행수속 제27조) 하였다. 일제는 임야조사사업에서는 토지조사사업과는 달리 삼림법의 지적신고나 임야조사사업에 앞서

23 구삼림법 제19조의 지적계에 관한 질의,1912.1.26.관통첩 제23호

24 충청도, 강원도, 경기도에서 실시되었다고 하는데, 현재 경기도와 강원도의 임야정리조사내규만 있다.

서 우리나라 임야소유권의 형태와 관습에 대하여 조사하여야 함에도 불구하고 그렇게 하지 아니하였고, 측량경비도 삼림법 지적신고와 임야조사사업 때에 신고자와 연고권자에게 부담시킴으로써 임야에 대한 신고를 꺼리도록 방해하여 우리나라 임야를 수탈하였다. 그러나 토지조사사업에서는 임야조사사업과는 달리, 토지조사사업에 앞서서 부동산관습조사 등 토지소유권의 형태와 관습에 대하여 치밀하게 조사를 하였고, 측량경비도 총독부예산으로 실시하였다.

### 2. 임야조사사업과 사정

임야조사사업은 임야를 측량하고 그 임야의 소유자를 조사하여 사정함으로써 임야소유자를 확정하였다. 이를 임야조사서에 기재하고, 이를 근거로 임야대장을 만들고, 이에 터잡아 등기부를 만들었다. 임야조사사업의 근거법령인 조선임야조사령에서는 임야의 소유자는 도(장관)이 정하는 기간내에 부윤 또는 면장에게 신고하여야 하고(조선임야조사령 제3조), 도(장관)은 임야의 소유자 및 그 경계를 사정한다(조선임야조사령 제8조). 사정에 불복하는 자는 60일 이내에 임야조사위원회에 재결을 신청할 수 있고(조선임야조사령 제11조), 임야조사위원회의 재결은 문서로서 하고(조선임야조사령 제13조), 도장관에게 통지한다(조선임야조사령 제14조). 임야의 사정은 신고 또는 통지 당일을 기준으로 하여야 하고(조선임야조사령 제9조), 임야소유자의 권리는 사정의 확정 또는 재결에 의하여 확정한다(조선임야조사령 제15조)고 하였다. 또한 삼림법 제19조의 규정에 의하여 지적의 계출을 하지 아니함으로써 국유에 귀속된 임야는 구 소유자 또는 그 상속인의 소유로서 사정하고(조선임야조사령 제10조), 도장관은 임야대장 및 임야도를 만들고 사정으로서 확정된 사항 또는 재결을 거친 사항을 등록하도록(조선임야조사령 제17조) 하였다. 토지조사법 제14조가 다른 조사지 사이에 개재하는 임야를 토지조사사업의 대상으로 규정하고 있고, 조선임야조사령 제1조는 조선임야조사령에 의한 임야의 조사 및 측량은 임야 중 토지조사령에 의하여 한 것을 제외한 나머지 임야를 대상으로 한다는 취지로 규정하고 있으므로, 임야라고 하더라도 토지조사령에 의해 임야조사가 된 경우도 있었다. 따라서 임야조사는 토지조사법과 토지조사령에 의해서도 일부 이루어졌지만, 임야조사의 대부분은 임야조사령에 의해서 이루어졌다고 보아야 한다.

## IV. 사정과 관련된 문제

조선고등법원은 토지조사령에 의한 사정·재결은 당해 사정명의자가 종래 소유권을 가지는지 여부에 불구하고 절대적으로 그 소유자로 확정되고,[25] 또한 사정에 의하여 토지 소유자라고 확정된 적이 있는 사실을 인정하면서 다른 일방에서 그 토지에 관해서는 진정한 다른 소유자가 있다는 취지의 인정을 할 수 없다고 하였다.[26] 따라서 조선고등법원에서 절대적으로 확정된다는 것은 토지조사령에 따른 사정에 의하여 확정된 소유자 이외의 다른 사람을 소유자로 인정할 수 없다는 의미라고 볼 수 있다.[27] 그러나 조선고등법원은 다음과 같은 예외를 두고 있다.

---

**25** 조선고등법원 1916.5.6. 민상 85호.

**26** 조선고등법원 1918.3.22. 민상 제297호.

**27** 이우석,사정에 의해 확정된 토지소유권의 성격,법사학연구 36호,한국법사학회,2007,79면 이하.

## 1. 사정·재결과 확정판결

### 1) 사정·재결이 확정판결보다 우월하다고 하는 판결

토지의 사정은 절대적 효력을 가지는 것이기 때문에, 토지소유자로서 사정을 받아 확정이 된 때에는 재심신청에 의해 그 변경이 없는 한 사정명의자가 종래 소유권을 가지고 있었는지 여부에 불구하고 절대적으로 소유자로 확정되는 것이다.[28] 법원이 사건 토지에 대하여 이전에 사정이나 재결이 확정된 사실을 인정하는 이상, 그 후에 소유권이전, 변경 등의 사실이 없는 한, 사법재판소는 사정 또는 재결명의인을 위하여 그 소유권을 인정하지 않으면 안된다.[29] 또한 토지소유자의 권리로서 사정에 의하여 확정된 이상은, 그 이후에 발생한 사유에 기하여 법원에 출소한 경우에는 별개로 하고, 그 이전의 사유에 기하여 동일한 토지의 소유권에 관하여 법원에 대하여 사정 또는 재결에 반하는 판결을 구하는 청구는 인용될 수 없다[30]고 하여 사정은 절대적으로 효력을 가져 확정판결에 대해서도 우위에 있는 것이라고 하여 사정명의인과 다른 소유자를 인정할 수 없다고 하였다.

### 2) 사정·재결과 확정판결이 대등하다고 하는 판결

토지조사령에 의한 사정 또는 재결은 하나의 사권 확정의 방법임이 조금도 의심되지 아니하고, 사법법원의 재판도 역시 당사자간에 다툼이 있

---

**28** 조선고등법원 1916.5.6. 민상 제85호.

**29** 조선고등법원 1917.3.27. 민상 제25호.

**30** 조선고등법원 1917.7.9. 민상 제153호.

는 권리관계를 확정하는 것으로 이 양자는 하나는 행정상의 처분으로서 하나는 사법재판으로서 제도상 전혀 계통을 달리하는 독립한 국가기관의 행위이므로 각자 독립하여 그 권리관계를 확정하는 것이 가능하다.[31] 토지조사령에 터잡아 한 사정의 확정이나 재결도 법원이 한 판결과 함께 토지소유자의 권리를 확정하는 것이며, 오직 그 효력범위가 넓고 좁은 데 차이가 있다. 전자는 일반적으로 구속력이 생기고, 후자는 당사자에게 기속력이 생긴다. 양자는 전혀 그 계통을 달리하는 국가기관의 행위이므로 양자가 각각 독립하여 서로 침범할 수 없으며, 그 행위의 선후로 그 효력에 우열이 있어야 하는 것은 아니다. 사정의 확정이나 재결의 효력이 확정판결의 효력에 아무런 영향을 미칠 수 없는 것과 똑같이 확정판결의 효력도 또한 사정의 확정이나 재결의 효력에 대하여 어떤 영향을 미쳐야 하는 것이 아니다.[32] 사정과 재결은 토지소유자의 권리를 확정하는 것을 목적으로 하고 사법재판소의 판결도 역시 토지소유권의 분쟁에 관해 당사자간의 권리관계를 확정하는 것으로서, 사정 또는 재결이 판결과 그 결과에서 서로 저촉되는 점이 있다고 하더라도 이 양자는 전혀 그 계통을 달리하는 국가기관의 행위에 의해 각자 독립하여 그 소유권을 확정하고 서로 대립하여 그 침해를 허용하지 않는 것이다. 그렇다면 사정 또는 재결의 효력은 확정판결에 대해 어떠한 영향도 없음과 동시에 확정판결의 효력도 역시 사정 또는 재결에 대해 어떠한 영향도 미치는 것은 아니다[33]고 하여 사정과 판결은 각자 상호간에 그 효력에 있어서 우열이 없고 대등한

31 조선고등법원 1915. 7. 6. 민상 제158호.

32 조선고등법원 1917.3.23. 민상 제14호.

33 조선고등법원 1918.7.9. 민상 제126호.

효력을 가지고, 그런 의미에서 사정은 판결에 대해서는 절대적 효력을 가지는 것이 아니라 상대적인 효력을 가진다고 보았고, 사정명의인과 다른 소유자를 인정할 수 있다고 하였다.

#### 3) 사정·재결과 확정판결이 대등하다고 하는 연합부판결

위와 같은 상반된 판결에 대하여 조선고등법원은 연합부 판결을 통하여 확정판결과 사정은 상호 다른 일방의 권리를 침해하지 않고서 대등한 입장에서 각각 권리를 행사할 수 있다고 하였다. 연합부 판결을 사정이 있기 이전에 확정판결이 있는 경우와 사정이후에 확정판결이 있는 경우로 구분하여 살펴보고자 한다.

##### (1) 확정판결과 그 이후의 사정·재결

법원의 확정판결이 확정된 이후에 토지조사령에 의한 토지신고가 된 경우에 확정판결과 사정·재결의 효력이 문제된다.

[1]의 사안은 다음과 같다. A(상고인)는 7세때 부친의 사망으로 사건 토지를 가독상속하였지만, 숙부의 사위인 B(피상고인)의 사기에 빠져 매매형식에 의하여 신탁적으로 그 소유명의를 B에게 이전하고 소작료는 B가 징수한 뒤 A에게 인도한다는 계약을 하였다. B는 1915년도 이래 1917년에 이를 때까지 매년 소작료조로 벼 270석을 징수하면서도 이를 A에게 인도하지 않았다. 이에 A는 B를 상대로 1919.11.10.자로 신탁계약해제를 하고 벼의 인도를 청구하였다. 그런데 1915.4.24. 사건 토지가 B의 소유라는 확정판결이 있었고, A는 토지조사령에 의한 신고를 1915.4.29.에 하였다. 이 사안에 대하여 조선고등법원은 토지조사령에 의한 사정 또는 재결로 토지소유자의 권리가 확정된 경우는 재심 신청에 의하여 변경되지 않는

한 절대적 효력이 발생하므로 사정명의인이나 재결명의인은 누구에게라도 그 권리를 주장할 수 있다. 또한, 법원이 토지소유권의 유무에 관하여 판결을 하고 그 판결이 확정된 경우에는 그 당사자 사이에는 기속력이 발생하므로 그 일방은 다른 일방에 대하여 판결로 인하여 정해진 소유권의 유무에 관하여 이를 주장할 수 있다. 따라서 만약, 동일 토지의 소유권에 관한 사정 또는 재결과 확정판결이 상호 저촉되어 상용되지 아니하는 결과를 낳는 경우는, 비록 양자가 전연 그 계통을 달리하는 국가기관의 행위로 각 독립하여 효력을 갖기는 하지만 그 행위의 전후에 의하여 효력에 우열을 붙일 수 없다. 이를 조화롭게 해결할 법규가 존재하지 않은 현행법제하에서는 양자 서로 대립하여 효력을 갖는다고 인정하여야 한다. 이 경우에는 일방으로 하여금 사정 또는 재결로 인하여 확정된 권리를 주장할 수 있게 함과 동시에 다른 일방으로 하여금 확정판결로 인하여 확정된 권리를 주장할 수 있게 하여 당사자 사이에는 양자 서로 대립하는 상태를 유지하면서 다른 일방의 권리를 침해함이 없이 그 권리를 행사할 수 있다고 함이 타당하다고 하였다.[34] 따라서 사건 토지로부터 발생한 소작료를 B가 징수하여 이를 A에게 인도한다는 계약이 있었다는 것은 사건 토지가 A의 소유에 속한다는 것을 전제로 하는 주장이고, 원심이 사건 토지가 B의 소유인 것을 인정한 이상 소작료인도계약의 존재를 부정한 것은 정당하다고 하여 A의 상고를 기각하였다.

[2]의 사안은 다음과 같다. B가 A를 상대로 한 사건 토지 중 21필지의 토지인도 및 소유권이전증명절차 이행청구사건과 B가 C를 상대로 한 사건 토지 중 9필지의 토지소유권확인 및 인도청구사건에서 B가 승소하여

---

**34** 조선고등법원 연합부 1921.12.23. 민상 제217호.

1915.4.24. 판결이 확정되었다. 이 확정판결에 근거하여 위 30필지의 사건 토지는 모두 B소유명의로 소유권이전증명이 되었다. 그후 1915.4.29.에 A가 사건 토지를 토지조사령에 의한 신고를 하였고, 이후 사건 토지 모두를 A의 소유로 확정되었다. A는 위 재결을 이유로 B명의의 소유권이전증명에 관한 말소를 신청하여 말소하였다. 이후 A는 사건 토지에 관한 보존등기를 한 후 1919.6.15. D에게 매각하고 소유권이전등기를 해주어 현재 D가 사건 토지를 점유하고 있다. 이에 B는 A와 D를 상대로 소유권이전증명의 말소가 불법이므로 A명의의 소유권보존등기 및 D명의의 소유권이전등기의 말소와 사건 토지의 인도를 청구하였다. 이 사안은 위 [1]사안과 연관된 사건이다. 조선고등법원은 갑·을 사이에 있어서, 동일한 토지의 소유권에 관해 분쟁이 발생하여 한편으로는 소송결과, 갑의 소유로 인정하는 취지의 확정판결이 있고, 다른 한편으로는 토지조사령에 의한 심사결과 을의 소유라고 확정하는 취지의 사정 또는 재결이 있은 때에는, 판결과 사정 또는 재결과는 서로 대립하고, 그 효력에 우열이 없는 것으로서, 상호 다른 일방의 권리를 침해하지 않고서 그 권리를 행사할 수 있다고 하였다.[35] 따라서 사건 토지 중 21필에 관해서는 확정판결과 재결이 서로 대립하는 경우에 해당하는 것이라고 하더라도, 나머지 9필에 대해서는 A는 소송당사자 또는 일반 승계인이 아니므로 동인에 대해 확정판결의 기판력을 주장할 수는 없으므로, 9필에 관해서는 B의 소유라는 것을 A에 대해 주장할 수 없음은 물론, 그 양수인인 D에 대해서도 주장할 수 없다. 더욱이 21필에 관해서는 A로부터 소송당사자가 아닌 D에게 매도된 것이므로, B는 더 이상 A에 대한 확정판결의 기판력을 D에 대해 주장

35 조선고등법원 연합부 1922. 11. 17. 민상 제220호.

할 수 없을 뿐 아니라 오히려 D는 전소유주 A명의로 재결이 있었음을 이유로 소유권이전을 B에게 대항할 수 있다. 따라서 A의 신청에 의해 이루어진 B에 대한 소유권이전증명에 관한 말소 및 A명의의 소유권보존등기는 불법이라고 하더라도, D명의로 소유권이전증명을 경료한 이상, 더 이상 D에 대해 그 등기말소를 청구할 수 없음은 물론 A명의의 소유권보존등기에 관한 말소도 청구할 수 없다고 하여 B의 상고를 기각하였다.

(2) 사정·재결과 그 이후의 확정판결

토지조사령의 토지 신고 이후에 확정판결이 있는 경우에 사정·재결과 확정판결의 효력이 문제된다.

[3]의 사안은 다음과 같다. 피고 3인(A, B, C)은 1915.7.6. 이전에 소유신고를 하였고, 고등토지조사위원회는 1917.5.11.에 피고 3인(A, B, C)의 소유로 재결하였다. 원고는 1915.7.6. A로부터 사건 토지를 매수하였다고 하고, 피고 3인(A, B, C)은 원고를 상대로 1916.2.에 사건 토지에 관한 소유권이전증명 말소절차이행청구소송을 제기하였는데, 사건 토지가 A의 단독소유라는 이유로 원고가 승소하고 피고들이 패소하였다. 이에 원고는 사건 토지에 관하여 자기에게 소유권이 있다고 주장하면서 피고들에 대하여 그 인도를 청구하였다. 이 사안에 대해 조선고등법원은 토지조사령에 의한 사정 또는 재결에 의해 토지소유자의 권리가 확정된 때에는 재심신청에 의해 변경되지 않는 한, 절대적 효력이 발생하므로 사정명의인은 누구에 대해서도 그 권리를 주장할 수 있고, 또한 사법재판소가 토지소유권의 유무에 관하여 판결하여 그 판결이 확정된 때에는 그 당사자 사이에 있어서는 기속력이 발생하므로, 그 일방은 상대방에 대하여 판결로 정해진 소유권의 유무에 관하여 이를 주장할 수 있다. 따라서 동일한 토지

의 소유권에 관하여 사정 또는 재결과 확정판결 간에 서로 저촉되어 양립될 수 없는 결과가 발생한 때라고 하더라도 양자는 전혀 그 계통을 달리하는 국가기관의 행위이고, 각자 독립하여 그 효력을 갖는 것이므로 그 행위 전후에 의해서 그 효력에 우열을 부여할 수 없음은 물론, 이러한 경우에 이를 조화시킬 법규가 존재하지 않는 현행 법제하에서는 모두 서로 대립하여 그 효력을 가지는 것으로 인정해야 한다. 그러므로 상호 저촉하여 양립할 수 없는 결과가 발생한 경우에 그 판결의 확정일이 사정 또는 재결에 의해서 권리가 확정된 날보다 이후에 있다고 하더라도, 단순히 그 시기 후라는 이유로써 확정판결에 의거하여 당사자 사이의 소유권의 귀속을 판정해야 하는 것은 아니다. 이러한 경우에는 오히려 일방으로 하여금 사정 또는 재결로 인해 확정된 권리를 주장할 수 있게 함과 동시에, 상대방으로 하여금 판결에 의해서 확정된 권리를 주장할 수 있게 하여 그 당사자 사이에 있어서는 서로 대립된 당시의 현재 상태를 유지하고, 서로 상대방의 권리를 침해하지 않고서 그 권리를 행사할 수 있는 것으로 하는 것이 타당하다. 따라서 만일 상대방의 현상에 변경을 가하여 그 권리를 침해하여 목적물건을 탈취한 것과 같은 행위를 함에 있어서는 침해를 당한 자는 침탈자를 상대로 그 회복을 법원에 청구할 수 있는 것이라고 간주해야 한다고 하였다.[36] 따라서 사건 토지에 관하여 피고 3인에게 공유권이 없다는 확정판결이 있고, 재결과는 서로 저촉되어 양립할 수 없는 결과가 발생하였다고 하지만, 이로 인하여 당연히 원고가 사건 토지에 관하여 소유권이 있다고 단정할 수 있는 것은 아니라고 하여 원고의 상고를 기각하였다.

---

**36** 조선고등법원 연합부 1919. 3. 14. 민상 제384호.

[4]의 사안은 다음과 같다. 원고가 1910년 경 A로부터 사건 늪을 매수하여 1912년 임시토지조사국에 소유신고를 하였다. 피고도 B로부터 위 늪을 매수하였다고 하면서 임시토지조사국에 소유신고를 하였다. 심사 결과 피고의 소유라는 사정이 있었기 때문에 원고는 고등토지조사위원회에 불복신청하는 동시에 피고에 대하여 소유권확인의 소를 제기하였다. 1920. 4. 16.에 원고가 승소하여 소유권보존등기를 하였다. 고등토지조사위원회에서 1920. 8. 25.에 원고의 불복신청을 각하하고 피고 소유로 재결하였다. 이후 피고는 위 늪을 피고의 친족 C에게 매각하였다. C는 1921.8. 원고에 대하여 소유권확인 및 보존등기말소를 청구하여 원고 패소로 돌아가 원고의 보존등기는 말소되었다. 이에 원고는 피고를 상대로 불법행위로 인한 손해배상청구를 하였다. 이 사안에 대하여 조선고등법원은 토지소유권에 관하여 토지조사령에 의한 사정 또는 재결과 사법재판소의 확정판결이 저촉되어 서로 용납되지 않는 결과를 발생시켰을 때에는 당사자사이에는 양쪽이 대립한 당시의 상태를 유지하고 서로 다른 쪽의 권리를 침해하지 않고 그 권리를 행사할 수 있는 것으로 하는 것이 타당하다. 사정명의인 또는 재결명의인이 그 권리를 제3자에게 양도하고 그 자로 하여금 당해 토지에 대해 완전한 소유권을 취득하게 하고 확정판결에 의해 동일 토지의 소유권을 인정받은 자, 즉 확정판결의 승소자로 하여금 전혀 그 권리를 상실하게 했을 때에도 역시 사정명의인 또는 재결명의인은 확정판결의 승소자에 대하여 불법행위책임을 진다고 하였다.[37] 따라서 사건 늪의 소유권은 위 양도로 인하여 완전하게 C에게 귀속하고 원고가 피고와의 관계에서 가진 법률상의 상태가 깨뜨려져서 전혀

**37** 조선고등법원 연합부 1925.12.26. 민상 302호.

그 권리를 상실하게 되었다. 더욱이 그것은 피고의 의무를 어기는 행위에서 유래한 것이므로 피고는 이에 대해 불법행위책임을 져야 한다고 하면서 원심을 파기환송하였다.

(3) 사정·재결명의인의 양도와 확정판결

위 [2]의 사안에서 조선고등법원은 갑·을 사이에 있어서, 동일한 토지의 소유권에 관해 분쟁이 발생하여 한편으로는 소송결과, 갑의 소유로 인정하는 취지의 확정판결이 있고, 다른 한편으로는 토지조사령에 의한 심사 결과 을의 소유라고 확정하는 취지의 사정·재결이 있은 때에는, --- 을의 신청에 근거하여 등기관이 위의 말소를 하고, 또한 을명의의 소유권보존등기를 한 때에는 당해 말소 및 보존등기는 불법이라고 하더라도, 당해 토지의 소유권이 을로부터 병에게 양도되고 소유권이전등기를 경료한 때에는 갑은 더 이상 기판력을 이유로 그 소유권을 병에 대해 주장할 수 없게 되므로, 병에 대해 소유권이전등기의 말소를 청구할 수 없다. 병이 한 소유권이전등기에 관한 말소를 청구할 수 없는 이상은 그 전에 을이 한 소유권보존등기만을 분리하여 말소할 수 없으므로 이 말소도 역시 청구할 수 없는 것이다고 하였다.[38] 따라서 사건 토지 중 21필에 관해서는 확정판결과 재결이 서로 대립하는 경우에 해당하는 것이라고 하더라도, 나머지 9필에 대해서는 A는 소송당사자 또는 일반 승계인이 아니므로 동인에 대해 확정판결의 기판력을 주장할 수는 없으므로, 9필에 관해서는 B의 소유라는 것을 A에 대해 주장할 수 없음은 물론, 그 양수인인 D에 대해서도 주장할 수 없다. 더욱이 21필에 관해서는 A로부터 소송당사자

---

**38** 조선고등법원 연합부 1922. 11. 17. 민상 제220호.

가 아닌 D에게 매도된 것이므로, B는 더 이상 A에 대한 확정판결의 기판력을 D에 대해 주장할 수 없을 뿐 아니라 오히려 D는 전소유주 A명의로 재결이 있었음을 이유로 소유권이전을 B에게 대항할 수 있다. 따라서 A의 신청에 의해 이루어진 B에 대한 소유권이전증명에 관한 말소 및 A명의의 소유권보존등기는 불법이라고 하더라도, D명의로 소유권이전증명을 경료한 이상, 더 이상 D에 대해 그 등기말소를 청구할 수 없다고 하여 B의 상고를 기각하였다.

위 [4] 사안에서 조선고등법원은 토지소유권의 확정에 관해 토지조사령에 의한 사정·재결과 사법재판소의 확정 판결과 서로 저촉하여 상용하지 않는 결과를 발생한 경우에 있어 사정명의인 또는 재결명의인 및 확정판결의 승소자는 그 양자 사이에 있어서는 서로 대립할 당시의 상태를 유지하여 서로 다른 쪽의 권리를 침해하지 못하도록 하여 사정명의인 또는 재결명의인이 이 권리를 제3자에게 양도하여 그 자로 하여 당해 토지에 대해 완전한 소유권을 취득하게 하고 확정판결에 의해 동일 토지의 소유권을 인정받은 자, 즉 확정판결의 승소자에게 완전히 그 권리를 상실시킬 때는 사정명의인 또는 재결명의인은 확정판결의 승소자에 대하여 불법행위책임을 진다. 불법행위로 인한 손해배상액은 확정판결의 승소자가 사정명의인 또는 재결명의인과의 관계에서 가지는 권리상태를 기본으로 하여 목적인 토지 상에 현실로 미치는 지배관계의 범위 상황을 참작하여 이를 판단하는 것으로 한다고 하였다.[39] 따라서 사건 늪의 소유권은 위 양도로 인하여 완전하게 C에게 귀속하고 원고가 피고와의 관계에서 가진 법률상의 상태가 깨뜨려져서 전혀 그 권리를 상실하게 되었다. 더욱이

39 조선고등법원 연합부 1925.12.26. 민상 302호.

그것은 피고의 의무를 어기는 행위에서 유래한 것이므로 피고는 이에 대해 불법행위책임을 져야 한다고 하면서 원심을 파기환송하였다.

(4) 사정·재결과 확정판결의 승계인

위 [2]의 사안에서 조선고등법원은 갑·을 사이에 있어서, 동일한 토지의 소유권에 관해 분쟁이 발생하여 한편으로는 소송결과, 갑의 소유로 인정하는 취지의 확정판결이 있고, 다른 한편으로는 토지조사령에 의한 심사 결과 을의 소유라고 확정하는 취지의 사정·재결이 있은 때에는, 확정판결의 승소자인 갑으로부터 소유권을 양도받은 정은 기판력을 이유로 사정명의인 또는 재결명의인인 을에 대해 그 소유권을 주장할 수 없는 것이고, 오히려 을이 정에 대해 그 소유권을 주장할 수 있는 것이라고 하였다.[40]

4) 소결

이에 따라 조선고등법원 연합부는 사정·재결과 재판소의 확정판결 사이에 상호 저촉되어 서로 조화할 수 없는 결과가 생긴 때에는 양자는 전연 그 계통을 달리하는 국가기관의 행위로서 각각 독립해서 그 효력을 가진다고 하여, 일방은 사정·재결로 확정된 권리를 주장할 수 있고, 다른 일방은 판결로 인하여 확정된 권리를 주장할 수 있다고 하였다. 그런 의미에서 사정은 절대적인 효력이 있는 것이 아니라 확정판결에 의해 제한을 받는 상대적 효력을 가지는 것이다. 그런 의미에서 사정에 관하여 원시취득이라고 하는 대법원의 판단은 문제가 있다고 할 수 있다. 다만, 확

---

**40** 조선고등법원 1922. 11. 17. 민상 제220호.

정판결의 기판력은 소송당사자 및 그 일반승계인에 대해서만 효력이 미치므로, 확정판결의 승소자는 사정명의인의 양수인에게 대항할 수 없고, 확정판결의 승소자의 양수인도 역시 사정명의인에게 대항할 수 없다. 반대로 사정명의인은 확정판결의 승소자의 양수인에게 대항할 수 있고, 사정명의인의 양수인도 확정판결의 승소자에게 대항할 수 있다.

## 2. 사정·재결과 저당권

### 1) 토지소유자가 아닌 자에 의해 설정된 종전 저당권과 그 이후의 사정·재결

[5]의 사안은 다음과 같다. 당초 소유자 A는 사정 이전에 사건 토지를 B에게 신탁양도(명의신탁)하였고, 결수연명부[41] 및 증명부상 B의 명의로 되어 있는 사건 토지를 1915.6.14. B가 C에게 저당으로 제공하였고 이후 C가 경매신청을 하여 경락을 받았다. 이후 C는 1916.3.27. 사건 토지를 D에게 매각하였다. 그런데 A는 위 신탁양도계약을 해제하지 않고 1915.7.27.에 스스로 사건 토지를 신고하여 사정을 받았다. 이후 D는 A를 상대로 토지소유권확인 및 소유권등기말소절차이행청구를 하였다. 이에 대하여 조선고등법원은 사정에 저촉하는 소유권에 근거하여 설정된 저당권도 이를 유효하다고 하는 법률의 규정이 없으므로 그 기본인 소유권이 소멸함과 동시에 역시 소멸한다. 그러므로 사정 이전에 진정한 소유자로부터 토지의 신탁양도를 받은 자(수탁자)는 제3자에 대한 관계에 있어서는 완전히 소유권을 취득하고 동인이 제3자를 위해 위 토지 상에 저당권을 설정한 때에는 그 저당권설정이 유효하다는 것은 조금도 의심이

---

**41** 배병일,일제하 토지조사사업에 있어서의 결수연명부,한양법학 26권 3호, 2015.

없다고 하더라도, 신탁자가 그 신탁양도계약을 해제하지 않고 그 신탁관계가 존속하고 있음에도 불구하고 마음대로 자기의 소유라고 하고 토지신고를 하여 사정이 확정된 때에는, 신탁자의 사정에 의한 소유권과 수탁자의 신탁양도계약에 의해 취득한 소유권은 서로 저촉이 되는 것이므로, 이후 수탁자는 그 소유권을 주장할 수 없게 되는 것이므로 그러한 경우에는 사정은 신탁관계에 영향을 미치는 것으로서 수탁자가 설정한 저당권도 역시 그 근거를 상실하고 자연히 소멸하는 것이라고 하여 D의 상고를 기각하였다.[42]

또한 D는 1914.5.1. 제령 제16호 '토지조사령에 의해 사정 또는 재결을 거친 토지의 등기 또는 증명에 관한 건' 제1조 제3항에서 "소유권 이외의 권리에 관한 등기 또는 증명이 있는 때에는 신청서에 그 등기 또는 증명의 명의인의 승낙서 또는 이에 대항할 수 있는 재판의 정본을 첨부할 것"이라고 규정되어 있어서 사정 이전에 진정한 소유자 이외의 자가 설정한 저당권은 모두 무효인 것은 아니고, 그 중에는 소유자가 아닌 자가 설정한 저당권으로서 유효한 것이 있다고 주장하였다. 이에 대하여 조선고등법원은 위 제1조 제3항의 규정은 등기 또는 증명을 거친 소유권 이외의 권리 중에는 사정명의인 자신이 설정하지 않더라도 사정에 의해 확정된 소유권과 저촉되지 않는 권리에 근거하여 설정되고 사정명의인이라고 하더라도 이에 복종해야 하는 것이 있으므로, 일응 등기 또는 증명을 거친 소유권 이외의 권리자의 권리를 존중하고 동 규정의 조건을 구비한 것이 아니면 이를 말소할 수 없다고 한 것에 지나지 않고, 사정과 저촉하는 소유권에 근거하여 설정되거나 또는 전혀 권리가 없는 자에 의해 설정된 소

42 조선고등법원 1918. 11. 19. 민상 제338호.

유권 이외의 권리라고 하더라도 등기 또는 증명을 거친 이상 절대적으로 이를 말소할 수 없다고 하는 취지가 아니므로, 위 규정의 존재는 아직 소유권이 없는 자에 의해 또는 사정과 저촉하는 소유권에 근거하여 설정된 저당권을 유효하다고 인정하는 근거로 하기에는 불충분하다고 하여 역시 D의 상고를 기각하였다.[43]

#### 2) 토지소유자에 의해 설정된 종전 저당권과 그 이후의 사정·재결

[6]의 사안은 다음과 같다. 증명부상 사건 토지의 명의인인 A는 1913.6.2. B로부터 700원을 대여받고 그 담보로 사건 토지에 전당권(저당권)을 설정하고 1913.6.6. 저당권 증명을 받았다. 이후 A가 변제하지 않으므로 B는 1915.4.에 경매신청하여 1915.5.19.에 경락받았다. 그런데 A는 저당권설정 후 경매 신청이전인 1914.에 사건 토지를 C에게 매도하였고, C는 사건 토지를 1914.3.19. 토지조사령에 의한 소유신청을 하여 1915.8.30.에 사정이 확정되었다. 이에 B는 C를 상대로 저당권 확인 및 저당권설정등기 회복절차이행을 청구하였다. 이에 대하여 조선고등법원은 대항할 수 있는 저당권은 그 대항을 받을 소유자가 토지조사령에 근거하여 소유신고를 해서 사정명의인이 되더라도, 그 사정명의인의 권리와 저촉되어 양립될 수 없는 것은 아니므로, 원래 소멸되는 것이라고 할 수 없음은 물론 그 대항력이 상실될 이유가 전혀 없다. 토지조사령에 근거하여 소유신고를 하여 사정명의인이 되어도 저당권의 대항을 받는 자인 때에는 그 당연한 결과로서 저당권의 실행에 의해 경락인이 취득한 소유권의 증명에 대하여 1914년 5월의 제령 제16호에 의해 사정명의인의 권리

---

**43** 조선고등법원 1918. 11. 19. 민상 제338호.

와 저촉된다고 하여서 그 권리를 말소할 권리는 없다고 하였다.[44] 그래서 B는 이미 경락에 의해서 경매목적인 사건 토지에 관하여 소유권을 취득하고, 저당권은 이미 경락에 의해 소멸하였음에도 불구하고 현재 저당권이 존재하고 있다는 점을 주장하고 이 확인을 청구하고 더불어 저당권말소증명에 관한 회복을 청구하는 것은 부당하므로 B의 청구는 배척되어야 함에도 B의 청구가 이유있다고 한 원심을 파기환송하였다.

[7]의 사안은 다음과 같다. A는 B, C 외 6인 공유의 사건 토지에 관하여 1913.1.6. 채권 150원에 해당하는 저당권을 취득, 적법한 증명절차를 마치고, 기한 경과후 1914.7.9. 저당권실행으로서 경매신청을 하였다. C는 A에 대하여 저당권무효확인 및 저당권증명말소청구소송을 제기하였지만 C는 패소하였다. 이에 경매절차가 속행되어 1915.4.9. B에게 경락되어 소유권을 취득하였다. 그런데 사건 토지는 B, C 외 6인의 공유인데, 위 공유자가 사건 토지를 공유자의 1인인 C에게 신탁양도하고, C는 1914.4.13. 사건 토지를 자기 소유로 토지조사국에 신고하여 1914.4.30. 사정이 확정되었다. 이에 C는 B를 상대로 토지소유권확인 및 이전등기를 청구하였다. 이에 대하여 조선고등법원은 토지소유자가 그 토지 위에 유효하게 저당권을 설정하고 저당권자가 저당권설정에 관한 증명 또는 등기를 마친 때에는 그 후 당해 토지의 소유자로부터 권리이전을 받아 토지조사의 결과 사정명의인으로 된 자가 있은 때라도 사정명의인의 소유권은 저당권설정자인 전 소유자의 권리를 승계한 것에 지나지 않고, 사정에 의해 전 소유자의 권리와 저촉을 초래하는 것이 아니므로 저당권은 소멸할 이유가 없고, 저당권자는 사정명의인에 대하여 이를 대항할 수 있다. 그러므

44 조선고등법원 1919. 5. 6. 민상 제20호.

로 사정신고일 이후에 저당권의 실행으로 그 토지의 경락인이 된 자는 완전하게 소유권을 취득하는 것이라고 하였다.[45] 그래서 C는 사정확정일에 적어도 외부관계에 있어서 절대 소유자로 간주될 자였으므로 --- 사정명의인인 C의 외부관계에서의 소유권과 저촉되는 A의 소유권은 소멸하고, 그 소유권에 근거하여 설정된 B의 저당권도 소멸한다고 한 원심을 파기환송하였다.

### 3. 등기·증명과 사정·재결

우리나라에서 최초로 토지조사사업에 의한 토지의 사정이 있었던 것은 1913. 11. 12. 충북 청주가 처음이다. 그러나 그 이전에 이미 1912. 3. 18. 조선부동산등기령과 조선민사령이 공포되었고, 1912. 3. 22.에 조선부동산증명령, 조선부동산증명령 시행규칙, 조선부동산등기령 시행규칙이 공포되어 시행되고 있었다. 그래서 토지조사사업에 의한 토지 사정이 있기 이전에 이미 토지에 관하여 증명이나 등기가 되어 있는 경우가 많았다. 이러한 종전의 증명과 등기가 토지 사정과 충돌하는 경우에 그 우열이 문제될 수 있었다. 일제는 토지의 사정에는 절대적으로 효력이 있다고 하였기 때문에, 종전의 등기나 증명을 무효화시킬 필요가 있었다. 이에 일제는 종전의 증명이나 등기를 말소시킬 수 있는 근거법령으로 '토지조사로 사정 또는 재결을 거친 토지의 등기 또는 증명에 관한 건'(1914. 5. 1. 제령 제16호)을 제정하였다. 이에 따르면, 토지소유권이 토지조사령에 의한 사정 또는 재결을 거쳐 확정된 경우에는 이와 저촉되는 등기 또는 증명이 있는 경우에는 토지소유자는 그 등기 또는 증명의 말소를 신청할 수

---

45 조선고등법원 1919. 8. 26. 민상 제185호.

있다(제1조 제1항)고 규정되어 있다. 따라서 토지사정 이전에 부동산 등기나 증명이 있는 경우에도 토지의 사정이 우선한다는 원칙을 명문화한 것이다.

### 1) 종전 등기·증명과 그 이후의 사정·재결

[8]의 사안은 다음과 같다. 甲이 1913.12.16. 소유권보존의 증명을 받아 사건 토지를 소유하고 있었고, 1915.3.1. 토지조사령에 의한 소유신고를 할 때 그의 친생자 乙에게 신탁하였다. 乙은 1915.3.1. 소유신고를 하여 乙 소유로 사정 확정되었다. 丁은 1917.3.3. 甲으로부터 매수하여 1917.3.24. 소유권이전증명을 받았다. 乙은 1922.3.30.에 보존등기를 받은 후 이를 丙에게 매도하고 이전등기를 마쳐주었다. 이에 丁은 丙을 상대로 이전등기의 말소를 구한다. 이에 대하여 조선고등법원은 甲이 자기 소유의 토지에 대하여 소유권보존의 증명 또는 등기를 마친 후 乙 에게 신탁하여 토지조사령에 의한 소유신고를 한 결과 乙 명의로 사정된 때는 甲 명의의 증명 또는 등기는 1914년 제령 제16호 제1조에 의하여 위 사정에 저촉하는 것으로 당연 말소되어야 한다고 하였다.[46] 따라서 甲이 乙에 대한 신탁을 해제하여 그 소유권을 회복하였다 하여도 예전에 한 증명 또는 등기를 소유권 회복 후의 새로운 증명 또는 등기와 동일시할 수 없으므로, 다시 乙로부터 甲에 대한 소유권이전의 증명 또는 등기를 받아야 한다. 甲은 이 절차 없이 사정명의인인 乙로부터 그 소유권을 양수한 제3자 丙에게 대항할 수 없는 것은 물론 甲으로부터 그 소유권을 양수한 제3자 丁 또한 丙에 대항할 수 없다고 하여, 丁의 청구를 인용한 원심을 파기환송하였다.

---

**46** 조선고등법원 1925. 3. 10. 민상 제355호.

[9]의 사안은 다음과 같다. 사건 임야는 원고의 망부 A의 소유였고, A는 생전에 이를 피고에게 유저당으로 제공하여 금전을 차용하였지만, 변제하지 못하였기 때문에 1914. 5. 15. A와 피고사이에 사건임야의 소유권을 피고에게 이전한다는 취지의 화해가 성립되었다. 피고는 사건임야를 B에게 매도하였고, B는 다시 A에게 무상양도하였다. A는 1917. 10. 26. 본인 명의로 소유신고를 하여 사정확정받았고, 이후 A의 사망으로 원고가 상속받았다. 피고는 1922. 9. 30. 위 화해조서정본에 근거하여 사건 임야에 관해 자기 명의로 소유권이전등기를 하였다. 이에 원고는 1914. 5. 15. 화해조서에 기초하여 한 피고 명의의 소유권이전등기가 원고의 망부 A명의의 사정에 저촉된다고 하여 피고 명의의 소유권이전등기의 말소를 청구하였다. 이에 대하여 조선고등법원은 임야의 소유권이 토지조사령 또는 조선임야조사령에 의해 사정 또는 재결을 경유하여 확정된 경우에 그와 저촉하는 등기가 있는 때에는 임야의 소유권자는 1914년 제령 제16호 제1조 또는 제10조의 규정에 의해 등기명의인이 관여할 필요없이 직접 그 등기의 말소를 신청할 수 있다. 이를 위해 등기명의인에 대해 특별한 소송을 제기하는 것은 전혀 소용없는 일이고 그에 관해 아무런 법률상의 이익을 가지지 않는다고 하였다.[47] 따라서 사정을 받은 원고는 제령 제16호 제1조 또는 제10조에 근거하여 사정에 앞서서 이루어진 화해조서에 근거하여 경료된 이전등기의 말소를 신청하면 충분하고, 특별히 소송으로써 그 말소절차를 청구하는 것은 법률상의 이익이 없다고 하여, 원고의 청구를 인용한 원심을 파기환송하였다.

**47** 조선고등법원 1925. 5. 15. 민상 제37호.

### 2) 확정판결에 의한 종전의 등기·증명과 그 이후의 사정·재결

위 [1]의 사안에서 조선고등법원은 1914년 제령 제16호 제1조에 규정된 '말소될 수 있는 등기 또는 증명'에는 확정판결로 인하여 그 효력을 보유하게 된 소유권등기 또는 증명은 포함되지 않는다고 해석하는 것이 타당하다고 하였다.[48]

위 [2]의 사안에서 조선고등법원은 1914년 제령 제16호에 의해 말소될 등기 또는 증명 중에는 확정판결에 의해 이루어진 소유권에 관한 등기 또는 증명은 포함하지 않게 됨으로써, 갑이 을과의 관계에서의 확정판결에 근거하여 소유권이전증명을 받은 후, 토지조사령에 의해 을의 소유라는 사정 또는 재결이 있었다고 하더라도, 그 사정 또는 재결에 근거하여 전에 갑이 한 이전증명을 사정 또는 재결에 저촉되는 증명이라고 하여 이 말소를 신청할 수 없다고 하였다.[49]

### 3) 사정·재결과 그 이후의 등기·증명

[10]의 사안은 다음과 같다. 사건 토지는 원래 피고 A의 소유로 피고 A는 1911.2.23. 토지조사령에 따라 소유신고를 하고, 1915년 경 피고 A의 소유로 사정되어 해당 사정은 확정되었다. 피고 A는 그 사정전 1914.10.19. 사건 토지를 피고 B에게, B는 1915.3.7. C에게, C는 1915.3.20. D에게 순차로 매도하여 소유권보존증명 또는 그 이전증명을 거쳤다. 원고는 1917.1.17. 당시 소유자인 D로부터 사건 토지를 매수하고 그 대금은 모두 변제하였으나 아직 등기를 하지 않았다. 그런데 사정명의인인 피

48 조선고등법원 연합부 1921.12.23. 민상 제217호.

49 조선고등법원 1922. 11. 17. 민상 제220호.

고 A는 피고 B이하의 증명은 사정과 저촉한다는 이유로 1923.5.14. 그 말소를 받고 동시에 자기 명의로 소유권보존등기를 하였고, 같은 날 다시 1918. 중 피고 A와 B가 통모하여 얻은 확정판결에 기초하여 피고 B앞으로 소유권이전등기를 하였다. 이에 원고는 사정과 말소된 증명과는 조금도 저촉하지 않음은 물론, 이어서 이루어진 A명의의 소유권보존등기 및 B에 대한 이전등기는 모두 무효의 원인에 기초한 것이라고 하면서 말소증명의 회복절차 및 무효원인에 의한 등기말소를 청구하였다. 이에 대하여 조선고등법원은 미증명의 토지에 대하여 소유신고 후에 매매가 있고, 매수인이 보존증명을 한 때에는 사정명의인과 증명부상의 소유명의인은 일치하지 않고 또한 소유권이 전자로부터 후자에 이전한 사실조차도 그 기재상으로 명확하지 않기 때문에 형식상으로 양자가 저촉된다. 등기관리가 1914년 제령 제16호 제1조에 따라 사정명의인의 신청에 의해 증명을 말소하고 사정명의인앞으로 소유권보존등기를 한 것은 부당하지 않다고 하더라도 실체상 권리는 전자로부터 후자에게 이전되었기에 사정과 증명은 저촉된다. 사정명의인은 실체상 권리이전과 부합하는 증명을 말소하여 스스로 보존등기를 받을 수 있는 자가 아니므로 권리자는 보존등기의 말소와 말소된 증명의 회복등기를 청구해야 한다고 하였다.[50]

#### 4) 소결

종전의 등기나 증명이 있은 후에 사정·재결이 있는 경우에는 토지소유자는 1914년 제령 제16호에 의해서 종전의 등기나 증명의 말소를 청구할 수 있다. 그러나 1914년 제령 제16호 제1조에 규정된 '말소될 수 있는 등

---

**50** 조선고등법원 1926. 3. 12. 민상 제460호.

기 또는 증명'에는 확정판결로 인하여 그 효력을 보유하게 된 소유권등기 또는 증명은 포함되지 않는다.

## V. 토지의 사정과 관련된 대법원 판결

사정·재결의 효력에 대하여 당초 대법원은 조선임야조사령 제8조에 의하여 임야의 소유자 및 그 경계를 사정하여 그 사정이 확정되었으면 그 사정명의자는 종전에 그 임야에 대한 소유권이 있었거나 없었거나를 불문하고 위 사정의 효력으로써 절대적으로 그 임야의 소유자로 확정되는 반면 종전의 소유자는 이에 따라 그 권리를 상실하게 되었다[51]고 하여 절대적 효력이 있다고 하였다. 그런데 그 후 다른 이유 설시도 없이 일정 대정년도에 있었던 토지의 사정은 소유권의 원시취득의 효력이 있다[52]고 하였고, 또한 토지조사령에 의한 토지사정을 받은 자는 그 토지를 원시적으로 취득한다[53]고 하여 원시적 취득효력이 있다고 하였고, 계속하여 이 사건 부동산은 소외인 소유로 사정되어 그가 같은 부동산을 원시적으로 취득하였다[54]고 하였다. 이처럼 우리나라는 해방이후 일제 조선총독부의 방침과 조선고등법원판례상의 절대적 확정설을 원시취득설로 변질시켜 받아들였다.

---

51 대법원 1965. 11. 30. 선고 64다1508 판결.

52 대법원 1983. 10. 25. 선고 83도2118 판결

53 대법원 1984. 1. 24. 선고 83다카1152 판결.

54 대법원 1986. 6. 10. 선고 84다카1773 전원합의체 판결.

## VI. 마무리

우리나라는 해방이후 토지사정에 관한 일제 조선총독부의 방침과 조선고등법원 판례상의 절대적 확정설을 대법원 1983.10.25. 선고 83도2118 판결을 통하여 일정 대정년도에 있었던 토지의 사정은 소유권의 원시취득의 효력이 있으므로 위 사정에 의하여 본건 토지에 대하여 소유권을 취득하였다고 하여 원시취득을 한 것이라는 법리로 변질시켜 받아들였다. 종래 이같은 대법원의 사정에 관한 원시취득설은 최근까지도 당연한 법리로 취급되고 있는 바, 이 법리는 문제가 있다고 할 수 있다. 조선토지조사사업보고서에서는 토지의 사정이나 재결이 절대적인 효력을 가지는 것이어서 사정이전에 있었던 일체의 사유는 소멸한다고 하였다. 그러나 조선고등법원에서는 사정이전의 확정판결은 토지의 사정에도 불구하고 유효하다고 하고, 사정·재결 이전에 소유자가 설정한 저당권은 이후 토지의 사정이 있더라도 말소할 수 없다고 하고 있다. 또한 사정·재결 이전의 등기나 증명은 1914.5.1. 제령 제16호에 의해서 말소할 수 있지만, 사정·재결 이전의 확정판결에 의한 등기나 증명 등은 말소를 청구할 수 없다고 하고 있다. 따라서 사정·재결은 절대적 효력을 가진 것이기는 하지만, 조선고등법원에서는 토지의 사정·재결에 대하여 위와 같이 몇 경우의 예외를 둠으로써 사정·재결의 법적 성격이 절대적이라는 의미가 종전의 모든 사유가 소멸되는 것이 아니라 예외적인 사유가 있는 상대적이라는 것을 의미한다고 보아야 하고, 대법원에서 말하는 원시취득이라는 의미는 전혀 아니라고 보아야 한다.

# 제4장 | 일제하 토지조사사업에 있어서의 마을재산

## I. 문제의 제기

### 1. 연구의 목적

마을[1]은 동네, 고을이라고도 한다. 이는 행정구역상 동리와 구별되며(지방자치법 제4조의 2), 리의 구역은 자연촌락을 기준으로 한다(지방자치법 제4조의 2 제2항). 마을재산은 마을 주민들이 공동으로 소유하거나 점유하는 재산으로 동네재산이라고도 한다. 최근 각종 국가적인 개발사업 등으로 인하여 마을재산으로 전해져 내려온 토지가 수용됨으로써 토지보상 보상금의 주체가 누구인지 여부에 대한 다툼이 있다. 또한 등기와 대장이 전산화됨에 따라 종전 아날로그식 장부보다는 조상 명의의 토지를 검색하기가 쉬워져서, 실제는 마을재산이지만 명의만 마을주민 공동으로 되

---

1 마을은 동리, 자연부락이나 주민공동체, 촌락공동체라고 한다. 대법원은 자연부락, 주민공동체라는 표현을 사용하고, 지방자치법은 행정구역상 동리라고 한다, 따라서 여기에서는 우리가 실제로 사용하는 마을이라는 표현을 사용하고자 한다.

어 있는 토지의 소유권을 둘러싸고 다툼이 있다. 분쟁의 쟁점은 일제하 토지대장이나 임야대장상에 마을 주민들의 공유나 마을 명의로 되어 있다가 지방자치단체 명의로 이전된 것이 마을의 재산인지, 아니면 일부 주민들의 공유재산이나 지방자치단체의 소유인지 여부이다. 이 경우 단순하게 대장상의 공동명의자로 되어 있는 공유자들의 소유나 지방자치단체의 소유라고 볼 수도 있지만, 연혁적 고찰을 통해서 살펴보면 총유로서의 마을재산이라고 볼 여지가 많다.

우리나라에 근대적 소유권관계를 증명하는 등기제도가 도입된 것은 일제하 1912년 토지조사사업이나 1918년 임야조사사업이고, 이 사업에서 사정된 것을 근거로 제조된 장부가 토지대장과 임야대장이다. 그런데 조사사업 당시 리·동(마을)명의로 사정받은 경우도 있었다. 다른 한편 마을과 같은 권리능력없는 사단에 대해서는 1912년 3월 당시 조선민사령이나 조선부동산등기령의 근거법령인 일본 민법이나 일본 부동산등기법에 의하여 마을 명의로 등기할 수 없어서 부득이 개인 재산이나 공유재산으로 등기할 수밖에 없었다. 그러다가 1930년 10월 조선부동산등기령의 개정으로 권리능력없는 사단인 마을 명의로 등기를 할 수 있도록 하였지만(제2조의 4), 종래 토지조사사업과 임야조사사업으로 사정받은 주민들의 공유명의를 그대로 유지하는 경우가 많았다. 또한 일제는 1931년 3월부터 시행된 읍면(제령 제12호)제와 읍면제 시행규칙(총독부령 제105호)에 따라 읍면에만 법인격을 부여하고, 종래 관습법상 법인으로 인정되었던 里洞(마을)에 대하여는 법인격을 상실시키고 종전의 마을재산을 읍면으로 귀속시켰다. 해방이후 정부는 1961년 지방자치에 관한 임시조치법, 1978년 부동산소유권이전등기 등에 관한 특별조치법 등에 의하여 마을재산이 시군 등 지방자치단체의 소유로 이전하기도 하였다.

토지대장이나 임야대장에 등재되거나, 등기부상 공유자로 등기되어 있다는 것만을 근거로 하여 마을재산을 개인소유라고 주장하는 경우가 많다. 토지대장이나 임야대장, 등기에 공유나 마을명의로 되어 있다든가 또는 양여를 받은 것으로 되어 있는 경우의 토지소유관계는 구체적인 연혁적 증거에 의하여 신중하게 마을재산 여부를 판단할 필요가 있다. 특히 최근에는 각 지방자치단체마다 "조상 땅 찾아주기" 운동을 추진함에 따라 마을재산을 개인소유로 치부하는 등 여러 가지 부작용도 나타나고 있다. 마을재산은 일제하 등기제도가 도입되면서 또는 그 후 성문 법률에 의해서 그 명의가 개인 단독소유나 공유로, 또는 국공유지로 바뀐 경우가 많았다.

이 연구에서는 마을재산에 관한 소유권의 발생과 그 변동과정을 연혁적으로 추적하여 조사·분석·검토함으로써, 사라진 마을재산을 찾아내고자 한다. 또한 마을재산의 구체적인 소유관계를 명확히 함으로써 법학계 및 법조실무계의 마을재산 법리형성에 도움을 주고자 한다. 나아가 지방화시대를 맞아 지방분권의 기초단위조직이 되는 동리나 마을의 고유재산을 찾아냄으로써 지방자치의 근간이 되는 재정을 확보하고 창출하는데 일조하고자 한다.

### 2. 연구방법과 선행연구

참고문헌에서도 보여지듯이, 이 방면에 관한 연구는 사회학적 관점이나 법사학 측면에서는 약간의 연구가 있다. 이들 연구에서는 권리능력없는 사단으로서의 마을의 법적 형태, 총유로서의 마을재산의 법적 형태에 대한 연구가 대부분이다. 이 연구에서는 마을 재산의 발생과 변동 등 형성과정에서의 법적인 고찰, 마을 재산의 소유권의 변천과정과 귀속 여부에 대하여 조선시대부터 현재에 이르기까지 법학적 측면에서의 통시적 연혁적 연구를 하고자 한다. 이를 통해서 마을재산이 관습법적으로 조선시대부터 현재까지 계속하여 유지되고 있다는 사실을 확인하고자 한다. 따라서 통시적 연혁적으로 고찰하는 점에 이 연구의 독창성이 있다고 할 수 있다. 특히 이 연구에서는 1910년 일제 침략이후 마을재산의 붕괴과정을 살펴 볼 수 있는 각종 법률의 제정과 개정사항을 면밀히 검토하여, 일제의 수탈과 해방이후 행정편의주의에 매몰되어 사라져간 마을재산의 소멸과 변천과정을 살펴보고자 한다.

선행연구로서 마을공동체의 관습법상의 법인성에 관한 연구[2], 마을공동재산의 법적고찰[3], 조선시대 동족마을의 토지소유형태에 관한 연구[4] 등은 비법인사단으로서의 마을의 법적 지위와 재산소유형태로서의 총유에 대하여 천착한 연구이다. 이는 민법상 권리능력없는 사단으로서의 마을의 법적 지위와 재산 소유형태로서의 총유에 대한 천착에 머물고 있는 점에서 한계가 있다. 제주도내 마을공동재산의 시·군에의 귀속과 그에 따른 주민권익문제[5]는 제주도라는 지역적 제한은 있지만, 마을공동재산의 귀속에 대한 고찰로서 매우 유의미한 연구이며, 지방자치에 관한 임시조치법 제8조상의 귀속에 대하여 부당이득이고 재산권 침해라고 하면서 마을주민들에게 환원되어야 한다고 주장한다. 그러나 마을재산의 변

2 정환담,마을공동체의 관습법상의 법인성에 관한 연구,전남대 사회과학논총 9,1981,291면 이하.

3 고창현,마을공동재산의 법적고찰,사회과학연구 6,조선대,1983,129면 이하.

4 한영현,조선시대 동족마을의 토지소유형태에 관한 연구,석사논문,전남대 사회학과,1987.

5 윤양수,제주도내 마을공동재산의 시·군에의 귀속과 그에 따른 주민권익문제,논문집-인문사회과학편 24,제주대,1987.

동과정 중 1961년 지방자치에 관한 임시조치법에 의한 변동만을 중점적으로 다루어진 것으로, 마을재산에 관하여 조선시대부터 지금까지의 통시적인 고찰을 하고자 하는 이 연구와는 차이가 있다. 공동소유어장의 재산권형성에 관한 연구[6]는 어업권의 형성과정에 관한 고찰로서 현지관찰과 면담설문조사를 통하여 관행에 의한 점용에 대하여 연구한 것이다. 다만, 어촌마을에 한정된 것이라는 장소적 제한과 법학적 측면에서의 법리적 연구가 부족하다는 점 등이 이 연구와는 차이가 있다.

## II. 조선시대의 마을재산의 발생과 형태

### 1. 조선시대 시초장

근대국가의 행정단위체제가 성립되기 이전에, 부락단위로 거주하던 때에도 마을 주민들이 공동으로 이용하던 동네 산 등[7]이 존재하고 있었다. 동네 산은 조선시대 내내 가장 강력한 성문법규로 존재하였던 경국대전이나 조선시대 생활상을 알 수 있는 조선왕조실록에서 시초장 등으로 그 흔적을 보이고 있다. 시초장[8]은 마을주민들이 동네 산에서 땔감용 나무와 가축용 풀이나 퇴비, 각종 산나물, 송이 등 임산물을 채취할 수 있는

---

6 김봉구·서정호,공동소유어장의 재산권형성에 관한 연구,생명자원연구 12호,고려대,2004,137면 이하.

7 부동산 이외에 마을 주민들이 장례의식 등에 공동으로 이용하던 상여 등 동산 재산도 있었다.

8 柴草場에서 시는 땔감으로 사용되는 섶이고, 초는 동물사료나 나물로 이용되는 풀이다. 柴草場은 지역주민이 말사육용 풀을 채취하는 곳(草場)과 땔감을 마련하는 곳(柴場)을 말한다.

것을 말하고, 이는 경국대전 등 각종 성문법령에서 규정화하여 보호하였다. 조선왕조 경국대전 刑典 禁制에서는 "私占柴草場者並杖八十"이라고 하여 개인이 무단으로 시초장을 독점할 경우에는 杖 80대의 중형에 처하도록 규정한 기록이 나온다. 국가적 테제(thèse)로서의 山林川澤 與民共之(利)[9]에서 발생한 시초장은 마을 주변 동네 산에 대하여 개인의 사점을 금지함으로써 개인이나 권력층이 아니라 그 지역의 주민들이 동네 산을 사용·수익할 수 있도록 접근을 허용하는 제도이었다. 시초장은 마을주민들에게 직접적인 물권적인 또는 채권적인 권리를 부여한 것이 아니라 국가가 개인적인 사점을 금지함으로써 생기는 반사적 이익을 마을주민들이 누린 것이라고 보아야 한다. 시초장은 마을주민이 동네 주변 산을 사용·수익할 수 있었다는 점에서 마을 주민이 공동체로서 동네 산에서 임산물을 채취 수익하는 입회관행에 관한 성문법으로 볼 수 있다. 시초장은 조선왕조를 지키는 버팀목으로서 왕조실록 등 여러 기록을 통해서도 확인할 수 있고,[10] 이 제도는 조선시대 뿐 아니라 대한제국까지 강력하게 시행되어 왔다.

## 2. 조선시대 송계, 동계

조선 후기에서는 시초장에 근거하여 각 지역에서 동네 산에 출입하거나 산림 부산물을 수익할 수 있는 마을단위로서의 송계나 동계(이하 "송계 등"이라 한다)를 운영하였다. 조선시대에는 왕토사상 등 토지에 대한 개인

9 고려사 형법 금령 충숙왕 12년 2월 山林川澤, 與民共利, 近來, 權勢之家, 自占爲私, 擅禁樵牧, 以爲民害, 仰憲司禁約, 違者治罪.

10 배병일,임야입회관행에 관한 문헌적 연구,토지법학 제18호,2002,4면 이하.

소유가 인정되었는지 여부에 대하여 논란이 있지만, 최근 왕조실록[11], 소지나 문기, 입안 등을 이용하여 천착된 선행연구에 의하면[12], 임진왜란 이후에는 토지제도의 문란으로 인하여 토지의 사유화가 진행되었다고 보아야 한다고 한다. 특히 임야의 경우에는 조선초기부터 시초장의 형태로 유지되어 왔지만, 임진왜란이후 17세기 초부터 집중적으로 송계 등의 형태로 동네 산에 입회하는 관행이 형성되었을 것이다. 송계는 동네 산에 대한 금벌과 식림, 공동채취와 이용을 목적으로 하여 조직된 공동체적 단체이다. 조선시대 동네 산은 公山으로 시초장을 통해서 모든 사람이 공동으로 이용하도록 하였지만, 권력층이 개인적으로 사점화하였을 뿐 아니라 일반 백성들도 함부로 임산물을 임의로 채취함으로써 황폐화되었다. 이에 산림 주변에 있는 마을 주민들이 스스로 자치조직을 만들어 산림보호를 하였는 바, 이들 명칭이 금송계, 송금계, 산림계, 애림계 등이다. 조선후기에 들어서면서 지배층의 산림의 사점으로 인하여 산림을 이용할 수 없게 된 일반 백성들은 땔감이나 비료 수급불균형을 타개하기 위해서라도 송계 등의 구성원으로 편입되지 않을 수 없었다.[13] 우리나라 역사상 입증가능한 최초의 송계는 전라남도 나주시 노안면 금안동의 1715년에 작성된 금안동 송계이다.[14] 그런데 송계는 송계 산을 확보하고 그 소

---

11 세종실록 23,세종 6년(1424년) 3월 23일 己亥條.… 請毋禁買賣, 其不稅契不過割者, 依律施行。" 命依律文施行, 其限年放賣田宅, 從明文決給.

12 박병호,한국법제사고,법문사,1983;심희기,한국법사연구,영남대출판부,1992;이재수,조선중기전답매매연구,집문당,2003.

13 강성복,금산의 송계,금산문화원,2001,15면.

14 박종채,조선후기 금송계 연구, 중앙대 박사논문,2000,126면.

유권을 주장하려면 관청으로부터 立案[15]이나 立旨[16]를 받아야 하기 때문에, 조선후기촌락공동체 가운데 송계가 가장 官主導 성격이 강한 것이라고 하는 견해도 있다.[17] 입안이나 입지는 산송[18] 등에서 일반백성이 자신의 권리가 침해당했다고 주장하면서 관청에 제출한 소송 서류에 대하여 관청이 그 주장자에게 권리가 있다고 확인한 서류이다. 입안과 입지는 관청에서 적극적으로 당사자의 권리를 확인한 서류가 아니라, 당사자의 적극적인 주장에 대하여 소극적으로 관청이 확인을 해준 서류이다. 입안이나 입지 때문에 송계 등이 관주도로 이루어진 것이라고는 할 수 없고, 오히려 송계 등은 마을주민들이 동네 산에 대한 권리주장을 하기 위하여 적극적으로 구성한 자발적인 조직체라고 보아야 한다. 나아가 송계는 동네 산을 보호하고, 다른 사람들의 침입을 막기 위하여 마을 주민들이 스스로 규약 등을 작성하여 만든 조직으로, 그 조직의 구성과 경과에 있어서도 임의성과 자발성이 있다고 보아야 하기 때문에 관주도라는 표현은 적절하지 않다고 생각된다.

송계 등이 마을 주민들의 자생조직으로 지속적으로 발전과 변화를 거듭하여 왔다고 하는 점은 조선후기에 들어오면서 많이 발생하는 산송의

---

15 개인의 청원에 따라 토지나 노비 등의 매매, 양도, 소송의 판결 등을 관청에서 확인하여 그 사실을 입증하기 위해 발급해준 공증문서. 문서 형식은, 발급 날짜와 어느 관서의 입안이라는 사실을 밝히고 증명할 내용을 기록한 다음 입안했다는 사실을 명기하고 담당 관청의 실무자와 책임자가 서명하였다.

16 관청에서 판결문을 쓰고 관인을 찍어 개인이 청원한 사실을 공증해 주던 문서. 조선 중기 이후부터 통용된 문서 양식으로, 토지 문기 등을 분실·도난·소실하였을 때 문서가 없어서 발생하는 문제를 예방하기 위하여 이를 발급하는 경우가 많았다.

17 박종채,전게논문 2000, 99면.

18 山訟은 조선후기에 집중적으로 일어난 산의 소유권을 둘러싼 다툼으로, 주로 풍수지리에 근거한 묘지소송이 많았다(전경목,"조선후기 산송연구",전북대 박사논문, 1996. 참조).

증가와 무관하지 않다. 산송은 당초 풍수지리설에 근거한 묘지문제를 둘러싸고 발생하였다고 하였지만, 최근에는 경제적 소유권 및 산림이용문제로 파악하는 견해[19]도 있다. 지금과 같은 난방유나 석탄이 없었던 조선시대에는 생존을 위한 땔감이나 동물사육을 위해서는 시초장의 확보가 필수적이었고, 개인의 사점을 금지하고 있는 경국대전 등 국법의 규정에 따라 부득이 시초장은 마을단위로 획득하려고 하였을 것이다. 따라서 마을은 송계 등을 조직하여 시초장의 근거가 되는 송계 산을 확보하는 것이 필요하였고, 송계는 그 존속요건으로서 송계 산을 가져야 하였다. 따라서 이러한 송계 산의 확보를 위해서는 부득이 이웃과의 충돌을 해소하기 위한 산송의 제기가 필요하였을 것이다. 송계는 마을주민들이 스스로 자발적으로 조직하여 송계 산 확보를 위해서 산송을 통한 이웃과의 마찰도 불사하면서 활동하였고, 송계 산에 입회하는 관행을 유지하여 왔을 것이라고 생각된다. 따라서 자연스럽게 송계 산에 입회하는 관행은 마을재산으로서의 권리가 되었다. 마을 주민들이 송계 등을 조직해서 동네 산에 대하여 가지는 권리는 채권적 권리를 넘어서는 용익물권적 권리로서, 동네 산을 배타적 독점적으로 사용·수익할 수 있어서, 해당 마을은 동네 산을 사실상 마을재산으로 사용·수익하였다고 보아야 한다. 송계는 땔감과 방목용 풀이나 송이채취 등도 포함되어 있는 입회관행이 주목적이었다. 이는 일본에서의 목재생산을 위한 입회관행과는 다른 점이다. 송계는 산림보호를 주목적으로 하고 있었기 때문에, 한 개 마을 또는 인접마을을 조직단위로 하였고, 각 송계는 송금절목이라는 규약에 따라 자치적으

19 김선경,조선후기 산림천택 사점에 관한 연구,경희대 박사논문, 1999;김경숙,조선후기 산송과 사회갈등연구,서울대 박사논문,2002.

로 운영하였다.[20]

위와 같이 조선시대 마을재산은 성문법규인 시초장에 근거하여 발생하였고, 임진란을 거치면서 토지의 사유화가 진전되면서 송계 등의 형태로 동네 산을 배타적 독점적으로 사용·수익함으로써 동네 산에 대하여 물권적인 권리를 가지게 되었다. 송계 등이 동네 산에 대하여 가지는 권리는 반사적 이익을 넘는 물권적인 권리로 보아야 하고, 이는 山訟 등을 통해서 국가적인 권원까지 확보한 용익물권적인 권리라고 보아야 한다. 송계 등이 동네 산에 대하여 가지는 권리는 근대로 오면서 입회권의 형태로 탈바꿈하면서 중요한 마을재산으로 자리매김하게 되었다.

## Ⅲ. 일제하 마을재산의 수탈과 변동

### 1. 삼림법의 국유화 간주를 통한 수탈

1910년 일제가 우리나라를 침략할 당시 마을재산에 관한 권리인 송계 등과 같은 입회관행은 일제의 식민지 지배체제의 지세수입 증대에 방해가 되었다. 이에 일제는 국유·민유의 소유구분을 명확하게 할 목적으로 1908년 1월 24일 법률 제1호로서 森林法을 제정하였고, 森林山野의 소유자는 본법 시행일로부터 3개년 이내에 삼림산야의 지적 및 면적의 견취도를 첨부하여 농상공부대신에게 계출할 것. 기간내에 계출이 없는 것은 전부 국유로 간주한다(부칙 제19조)고 규정하였다. 이 경우 소유자는 1912년 삼림산야 및 미간지 국유사유구분표준(조선총독부 훈령 제4호)에 의한

---

**20** 산림조합 중앙회,산림조합 40년사, 75면.

임야를 점유한 자이다. 여기에는 입회관행을 가진 자는 포함되지 않았다. 계출 심사를 통하여 소유를 확정할 예정이었으나 그 계출기간 중인 1910년 8월 29일 일제의 우리나라 침략이 이루어져 계출서를 수리만 하였을 뿐, 심사도 하지 못하였다. 삼림법의 지적계출에 의해서 임야에 관한 소유권이 인정되었지만, 그 면적은 전체 임야 1,600만정보 중 220만정보로 13.7%에 불과하여,[21] 오히려 더 많은 사유 임야가 삼림법 제19조에 의해 국유화되었다. 특히 삼림법은 개인 소유만 신고 대상이었고, 동네 산에 입회관행을 가지고 있던 마을은 계출(신청) 자체를 인정하지 않았고, 지금처럼 언론 등과 같은 법률안 공포에 관한 홍보수단이 없었고, 소유권신고에 필요한 지적도 작성비용까지 신고자의 부담으로 하였기 때문에 당시 마을주민들이 계출을 소홀히 하였다. 그래서 동네 산에 대하여 입회관행을 가졌지만 계출을 하지 않았다는 이유로 국유화되었다. 삼림법 제19조의 국유화 간주규정 때문에, 마을 주민들은 영문도 모른 채 동네 산에 대한 입회관행을 마을재산의 소유권으로 전환할 수 있는 기대권을 일제에게 빼앗기게 되었고, 이는 사실상 수탈이나 다름없었다.

### 2. 임야 입회관행의 폐지로 인한 수탈

일제는 종래의 송계 등이 동네 산에 자유롭게 이용하던 임산물의 채취관행을 당시 일본 민법상의 법리인 입회권의 일종이라고 보았고, 이러한 입회관행은 삼림법의 시행당시 우리나라에는 없었다고 왜곡하여 존재 자체를 부인하였다. 즉, 국유삼림산야 및 산물처분규칙(1908년 4월 4일 칙령 제24호) 제1조 제8호에서는 농상공부대신이 주요산물을 채취하는 관

**21** 조선총독부 농림국,조선임야조사사업보고,1938,9면.

행이 있는 삼림산야를 그 채취하는 자에게 매각할 때에는 국유삼림산야 처분심사회의 결의를 거쳐 수의계약으로 매각할 수 있도록 하였다. 그래서 종래의 송계 등에 근거하여 동네 산에서 수익하여 왔던 입회관행은 森林法의 시행으로 그 존재 자체를 부인함으로써 모두 폐지하였고, 동네 산에서 임산물을 채취하려고 하는 자는 임야를 매수하거나 양여, 대부받거나 또는 그 임산물은 수의계약으로 매수하도록 하였다. 이는 우리나라 국민들에게 입회관행을 인정해 줄 경우에 당시 일제가 추진하고 있던 산업용 및 군수용 목재생산을 위한 임야수탈정책에 차질을 빚을 우려가 있었기 때문이었다. 그러나 입회관행의 폐지에 대해서 마을 주민의 반발이 거세지고,[22] 이러한 집단반발은 일제의 식민지 지배에 매우 큰 영향을 미치게 되었다. 이에 대하여 일제는 "기왕 수십년간 조용하게 또 공연하게 사용 수익하여 온 것이므로 전연 이것을 인용하지 않는다는 것은 약간 가혹한 감이 있고 그 뿐만 아니라 지방민심에 미치는 영향도 적지 않다고 인정된다."[23]고 하여 한발 물러섰다.

### 3. 삼림령에 의한 입회관행의 부활

일제는 1911년 9월 1일 조선총독부 제령 제10호로서 森林令을 시행하면서 삼림법을 폐지하였다. 森林令에서는 국유삼림에 입회하는 관행이 있는 지원주민[24]은 관행에 따라 그 삼림의 부산물을 채취하거나 또는 이

---

22 강영심,일제의 한국삼림수탈과 한국인의 저항,이화여대 박사논문,1997;임업연구원,한국의 근·현대 산림소유권 변천사,2001,168면 이하.

23 1912년(명치45년) 1월 12일, 관통첩 제10호, 森林令실시에 관한 질의의 건.

24 지원주민(地元住民)은 그 임야 부근에 거주하는 자를 말하고, 반드시 이에 인접하여 거주하는 자로 해석할 필요는 없다. 지형, 교통 등을 참작하여 실지로 인정할 것이다(1912년 7월 31일, 森林令 제8조의 지원주민의 해석에 관한 건 참조)

에 방목할 수 있다(제8조)고 규정하고 있다. 또한 조선총독은 제8조의 지원주민에 대하여 그 입회구역에 조림을 명령할 수 있다. 이 조림명령을 받은 자가 사업에 성공하는 때에는 그 토지를 양여받을 수 있다(제9조)고 규정하였다. 일제는 삼림법에서 존재 자체를 부인하였던 임야 입회관행을 삼림령에서 인정하였다. 1911년 7월 도장관회의석상에서 배포된 삼림령 개정요지에서는 "15. 사인에 있어서 금양한 국유삼림에서 舊삼림법 제19조에 의한 지적보고 3개년의 기한은 본년 1월 23일로서 끝나고, 기한내에 계출을 하지 않은 토지는 모두 국가에 귀속시켰다고 하지만, 소유자에 있어서는 단순히 계출을 태만하게 함으로써 그 소유권을 잃어버리게 한 것 등은 그 사정이 딱한 바 있으므로 삼림령에 있어서 이러한 임야 중에서 실제 금양의 실적이 있는 것은 동령 제7조에 의하여 대부를 받은 것으로 보고, 그래서 성림을 인정한 뒤에 다시 이것을 사유로 옮겨가는 방법을 취하고자 한다. 그 임양에 있어서 실제 금양의 실적이 없는 것에 대해서는 새로 삼림령에 의하여 대부를 받도록 하고 이에 대해서는 대체로 성림을 기다려 이것을 사유에 옮기고자 한다(삼림령 제29조, 제7조)"고 하고 있다. 또한 森林令 시행규칙(1911년 9월 1일 시행, 조선총독부령 제74호) 제35조는 森林令 제8조의 入會慣行이란 지원주민의 전부 또는 대부분이 국유삼림의 일정구역에 한하여 永年(영구) 부락용 또는 자가용에 사용할 산물의 채취 또는 방목으로 사용하는 慣行을 말한다고 규정하였다. 이처럼 일제는 1908년 森林法에 의해 존재 자체를 부인하였던 임야 입회관행과 국유화시켰던 사유 삼림을 1910년 森林令에 의해 복원시켰다. 이 삼림령과 동 시행규칙은 1944년 6월 6일에 개정될 때까지 일제시기 내내 시행되었다.

## 4. 관습조사보고에서의 임야 입회관행

1912년에 보고된 일제의 관습조사보고서에서도 김천, 황간, 대구, 의성 등지에 입회관행이 있었다고 하였다.[25] 이는 일제초기 임적조사사업(1910년)의 결과 마을주민이 공동으로 이용해온 송계림 등이 많이 밝혀져 삼림령(1911년)에서 입회관행이 채택된 계기가 되었다고 한다.[26] 일제는 식민지 초기에 삼림법을 통해서 마을재산의 근거가 되었던 입회관행의 존재 자체를 부인함으로써 마을재산의 형성을 인정하지 않았지만, 마을주민의 거센 반발로 삼림령을 통해서 입회관행의 존재를 인정하였다. 나아가 관습조사를 통해서 종래 송계 등에서 가지고 있던 동네 산에 대한 사용·수익을 일제의 당시 법리인 입회관행으로 봄으로써 채권적인 권리가 아닌 물권적인 권리로 자리매김하였다.

## 5. 임야조사사업에 의한 마을재산의 인정과 수탈

1918년 임야조사사업 당시 조선임야조사령 제10조에서 융희 2년 법률 제1호 삼림법 제19조의 규정에 의하여 지적의 신고를 하지 아니하였기 때문에 국유에 귀속된 임야는 구소유자 또는 그 상속인의 소유로 사정하도록 규정하였고, 이에 구 삼림법에 의하여 신고하지 않았기 때문에 국유화된 동네 산도 다시 마을소유로 할 수 있도록 하였다. 또한 임야조사사업에서는 임야의 소유자가 신고하도록 하였지만(조선임야조사령 제3조 제1항), 국유임야에 연고를 가지는 자도 신고할 수 있었다(조선임야조사령 제3조 제2항). 즉, 융희 2년 법률 제1호 삼림법 제19조의 규정에 의하여 지적의

25 조선총독부,관습조사보고서,1913,102면 이하.

26 산림조합 중앙회,「산림조합 40년사」, 2002, 75면.

계출을 하지 아니함으로써 국유에 귀속된 임야는 구소유자 또는 그 상속인(조선임야조사령 시행규칙 제1조 제2호)과 국유임야에 있어서 입회의 관행을 가진 자(조선임야조사령 시행규칙 제1조 제5호)는 연고를 가지는 국유임야에 관하여 조선임야조사령 제3조에 의하여 소유자로 신고할 수 있도록 하였다. 임야조사사업 신고서는 신고자의 씨명, 명칭은 민적부, 호적부, 등록부와 일치 여부를 확인하였지만(조선임야조사령 시행수속 제8조 제2호), 동네 산에 대하여 입회관행을 가지는 자는 임야조사사업에서 마을 명의로 소유권 사정을 받을 수 있었다. 입회관행은 개인이 가지는 것이 아니라 마을주민들이 공동체로 가지는 권리이기 때문에, 임야조사사업을 통해서 마을주민들이 집합체로 동네 산에 대한 권리를 소유권으로 공인받게 되었다. 당시 일본 민법에서 용익물권적인 권리로 보았던 동네 산에 대한 입회권을 일제는 임야조사사업의 사정을 통해서 동네 산에 대한 소유권으로 변환·취득하게 함으로써 마을재산이 형성되게 되었다. 이로써 마을주민들은 동네 산에 대하여 마을재산으로서의 소유권을 인정받게 되었다.

그러나 임야조사사업을 통해서 입회관행이 국공유지로 바뀌거나 사유화된 경우도 많았다. 이는 임야조사사업 당시 일제가 조사사업을 강압적으로 실시하였다는 점,[27] 조사사업 당시 마을주민들의 법감정 자체가 아직까지 일제가 사업 취지로 내세웠던 근대적 법질서하에서의 토지에 대한 소유권 확보와 같은 권리의식이 없었다는 점, 임야조사사업 당시의 법령에 대한 무지 등으로 복원할 수 있는 방법을 알지 못할 수도 있었다

27 토지조사사업의 외업반은 토지조사국 출장원, 면장, 동리장, 지주총대, 지주와 경무관헌으로 구성되었다. 경무관헌은 조사사업에 대한 저항을 저지하고 조사원의 신변을 보호하기 위하여 동원하였다.(최봉수,일제 토지조사사업의 정책적 의의,한국행정사학지 17호,159-160면.)

는 점 등에 기인하는 것이라고 생각된다. 특히 1912년 3월 18일부터 시행된 조선민사령이나 조선부동산등기령에서는 그 근거법령인 일본 민법이나 일본 부동산등기법에 의해서 공유나 합유만 인정되고 총유는 인정되지 않음으로써 마을재산을 권리능력없는 사단인 마을 명의로 보존등기를 할 수 없었던 점이 마을재산 해체의 가장 결정적인 원인이 되었다. 그래서 마을재산을 마을명의로 등기할 수 없었기 때문에, 부득이 마을에 거주하던 개인이나 주민 대표의 공유로 등기함으로써 마을재산의 소유권 행방이 묘연해지게 되었다. 등기를 하지 않은 채 마을명의의 토지조사부나 임야조사서[28] 상태로 유지되는 경우도 있었다. 그 후 1930년 조선부동산등기령을 개정하면서 제2조의 4의 규정(현행 부동산등기법 제26조와 같은 규정)을 신설하여 마을 명의로 등기를 할 수 있도록 하였지만, 이미 마을 주민 공유로 등기한 토지에 대하여 등기비용 등을 새롭게 부담하면서 이전하는 경우는 많지 않았고, 등기편의상 공유명의를 그대로 둔 경우가 많았다. 또한 1910년대 조선고등법원 판결로 새롭게 등장한 명의신탁법리에 의해서 마을의 소유권이 인정될 수 있었기 때문에, 굳이 마을주민의 공유에서 마을명의로 이전등기를 할 필요성도 많지 않았다. 이러한 연유로 소수의 마을주민 공유로 등기된 마을재산이 오늘날에 이르러 마을재산의 소유권을 둘러싼 다툼의 원인이 되기도 한다. 아울러 마을명의의 토지조사부나 임야조사서에 근거하여 보존등기를 하지 않은 채 토지조사부나 임야조사서 상태로 유지되는 경우에도 행정구역의 변경, 주민들의 이동 등으로 인한 변경 등 때문에 분쟁의 원인이 될 수도 있다.

---

**28** 임야조사부는 1918년 임야조사사업 이전에 만들어진 장부이다(배병일·주낙영,"일제하 토지조사사업 이후의 토지공부에 관한 법적 문제점",법과 사회 30호,2006,278-282면.)

## 6. 특별법에 의한 마을재산의 인정과 소멸

일제는 임야조사사업을 통해서 삼림법 제19조에 따라 국유화된 사유림을 종전의 연고자에게 사정을 하였지만, 이에 대한 불복도 적지 아니하여 임야조사위원회에 재심신청한 건수가 무려 11만건에 달했다. 이에 문제의 심각성을 깨달은 일제는 1926년 4월 5일 조선특별연고삼림양여령(제령 제7호)을 공포하고 연고임야에 대하여 1년 기간을 정하여 대대적으로 양여하였다. 이에 따라 융희 2년 법률 제1호 삼림법 제19조의 규정에 의하여 지적의 계출을 하지 아니함으로써 국유에 귀속된 임야의 종전의 구소유자 또는 그 상속인은 특별연고자로서 양여받을 수 있었다(조선특별연고삼림양여령 제2조 제1항 제2호). 제2호에 해당하는 자가 부면내의 마을인 경우에는 그 부면을 특별연고자로 간주하였다(조선특별연고삼림양여령 제2조 제2항). 이 양여신청은 약 110만건, 약 340만정보가 접수되었고, 그 중 90%가 양도처분되었다.[29] 대법원판례는 조선특별연고삼림양여령에 따른 임야의 양여는 민법 제187조 소정의 "법률의 규정에 의한 부동산 물권의 취득"이 아니라 일종의 증여라고 하고 있다.[30] 이 경우 마을이 종전의 마을재산을 양여받더라도 당시 조선부동산등기령에 의해서는 마을 명의로 등기를 할 수 없었기 때문에, 등기를 하지 않은 채 조선총독부의 양여허가서 상태로 존재하거나 마을 주민의 공유로 등기를 함으로써 마을재산의 소유관계를 둘러싼 다툼의 원인이 되었다.

---

29 행정안전부 국가기록원,일제문서해제,2011, 51면.

30 대법원 1993.6.25. 선고 92다14458 판결.

## 7. 읍면제 실시로 인한 수탈

일제는 식민지 지배 초기에 관습조사를 하였는데, 한국에서는 마을을 리 또는 동이라고 부르고, 지방에 따라서는 촌이라고 한다.[31] 촌락을 행정구역으로 분류하면 리가 크고 동은 작은 것이다.[32] 리동은 관습상 소유권의 주체가 되고, 법률행위 또는 소송의 당사자가 될 수 있기 때문에 법인이라고 이해하는 것이 지당하다고 하여,[33] 마을을 법인이라고 보았다. 그러나 초기 조선고등법원은 리 또는 동은 법인이 아니고, 소송당사자가 아니며, 동민 전체가 소송당사자가 된다고[34] 하여 마을은 법인이 아니라고 하였지만, 1912년 조선고등법원은 마을의 당사자능력을 인정하였다.[35] 1920년 조선고등법원은 동리가 그 재산을 소유하고 재산권의 주체일 수 있는 범위에서 동리는 종래부터 법인인 것으로 인정해야 한다고 하였다.[36] 일제는 府·郡 행정구역개편을 1914년 3월 1일부터 시행하였고, 1917년 10월 1일부터 면제 시행규칙을 시행하면서 리동을 행정구역으로 편제하였다. 일제는 정무총감이 각도장관에게 보낸 통첩인 "부락유재산정리에 관한 건(1913년 5월. 관통첩 제42호)"을 통해서 지방에 따라 리동의 소부락에서 부동산을 갖고 있는 바, 이를 면 또는 리동의 재산으로 편입하도록 하여, 행정동리 또는 면의 소유로 하였다. 이 때문에 마을재산이 공유지로 바뀐 경우도 있었다. 또한 1914년에 "면의 기본재산조성 및 모범

---

**31** 朝鮮總督府,慣習調査報告書,1913, 115면.

**32** 朝鮮總督府,朝鮮の聚落 前篇, 1933, 84면.

**33** 조선총독부 중추원,민사관습회답휘집,1933,82면.

**34** 1909.2.5. 조선고등법원 판결록 제1권,7-9면.

**35** 1912.3.2. 조선고등법원 판결록 제1권,454면.

**36** 1920.6.18. 조선고등법원 판결록 제7권 민사,267-271면.

림설치를 위한 국유임야양여의 건(1914년 3월 10일. 관통첩 제84호)"에서 면의 기본재산조성은 삼림령 제11조의 공익사무에 해당하지 않고, "면모범림설치를 위한 국유임야양여의 건(1914년 5월 6일. 관통첩 제169호)"에서 모범림 면적은 통례 10정보내외이고 1면에 대해 20정보를 최대로 한다고 하였다. 이를 통해서 마을은 재산을 형성할 수 없거나 큰 면적의 면유림 조성도 어렵게 되었다. 일제는 1930년 이전까지는 마을(里洞)에 대하여 관습법상 법인격을 인정하였지만, 1930년 12월 '읍면제'와 '읍면제 시행규칙'으로 행정조직을 개편하고 1931년 3월부터 시행에 들어갔다. 이에 따라 읍면에만 법인격을 부여하고, 리동에 대하여는 법인격을 상실시키고 종전의 里洞(마을)의 재산을 읍면으로 귀속시켰다. 1930년 읍면제 시행으로 마을이 소유하던 마을재산을 지방자치단체의 소유로 이전되면서 마을재산이 소멸되었다. 그러나 마을주민의 동의없이 마을재산의 귀속기관이 바뀌었다고 하여 마을재산의 소유권이 이전되는 것이 아니라고 보아야 한다.

## Ⅳ. 해방이후 마을재산의 변동과정

1945년 8월 15일 해방이후 1949년 농지개혁 당시에도 그 대상범위에서 임야는 제외하도록 되어 있어서, 일제하에서의 동네 산의 마을재산은 계속 유지되었다. 1951년 산림보호 및 조림에 관한 산림보호임시조치법(1951년 9월 21일, 법률 제218호)에 의하면 산림보호와 조림보호, 임산물의 공동이용을 위하여 리동단위로 산림계를 조직하도록 하였다(동법 제4조). 산림계는 30인이상의 발기인으로 설립하고, 계원은 산림의 소유자와 그 구역내에 거주하는 가구주가 된다. 이러한 마을주민으로 구성되는 산림계가 마을재산으로서의 입회권을 행사하였다. 구민법은 일본의 입회권을 도입하여 공유의 성질을 가진 입회권(구민법 제263조)과 공유의 성질을 가지지 아니하는 입회권(구민법 제294조)으로 구분하였다. 민법은 전자의 입회권은 총유(민법 제275조)로 규정하였고, 후자의 입회권은 특수지역권(민법 제302조)으로 규정하였다. 따라서 마을재산은 두 경우로 구분하여, 동네 산 등 마을공동재산에 대하여 가지는 소유권은 마을주민들의 총유이고, 타인 소유 임야 등에 대하여 가지는 입회관행은 마을주민의 특수지역권으로 보아야 한다. 1962년 산림법 부칙 제6조에 따라 산림보호임시조치법에 의해 설립된 산림계는 산림법에 의해 설립된 것으로 간주하였다. 그 당시 전국 리동 산림계의 수는 21,716개이고 계원수는 256만명이었다. 1980년 산림법 개정을 통하여 산림계를 폐지하였지만, 그렇다고 하여 종전부터 입회관행에 의해 인정되어 온 특수지역권이 폐지되지는 않는다고 보아야 할 것이다.

1961.9.1. 제정된 지방자치에 관한 임시조치법(시행 1961년 10월 1일) 제8조에서는 읍, 면의 일체의 재산과 공부는 소속 군에 귀속한다고 규정하여 읍면의 마을재산이 모두 군 재산으로 되었다. 행정조직에 관한 법률을 제정하면서, 마을재산을 법률에 의해 군유재산으로 귀속시켰다. 그러나 마을재산의 귀속기관이 바뀌었다고 하여 마을재산의 소유권이 이전되는 것은 아니라고 보아야 한다.

다른 한편, 우리나라 경인고속도로(1967년 3월 24일~1968년 12월 21일)와 경부고속도로(1968년 2월 1일~1970년 7월 7일) 등 국가적인 SOC사업을 하면서 토지보상금의 주체가 누구인지 여부가 사회적인 문제가 되었고, 이에 따라 해결하기 위해서 임야소유권이전등기 등에 관한 특별조치법(1969년

6월 30일~1971년 12월 19일)을 제정하는 등 각종 대책을 강구하기도 하였다. 1969년 5월에 임야소유권이전등기 등에 관한 특별조치법을 제정하여 부동산등기법에 의하여 등기하여야 할 임야로서 이 법 시행당시 소유권이전등기를 하지 아니하였거나 보존등기가 되어 있지 않은 임야를 간략한 절차에 의하여 등기하지 못한 취득자에게 등기하게 함으로써 산림행정의 효율적인 운영을 기하게 하고자 하였다. 이 법을 이용하여 고속도로 등 국가기간시설을 효율적으로 건설할 수는 있었지만, 이로 인하여 많은 마을재산이 소멸되었다. 특히 1977년 12월 31일에 제정하여 1978년 3월 1일부터 시행한 부동산소유권이전등기 등에 관한 특별조치법에서는 마을재산에 관한 특별한 규정을 두고, "마을공동재산"이라 함은 지방자치법 제145조의 규정에 의한 동리의 주민이 새마을사업으로 공동사용하기 위하여 소유하는 재산이라고 한다(제2조 제2항). 이 법의 적용범위는 1974년 12월 31일 이전에 매매·증여·교환 등 법률행위로 인하여 사실상 양도된 부동산인데, 마을공동재산에 관한 적용범위는 이 법 시행만료일인 1984년 12월 31일까지의 매매·증여·교환 등 법률행위로 인하여 사실상 양도된 부동산으로 확대하고 있다(제3조). 또한 법의 적용지역 및 대상을 시지역의 마을공동재산까지 확대하고 있다(제4조 제3호). 이로 인하여 마을재산을 간편한 절차에 따라 이전등기를 할 수 있도록 함으로써 많은 마을재산이 사라졌다. 이후 부동산소유권이전등기 등에 관한 특별조치법은 동일한 명칭으로 2번 더 제정되었지만, 마을공동재산에 관한 조항은 규정화하지 않았다. 이 법률로 인하여 마을재산이 지방자치단체 소유로 바뀐 경우가 많았다. 대법원은 임야소유권이전등기에 관한 특별조치법에 의한 소유권보존등기가 경료된 임야에 관하여서는 그 임야를 사정받은 사람이 따로 있는 것으로 밝혀진 경우라도 그 등기는 동법 소정의 적법한 절차에 따라 마쳐진 것으로서 실체적 권리관계에 부합하는 등기로 추정된다 할 것이므로 위 특별조치법에 의하여 경료된 소유권보존등기의 말소를 소구하려는 자는 그 소유권보존등기 명의자가 임야대장의 명의변경을 함에 있어 첨부한 원인증서인 위 특별조치법 제5조 소정의 보증서와 확인서가 허위 내지 위조되었다든가 그 밖에 다른 어떤 사유로 인하여 그 소유권보존등기가 위 특별조치법에 따라 적법하게 이루어진 것이 아니라는 주장과 입증을 하여야 한다[37]고 하여 특별조치법에 의한 등기에는 강력한 추정력을 인정하고 있다. 따라서 종전 지방자치에 관한 임시조치법에 의한 귀속기관의 변경과는 달리 특별조치법에 의한 이전등기는 마을재산으로 복귀가 더욱 어렵게 되었다. 그런 의미에서 특별조치법에 의한 마을재산의 공유재산으로의 이전은 실체관계를 따져서 소유관계를 확정하여야 하고, 86다카2928판결의 법리는 적용되지 않는다고 보아야 할 것이다.

## V. 마을재산에 관한 법리의 재정립

마을은 주민들이 살고 있는 영속적 단체로서의 동네를 말한다. 마을은 영속적 단체로서 주민이 살고 있는 한 소멸하지 않고, 주민이 모두 이주하더라도 마을재산이 존재하는 한 존속하는 영속적 단체이다. 마을재산은 마을주민이 공동으로 조성한 재산, 독지가 등으로부터 마을에 기증된 재산, 마을공동재산으로 옛날부터 전해져 내려온 재산, 개인소유재산으로서 마을주민이 공동으로 계약 등에 의하여 공동수익 관리하는 재산

37 대법원 1987.10.13. 선고 86다카2928 전원합의체 판결.

등이 있고,[38] 그 외에도 소유주체에 따라 동계, 송계, 산림계, 수리계, 어촌계 등의 재산이 있다.

## 1. 마을의 법적 성질

### 1) 권리능력없는 사단

마을은 권리능력없는 사단으로 그 고유한 재산에 대한 소유명의를 가질 수 있고, 또한 권리주체로서 소송능력 등 당사자능력도 가진다. 대법원도 권리능력 없는 사단으로서의 자연부락이 존재하고 나아가 자연부락이 그 고유재산을 소유하고 있다는 사실을 인정하려면 먼저 그 자연부락의 구성원의 범위와 자연부락의 고유 업무, 자연부락의 의사결정기관인 부락총회와 대표자의 존부 및 그 조직과 운영에 관한 규약이나 관습이 있었는지의 여부, 그 고유재산을 소유하게 된 경위와 관리형태 등에 관하여 심리 확정하여야 한다고 하였다.[39]

### 2) 자연발생적 조직

마을은 인위적으로 조직된 단체인가, 아니면 자연발생적으로 만들어진 단체인지 여부가 문제된다. 마을은 마을 주민들이 모여서 인위적으로 조직하는 단체가 아니라 주거환경이 좋은 일정한 지역에 사람들이 모여서 만들어지는 자연발생적 단체이다. 또한 마을은 불특정 다수인으로 구성된 영속적 단체이다. 행정구역으로서의 동은 지방자치법 등 관련 법령

---

**38** 정정미,촌락공동체(자연부락)의 재산에 관한 소송,실무연구자료 7권,2006,12면.

**39** 대법원 1991.7.26. 선고 90다카25765 판결.

에 의해서 지역적으로 구획되어진 곳에 거주하는 사람들의 집단을 말하고, 이는 마을과는 다르다.

#### 3) 지역적 연고

마을은 지역적 환경에 의해서 만들어진 단체이다. 마을주민들이 일정한 지역에 거주하면서 자연발생적으로 만들어진 것이다. 문제는 도시화 또는 대형댐 건설로 인하여 마을 주민 모두가 이주함으로써 마을의 지역적 존재가 없어진 경우에도 마을의 존재를 인정할 수 있을 것인가? 일정한 지역에 거주하면서 마을을 형성한 경우에는 그 마을주민 모두로 구성된 단체가 마을이라고 볼 수 있지만, 모든 주민이 이주하여 전국적으로 흩어진 경우에는 마을이 아니라 동회 등 인위적인 조직이라고 보아야 할 것이다.

### 2. 마을의 성립요건

권리능력없는 사단으로서의 마을은 먼저 주민이 있어야 한다. 고유 목적이 있어야 하고, 독자적인 사회활동을 하여야 한다. 성문 또는 불문의 규약이 있어야 하고, 의사결정기관과 대표기관이 있어야 하며, 마을재산도 있어야 한다.

#### 1) 주민

마을의 구성원은 당해 동네에 살고 있는 주민이다. 마을에서는 그 마을에 입주함과 동시에 마을의 구성원이 되고 다른 곳에 이주함으로써 마을 구성원의 자격을 상실하게 된다. 여기에서 입주라는 것은 주민등록법상의 전입신고, 가족관계의 등록 등에 관한 법상의 등록 등을 기준으로 할 수 있지만, 이외에도 실제로 거주하고 있는지 여부를 따져야 할 것이다. 예컨대 자식의 취학이나 아파트 분양 등을 이유로 형식상 주민등록을 이전하였다고 하더라도 실제로 마을에 거주하고 있는 경우에는 주민으로 보아야 할 것이다. 그러나 마을의 의사결정 단위는 개개 주민이 아니라 집(가구)이다. 마을의 의사결정은 그 결의 당시 그 부락을 구성하는 가구의 대표자 과반수의 출석과 출석자 과반수의 찬성에 의하여야 한다.[40]

### 2) 고유 목적

마을의 고유목적은 주민의 공동 편익과 공동 복지이다. 지금도 송이 채취나 공동 어로를 위해 존재하는 경우가 있다.

### 3) 독자적인 활동

마을의 활동은 마을 산에 출입하면서 송이, 고사리 등과 같은 임산물을 채취하거나 친목도모를 위한 각종 행사를 한다. 종전에는 상여를 동네 재산으로 관리하면서 마을 내의 장사에는 이용할 수 있었지만, 지금은 장례식장을 이용하는 등 상여를 사용하는 곳은 거의 없다.

### 4) 규약

규약은 반드시 성문의 규약이 있어야 하는 것은 아니고, 종전의 관례를 따르는 등 불문의 규약이라도 가능하다.

### 5) 의사결정기관과 대표자

마을의 의사결정기관은 총회 또는 마을회의가 있다. 또한 규약이나 관

---

**40** 대법원 1991.7.26. 선고 90다카25765 판결.

행에 의하여 선출된 대표자가 마을을 대표한다.

#### 6) 마을 재산

마을의 구성요소 중에서 가장 중요한 징표가 마을재산이다. 마을재산에는 소유권과 용익물권으로서의 특수지역권 등이 있다. 마을의 구성요소 중 재산이 있다면, 외형적 활동이나 대표기관 또는 규약 등이 없어 권리능력없는 사단의 실체라고 볼만한 것이 현실적으로 남아 있지 않더라도 마을의 존재가 있다고 볼 수 있다. 대법원도 사회적 여건의 변화 등으로 그와 같은 법인 아닌 사단으로서의 주민공동체의 의사결정기관이나 업무집행기관 및 대표자가 없어져버려 법인 아닌 사단으로서의 실체로 인정할 만한 것이 현실적으로 남아 있지 않게 되었다고 하더라도, 여전히 그 공동체의 명의로 특정한 재산을 소유하고 있는 것으로 토지대장에 기재되어 있다면 그 재산관계의 청산에 관한 한 그 공동체가 그대로 법인 아닌 사단으로 존속하고 있는 것으로서 당사자능력을 가지고 있다고 하였다.[41] 실무적으로 마을의 요건에 관한 입증을 사실상 요구하지 않고, 입증이 없다고 하여 부정한 사례도 없다고 한다.[42]

### 3. 마을 재산의 소유 형태

마을재산은 마을이 그 본래의 목적인 주민의 공동편의 및 공동복지를 위해 마을 명의로 소유하는 재산이다. 임야, 위토, 마을회관, 마을창고, 그릇, 수리시설, 동네 산림 보호를 위한 소방기구, 특수지역권 등이 있다.

---

**41** 대법원 1990.12.7. 선고 90다카25895 판결.

**42** 오영준,행정구역의 분할이 동리명의로 사정된 임야의 소유권에 미치는 영향,대법원판례해설 93호,2013,22면.

### 1) 귀속 형태

민법은 법인이 아닌 사단의 사원이 집합체로서 물건을 소유할 때에는 총유로 하고 있기 때문에(제275조 제1항), 마을을 권리능력없는 사단으로 보는 이상 그 재산의 소유형태도 총유로 보아야 한다. 특수지역권의 경우는 마을주민이 국공유지 등 타인의 토지에서 송이채취 등을 수익하는 것이다.

### 2) 재산 운용

마을 재산의 운용은 먼저 마을의 규약이 있으면 규약이 적용되고, 규약이 없으면 관행이나 관례가 적용된다. 다음으로 규약이나 관행이 없다면 민법의 총유에 관한 규정이 적용된다(민법 제275조 제2항). 마지막으로 민법의 사단법인에 관한 규정(민법 제31조 이하)이 적용된다.

### 3) 사용, 수익, 처분

마을 주민은 마을재산에 대하여 지분을 가지지 않고, 사용수익권만 가진다(민법 제276조 제2항). 마을재산에 관한 주민의 권리의무는 주민의 지위를 취득상실함으로써 취득상실된다(민법 제77조). 따라서 그 마을에 입주함과 동시에 그 구성원이 되고 다른 곳에 이주함으로써 마을 구성원의 자격을 상실하게 된다.

### 4) 취득 경위

일반적으로 마을 재산의 취득은 마을재산으로 전해져 내려오다가 일제하 토지조사사업이나 임야조사사업 당시에 사정받아 이루어진 것이고, 그 이외에 마을주민이 공동출연하거나 독지가의 기부 등으로 마련된 경우도 있다. 마을재산의 취득 경위와 관련해서 동리 명의로 사정받은 경우(제1유형), 제3자 명의로 사정된 경우(제2유형), 행정구역안의 일부 주민조직이 동리명의로 사정받았다고 주장하는 경우(제3유형)로 구분하여 설명하는 견해가 있다.[43] 이 견해는 타당한 견해이지만, 이 분류에도 다음과 같은 추가적인 기준이 필요하다고 생각된다.

제1유형인 동리 명의로 사정받은 경우에는 1930년까지는 임야조사사업 당시 사정만 받고, 그대로 임야조사서에 기록된 채로 유지되고 있는 경우와 임야조사사업에서 사정을 받은 후 임야대장에 등재되어 있는 경우로 구분할 수 있다. 이는 입회의 관행이 있는 자가 임야조사사업에서 인정된 것으로, 동리 명의로 사정받은 것으로 보아야 할 것이다(조선임야조사령시행규칙 제1조 제5호). 등기가 되지 않고 임야조사서나 임야대장에 머물고 있는 경우 1930년 10월 조선부동산등기령이 개정되기 이전까지는 마을명의로 등기를 할 수 없었기 때문이라고 보아야 할 것이다. 제2유형인 제3자 명의로 사정된 경우는 마을이 사정 당시 사정명의를 제3자에게 명의신탁한 것이라고 주장하는 경우라고 한다. 이 경우 판례는 마을의 구성원 범위 등과 조직과 운영 등에 관한 확정의 필요성에 대하여 비교적 엄격한 입증을 요구하고 있다고 하면서, 이는 당시 마을로 사정을 받을 수 있었는데도 그와 달리 제3자 명의로 사정받은 이상 그 사정당시부터 마을이 당연히 존재하였다고 추정할 수 없음을 고려한 것으로 보인다고 한다.[44] 그러나 1930년 10월 조선부동산등기령이 개정되기 이전까지는 마을명의로 등기를 할 수 없었던 점, 임야조사사업 당시 신고를 받을

43 오영준,전게논문,22면 이하.

44 오영준,전게논문,24면 이하.

때 신청서에 신청자의 성명 또는 명칭, 그리고 주소를 기재하여 증빙서류를 붙여서 임야조사위원회에 제출하도록 한 점(조선임야조사령시행규칙 제10조), 부윤 또는 면장은 신고자의 씨명, 명칭, 주소 또는 그 글자는 민적부, 호적부, 등록 또는 등록부에 등록된 것과 일치하느냐는 점에 관하여 신고서의 검사를 하고, 불비한 점이 있을 때에는 지체없이 가제 또는 정정을 하도록 한 점(조선임야조사령시행수속 제8조 제2호) 등을 고려하면, 엄격한 증빙을 요구할 것이 아니라고 할 것이다. 왜냐하면 제1유형의 임야조사서나 임야대장의 기재에 머무는 것이 아니라 등기까지 하려고 하였다면, 1930년 10월 조선부동산등기령이 개정되기 이전까지는 마을명의로 등기를 할 수 없어서 부득이 마을주민 중 대표에 해당하는 자에게 등기를 할 수 밖에 없었기 때문이다. 이 경우에도 제1유형과 동일하게 취급하여, 마을이 사정당시 사정명의를 제3자에게 명의신탁한 것이라고 주장할 경우에 마을의 존재 여부에 대한 엄격한 증빙은 요구할 것이 아니고, 오히려 제3자가 그만한 재산을 취득할 수 있었는지 여부에 대하여 그 제3자측에게 입증을 요구하여야 할 것이다. 제3유형인 행정구역안의 일부 주민조직이 동리명의로 사정받았다고 주장하는 경우는 구성원의 범위, 조직 등에 관한 엄격한 입증을 요구하고 있다고 한다.[45] 이는 그 임야조사사업 당시의 사정에 비추어 보아도 특별한 경우에 해당하고, 이러한 경우에 해당하는지 여부에 대해서는 상당한 의문이 있다. 이 경우는 행정구역의 단위로 마을의 존재 여부를 따질 것이 아니라 임야조사사업 당시 그 마을의 존재 여부를 가려서 판단하여야 할 것이다. 또한 그 당시에 동계나 송계의 규약이 존재하고 있다는 점이 확인된다면 가능할 수 있다.

---

**45** 오영준,전게논문,25면,

#### 5) 대외적 주장

마을재산을 둘러싼 다툼에서는 마을총회를 거쳐 마을명의로 소송을 하거나 마을 주민 모두가 당사자가 되어 하여야 하고, 일부 주민이 소송을 하거나 대표자가 마을총회의 의결을 거쳐 대표자 명의로 소송을 할 수는 없다. 판례도 총유재산에 관한 소송은 법인 아닌 사단이 그 명의로 사원총회의 결의를 거쳐 하거나 또는 그 구성원 전원이 당사자가 되어 필수적 공동소송의 형태로 할 수 있을 뿐 그 사단의 구성원은 설령 그가 사단의 대표자라거나 사원총회의 결의를 거쳤다 하더라도 그 소송의 당사자가 될 수 없고,[46] 비법인사단이 사원총회의 결의 없이 제기한 소송은 소제기에 관한 특별수권을 결하여 부적법하다고 하였다.[47]

### 4. 마을의 소멸

우리나라는 도시화에 따라 마을의 존재가치는 점차 없어져 가고 있다. 그럼에도 불구하고 아직도 대도시 주변지역에서 지역개발의 광풍에 의해서, 또는 조상 땅찾기의 열풍속에서 마을명의로 된 토지를 찾게 되는 경우에 그 소유권의 존부를 다투는 경우가 있을 수 있다. 이 경우 행정구역상의 동이라는 것은 존재하지만, 마을이라는 것이 소멸하여 존재하지 않는다고 주장하면서 그 재산은 무주의 부동산으로 국가에 귀속되었다(민법 제252조 제2항)고 주장할 수 있다. 민법상 사단법인은 존립기간의 만료 등 해산사유가 있는 경우(민법 제77조 참조)에 소멸하고, 그러한 해산사유가 없는 한 장기간 사단의 활동이 없었다거나 대표자가 없었다고 하여 소멸

---

**46** 대법원 2005.9.15. 선고 2004다44971 전원합의체 판결.

**47** 대법원 2007.7.26. 선고 2006다64573 판결.

하지는 않는다. 권리능력없는 사단에 대해서는 민법상 사단법인의 규정이 유추적용되므로, 권리능력없는 사단인 마을도 역시 장기간 활동을 하지 않았다든가 대표자가 선임되지 않았다고 하여 소멸하였다고 할 수 없다.[48] 마을은 마을재산을 둘러싸고 마을 이외의 제3자를 상대로 외부적으로 드러나는 공동행동 뿐 아니라 마을재산을 공동으로 이용하고 상호부조도 하는 등 외형적 외부활동만 가지고 소멸 여부를 단정할 수 없다.

따라서 마을재산이 적극재산이든가 채무 등 소극재산이든지 불문하고 마을재산이 존재하는 경우에는 권리능력없는 사단으로서의 실체로 인정할만한 것이 현실적으로 남아 있지 않더라도 마을은 존속하고 있다고 보아야 한다.[49]

#### 1) 행정구역의 변경

리의 행정구역 내에 거주하는 주민들이 주민의 공동편익과 공동복지를 위하여 주민전부를 구성원으로 한 공동체를 구성하고 행정구역인 리의 명칭을 사용하면서 일정한 재산을 공부상 그 이름으로 소유해 온 경우에 이러한 공동체는 이른바 비법인사단으로서 그 재산은 리 주민의 총유에 속하고 행정구역인 리가 지방자치법의 시행에 따라 지방자치단체인 면 또는 군의 소속기관이 되었다고 하여 리주민의 총유인 재산이 면 또는 군의 소유로 바뀌는 것은 아니다.[50] 또한 행정구역의 변동으로 그 마을이 자연 소멸되지 아니한다.[51]

---

**48** 정정미,전게논문,23면;오영준,전게논문,26면.

**49** 대법원 1992.10.9. 선고 92다23087 판결.

**50** 대법원 1990.6.26. 선고 90다카8692 판결.

**51** 대법원 2012.10.25. 선고 2010다75723 판결.

### 2) 모든 주민의 이전

마을주민들이 모두 이전하고 아무도 남지 않은 상태에서 마을재산의 소유권을 둘러싸고 다툼이 있는 경우에 마을의 존재를 인정할 수 있을 것인가? 동주민의 대부분이던 일본인이 8.15해방으로 인하여 전부 퇴거하였다고 하여 하등 동회가 해산되거나 소멸될리 없고 아직 존속되고 있다고 하는 판례[52]가 있지만, 이는 모든 마을주민이 퇴거한 것이 아닌 것이다. 주민이 없는 상태로 수십년이 흐른 경우에는 마을이라는 지역적 연고를 가진 조직이 있다고 하면 이는 마을이 아니라 동회 등 권리능력없는 사단으로서의 조직이라고 보아야 한다. 따라서 이 경우에는 권리능력없는 사단으로서의 구성요건에 해당하는 규약, 대표자 등 엄격한 입증을 요구하여야 할 것이다. 물론 주민이 없는 상태로 수십년이 흐른 이후에 다시 마을이 형성된 경우에는 과거의 마을과 현재의 마을의 동일성 여부가 문제될 수 있다. 마을의 구성요건인 주민이 완전히 변경된 점에 비추어, 동일성을 부정하여야 할 것이다.

## 5. 마을의 분할

마을이 존재하다가 인구 증가 등의 원인으로 마을이 나누어진 경우에 분할 전의 마을과 분할 후의 마을의 관계와 재산귀속관계는 어떻게 되는지 여부가 문제될 수 있다. 민법은 사단법인에 있어서 구성원의 탈퇴나 해산은 인정하지만(77조), 사단법인의 구성원들이 2개의 법인으로 나뉘어 각각 독립한 법인으로 존속하면서 종전 사단법인에게 귀속되었던 재산을 소유하는 방식의 사단법인의 분열은 인정하지 아니한다. 이러한 법리

**52** 대법원 1953.4.21. 선고 4285민상182 판결.

는 법인 아닌 사단에 대하여도 동일하게 적용된다고 보아야 한다. 따라서 법인 아닌 사단의 구성원들의 집단적 탈퇴로써 사단이 2개로 분열되고 분열되기 전 사단의 재산이 분열된 각 사단들의 구성원들에게 각각 총유적으로 귀속되는 결과를 초래하는 형태의 법인 아닌 사단의 분열은 허용되지 않는다.[53] 그래서 마을의 분할은 인정되지 않는다. 다만, 마을 구성원 중 일부가 탈퇴하여 새로운 마을을 만든 경우에 종전의 마을에 남아 있는 구성원들이 자신들이 총유의 형태로 소유하고 있는 재산을 새로이 만든 마을의 구성원들에게 양도하거나, 마을이 해산된 후 그 구성원들이 나뉘어 여러 개의 마을을 만든 경우에 해산되기 전의 마을의 구성원들이 자신들이 총유의 형태로 소유하고 있던 재산을 새로이 만들어진 마을의 구성원들에게 양도하는 것은 허용된다.[54]

## VI. 마무리

일제하 토지대장상에 마을 주민들의 공유로 되어 있거나 마을 명의로 되어 있다가 지방자치단체 명의로 이전된 것이 마을 주민들의 공동재산인지, 아니면 일부 주민들의 공유재산이나 지방자치단체의 소유인지 여부가 문제된다. 이 경우 단순하게 토지대장상의 공동명의자로 되어 있는 공유자들의 소유나 지방자치단체의 소유라고 볼 수도 있지만, 연혁적 고찰을 통해서 살펴보면, 마을재산으로 볼 여지가 많다. 조선시대에는 왕토

53 대법원 2006.4.20. 선고 2004다37775 전원합의체 판결.

54 대법원 2008.01.31. 선고 2005다60871 판결.

사상에도 불구하고 토지의 개인 소유가 허용되었고, 특히 임야는 시초장, 송계 등을 통하여 마을재산으로 되는 경우가 많았다. 시초장은 개인의 사점 금지로 인한 반사적 이익으로 인한 마을재산이라고 볼 수 있고, 송계 등을 통해서 동네 산에 접근할 수 있는 것은 채권적인 권리를 넘어서는 물권적인 권리로 볼 수 있다. 송계 등이 가지는 권리는 산송 등을 통해서 배타적인 용익물권적인 권리로 변화되었다. 일제는 1908년 삼림법과 1912년 조선토지조사사업과 1918년 조선임야조사사업을 통해서 많은 토지를 국유화하였고, 종전의 입회관행을 무시하였다. 그러나 민중의 반발로 인하여 입회관행을 부활시켰고, 특별연고 양여를 통해서 마을재산을 인정하였다. 마을재산은 일제하 토지조사사업이나 임야조사사업의 사정으로 토지조사부나 임야조사서에 등재되어, 토지대장이나 임야대장을 거쳐 등기되었다. 종래 용익물권적인 권리에 지나지 않던 마을의 입회관행은 토지조사사업이나 임야조사사업을 통해서 소유권으로 바뀌었다. 그러나 1930년 10월 이전까지는 마을명의로 등기를 할 수 없었기 때문에 등기 여부를 기준으로 마을재산의 귀속여부를 판단할 수는 없다. 1930년 읍면제 시행으로 마을재산을 지방자치단체(면) 소유로 이전하였고, 1961년 9월 지방자치에 관한 임시조치법을 시행하면서 마을재산을 지방자치단체(군) 소유로 이전하였지만, 이는 귀속기관의 변경에 지나지 않고 소유권이 이전된 것으로는 볼 수 없다. 또한 1969년 임야소유권이전등기 등에 관한 특별조치법이나 1978년 부동산소유권이전등기 등에 관한 특별조치법을 시행하면서 마을재산을 지방자치단체로 이전하였다. 이러한 마을재산의 지방자치단체로의 이전은 근거없이 이루어진 것으로 원칙적으로 원인 무효이고, 마을재산으로 복원되어야 한다.

# 제5장 | 일제하 토지조사사업에서의 종중재산

## Ⅰ. 문제의 제기

### 1. 연구의 목적과 필요성

최근 일본은 정치적으로 우익화 경향을 띠고 있고, 이를 위해서 태평양전쟁의 침략행위를 미화하면서 우리나라를 비롯한 중국 등 전쟁피해 주변국에 대하여 또다시 아픈 상처를 헤집고 있다. 자라나는 후속세대에게 일제 당시에 일어난 정확한 상황을 법사회학적 측면에서 올바르게 인식시켜 줄 필요성과 중요성이 매우 크다고 생각된다. 지금도 역사적 자료가 계속하여 흩어지거나 없어지고 있기 때문에, 하루빨리 일제시대때 생산된 자료와 그 자료에 숨겨진 의도와 의미를 파악하여 올바른 민족적 역사인식에 바탕하여 일제하와 해방이후 왜곡되게 형성된 법리를 바로잡아야 할 시간적 절박성과 중요성이 있다. 일제는 법적 분쟁을 조선고등법원을 비롯한 법원을 통해서 해결하면서 우리나라를 지배하였고, 우리 대법원은 1945년에 일제하 사법부의 인적 물적 토대를 그대로 인수 인계

받았고, 심지어 일제하 조선고등법원 판례의 취지까지도 그대로 답습함으로써 일제가 우리 고유의 관습과 제도를 잘못 이해하면서 왜곡하고 변형한 부분이 아직도 많이 남아 있다. 이제 광복 70년을 맞이하고, 일제침략으로부터도 1세기가 지났고, 더욱이 근대 사법제도의 도입이후 120년이 되는 오늘에 이르러 아직까지도 대법원은 일제하에서의 조선고등법원의 왜곡된 판례요지를 그대로 인용하고 있는 등[1] 일제의 잔재를 아직도 청산하지 못하고 있는 것은 문제이다. 이제 일제하에서의 왜곡된 법리를 비판적인 시각에서 재검토하여, 그 당시 존재하였던 우리의 고유한 관습과 관행에 기초한 법리를 찾아서 일제가 의도적으로 왜곡한 우리 고유한 제도와 법리를 바로잡을 필요성과 중요성이 있다고 생각한다.

우리나라는 1910.8.29.부터 1945.8.15.까지 일본 제국주의의 침략에 희생되어 일제의 식민지로 존재하였다. 이 당시 우리나라 국민들은 일제에 소극적으로 복종한 것이 아니라 매우 적극적으로 항일운동을 전개하였다. 일제 초기 당시 항일운동의 주류세력들은 대토지를 소유한 유림이 중심이 되어 있었고, 그 배경에는 대토지소유를 통한 재정적 뒷받침이 있었다. 이에 일제는 지방유림을 중심으로 한 종중이 "사회적 단결과 국가적 결합"을 크게 저해하는 것으로 파악하고 이를 폐지시키고자 노력하였다.[2] 일제는 우리나라 국민들을 직접적으로 무력 제압하였을 뿐만 아니라 교묘한 방법으로 항일운동의 근거를 말살함으로써 이를 사전에 제어하였다. 후자의 방법으로 토지제도에서의 변혁을 통하여 항일운동의 재정적 기반을 무너뜨림으로써 우리나라 독립운동의 무장화를 무산시키

1 물론 일제가 일반 민형사사건에 관한 전형적인 법리에 대하여 제대로 된 논리를 전개하고 있는 경우에는 문제삼을 필요가 없을 것이다.

2 善生永助,朝鮮に於ける同族部落の構造(其三),調査月報 11권 12호,朝鮮總督府,1940,10-14면.

고자 하였다. 토지제도의 변혁은 토지조사사업(1912-1918)과 임야조사사업(1918-1935)을 통해서[3] 많은 토지를 국유화시키면서 당시 지배계층의 토지에 근거한 부의 축적이나 형성을 차단시켰고, 나아가 사유화된(당시에는 민유라고 함) 토지의 소유권조차도 명의신탁 등 각종 법리를 동원해서 이를 왜곡화하거나 인정하지 않음으로써 물적 토대를 붕괴시켰다. 이를 통해서 종중 등 대토지 소유자들의 항일운동에 대한 재정적 뒷받침을 원천적으로 차단함으로써 항일운동의 싹을 잘라서 국내외에서의 활동을 항거불능으로 만들고자 획책하였다. 이 연구에서는 일제가 법령과 통치기구인 조선총독부의 산하기관인 재판소[4], 특히 우리나라에서는 최고법원이었던 조선고등법원의 판결을 통해서 항일운동의 물적 기반이었던 종중의 토지를 어떻게 잠탈하고 왜곡하였는지, 나아가 종중재산을 새롭게 재편하고 어떻게 붕괴시켰는지를 살펴보고자 한다. 이러한 비판적 재검토와 분석을 통해서 얻어진 결론은 일제하 법령과 조선고등법원의 판결에 기초하여 선언된 종중재산에 관한 대법원 판결의 문제점을 도출하고, 나아가 향후 종중재산을 둘러싼 다툼의 해결에 약간의 기여를 할 수 있을 것이다.

## 2. 선행연구의 검토

종중 재산의 연구는 이미 많이 축적되어 있다. 대부분 대법원의 판례

---

3 일제는 토지조사사업과 임야조사사업의 목적을 근대적 토지소유관계를 확립하기 위해서라고 하였지만, 이는 명분에 불과하였다.

4 일제는 서울(당시 경성)에 고등법원을 두고, 서울과 대구, 평양에 복심법원을 두었고, 서울, 평양, 대구, 광주 등을 비롯한 전국 11개 도시에 지방법원을 두었다. 그 외에도 지방법원 지청과 출장소를 많이 두었다.

를 분석하고 검토하여 그로부터 법리를 추출한 것이다. 이러한 연구들은 일제하 조선고등법원의 법리를 이어받은 대법원의 법리를 기초로 하여 형성한 것으로서, 대법원의 판례요지가 합리적이라는 전제하에서 이를 기초로 하여 서술한 연구이다. 허규[5]의 연구는 이 분야의 독보적인 연구로서 이후 종중분야의 연구에 많은 영향을 끼친 논문이다. 일제로부터 대법원에 이르기까지 판례를 중심으로 서술한 연구로서, 일제의 법리를 긍정적으로 평가하였다는 점에서 문제가 있다. 정귀호[6]의 연구도 종중의 자연발생적 단체설을 비판하고, 종중소송에서의 문제점을 지적하고 있지만, 일제하에서의 판결을 기본적으로 인정하고 있는 점이 문제점으로 지적될 수 있다. 명의신탁의 법리에 대하여는 곽윤직[7]의 연구는 명의신탁에 관한 연구로서는 효시라고 할 수 있는 것이다. 이 연구에서는 대법원판례가 법학교수에게 공개되지 않았던 시절에 대법원판례의 문제점을 적시하면서 연구한 논문으로서 매우 그 영향이 컸고, 이후 명의신탁법리의 연구에 큰 영향을 주었다. 이 연구에서는 명의신탁이 허위표시라는 점을 밝힌 것이지만, 그 명의신탁의 배후에 숨겨진 의미에 대한 검토는 없었다는 점에서 아쉬움이 있다. 심희기[8]의 연구는 종중의 자연발생적 단체설에 대하여 조선후기의 사례를 들어서 비판하고, 종중재산의 존재와 재편

5 허규,종중·종중재산에 관한 제고찰(1),법사학연구 2호,1975,pp.267-323;허규,종중·종중재산에 관한 제고찰(2 完),법사학연구 3호,1976,pp.113-168.

6 정귀호,종중법에 관하여,민법학논총,후암곽윤직교수화갑기념논문집,1985,pp.78-96.

7 곽윤직,명의신탁에 관한 판례이론의 연구,법학 15권 2호,1974,pp.5-24.

8 심희기,종중재산분쟁의 원인과 해결방안의 모색(상),법사학연구 14호,1993,pp.1-32.;심희기,종중재산분쟁의 원인과 해결방안의 모색(하),법사학연구 15호,1994,pp.1-15.;심희기,조선후기 종중의 단체성과 소유형태,법사학연구 10호.1989,pp.1-42.;심희기,종중재산분쟁의 원인,민족문화논총 14권 1호,1993,pp.77-106.

과정을 토지조사사업과 임야조사사업의 측면에서 연구한 것으로. 본 연구에 영향이 있을 것으로 생각되지만, 조선고등법원 판결을 망라적으로 연구한 것은 아니라는 점에서 차이가 있다. 정긍식[9]의 연구는 조선고등법원의 판결을 중심으로 종중재산의 법률관계를 다룬 연구로서 매우 유익한 참고문헌이 되고 있지만, 조선고등법원의 사실관계를 종중재산의 형성과 붕괴과정이라는 측면에서 다룬 연구는 아니다. 이우석[10]의 연구는 토지조사사업에 의한 사정의 법적성질에 대하여 조선고등법원 판결을 분석하거나 종중의 자연발생적 단체로서의 성질을 비판하는 연구이지만, 종중의 재형성과 붕괴과정을 망라적으로 설명하고 있는 것은 아니다.

## II. 종중과 종중재산의 기원

### 1. 종중과 종중재산의 발생 근거

종중은 우리나라의 특유한 제도로서, 공동선조의 분묘수호와 제사 및 종원 상호간의 친목 등을 목적으로 하여 구성되는 종족집단이다. 종중은 그 인적 구성요소로 종원과 물적 구성요소로서 중중재산이 있다. 먼저 인적 구성요소인 종원을 살펴보면, 종원은 종중을 구성하는 사람이고, 이들 종원이 모여 종중을 구성한다. 종중은 제사봉행과 분묘수호를

9 정긍식,宗中財産의 法的 問題,법제연구 4호,1993,pp,216-239.

10 이우석,묘산의 공익신탁가능성에 관한 연구,민사법이론과 실무,16권 2호,2013,pp.37-70.; 이우석,종중의 '자연발생적 단체설'에 대한 소고,재산법연구,24권 1호,2007,pp.29-57.;이우석,종중재산의 귀속과 분배에 관한 연구,재산법연구,25권 1호,2008,pp.1-40.;이우석,사정에 의해 확정된 토지소유권의 성격,법사학연구 36호,2007,pp.65-99.

목적으로 결집된 단체이기 때문에, 종원이 모여서 제사를 지내고 분묘수호를 하여야 한다. 따라서 종중의 기원을 확인하기 위해서는 종원이 모여서 하는 제사가 언제부터 우리나라에서 시작되었는지 여부가 문제된다. 다음으로 물적 구성요소인 종중재산의 가장 중요한 부분이 선조의 분묘를 봉안한 묘산과 조상의 제사를 모시는데 필요한 비용을 제공하는 위토이다.[11] 묘산은 임야이고, 위토는 전답이다. 종중이 소유하는 재산이 종중재산이므로, 종중이 사유할 수 있어야 한다. 그렇다면, 묘산으로서의 임야와 위토로서의 전답이 언제부터 사유할 수 있었는지 여부가 종중재산의 발생 기원을 추측할 수 있는 근거가 된다고 할 것이다.

### 2. 종중발생에 관한 인적요소

종중의 발생에 대하여 일제하 일본인들은 동해안지방에 할거하였던 예족의 유물이라고 하는 견해[12], 삼한시대의 족제에서 연유한 것이라는 견해[13], 씨족시대의 씨족공유재산에서 연유한다는 견해[14]와 여말선초에 중국에서 전래되었다는 견해[15] 등을 주장하였다. 이들 견해는 일제하 일본인들이 우리나라를 효율적으로 통치하고 억압하고자 만들어낸 학설로서 그 근거나 진의가 왜곡되어 있을 가능성이 많다. 최근에는 오히려 종중은 17세기 이후 우리나라에서 혈연적인 공동체의 생활관계가 형성되면

---

11 김상훈,제사용재산의 승계에 관한 연구,박사학위논문(고려대),2008,43면.

12 淺見倫太郎,朝鮮法制史稿,東京巖松堂書店,1922,94면.

13 和田一郎,朝鮮土地制度地稅制度調査報告書,宗高書房,1920,13면.

14 宮崎孝治郎,祭祀承繼制度の比較法的研究,勁草書房,1961,281面.

15 野村調太郎,朝鮮祭祀相續法論序說,朝鮮總督府中樞院,1939.529면.

서 만들어진 단체라고 하는 견해[16]와 여말선초 주자학의 도입에서 그 근거를 구하는 견해[17], 여말선초에 유교의 발흥에 부응하여 중국 전래의 종법이나 제사에 준거하여 만들어졌다고 하는 견해[18] 등으로 새로운 근거에 터잡아 주장하는 견해들이 많다. 이러한 새로운 견해에 더하여, 다음과 같은 졸견을 덧붙이고자 한다.

먼저 종중의 발생은 종중의 인적 구성요소인 종원들이 하는 제사의 발생에서 유추할 수 있다고 할 것이다. 제사라는 것은 혼자서 할 수는 없는 것이고, 제사를 모시기 위해서는 대소가 집안이 모여야 한다. 그런 의미에서 제사를 봉행한다는 것은 종원이 모였다는 것을 의미하고, 이들 종원들이 종중의 인적 요소로 구성되어 제사공동체로서의 종중이 발생하였다고 할 수 있다. 우리나라에 제사가 언제부터 시작되었는가에 대해서는 여러 견해가 있을 수 있다. 제사는 조상에 대한 행사 뿐 아니라 산신제와 같이 신에 대한 행사도 있다. 여기에서의 제사는 자기 조상에 대한 의식을 말한다. 먼저, 경국대전에서 文武官六品以上祭三代,七品以下祭二代,庶人則只祭考妣[19]이라고 규정하면서, 조선에서는 6품이상은 3대를 제사지내고 7품이하는 2대를 제사지내고 서인은 부모만 제사하는 법으로 세웠다고 하는 것으로 보아,[20] 조상에 대한 제사는 경국대전이 제정될 당시인 여말선초에 이미 이루어지고 있었다는 것을 알 수 있다. 즉 경국대전은 고려말이래 각종 법령과 관습법 등을 망라하여 만들어진 법전으로,

---

16 심희기,종중재산분쟁의 원인과 해결방안의 모색(상),법사학연구 14호,1993,4면.

17 이우석,종중재산의 귀속과 분배에 관한 연구,재산법연구 25권 1호,2008,4면.

18 이덕승,종중의 변화에 관한 일고찰,법사학연구 15호,1994,17면.

19 경국대전, 예전, 봉사조

20 세종실록 세종 41권, 세종10년(1428년) 9월 14일 癸亥

조선시대에 오랜기간에 걸쳐서 만들어진 법령집이다. 초기 경국대전인 1397년(태조 6년) 경제육전을 공포할 당시인 선초에 제사가 이미 성행하고 있었고, 그 제사대상도 3대에 걸쳐서 이루어지고 있었다는 것을 알 수 있다. 그렇기 때문에, 국가에서 상당한 권력층에 속하는 문무관 6품이상만 3대에 걸쳐서 제사를 지내고, 그렇지 못한 서민들은 부모제사만 지내는 것이 원칙이라는 것을 법령으로써 선언한 것이라고 보아야 한다. 제사에 대해서 법령으로 규정할 정도라고 한다면 제사가 매우 성행하고 있었다는 점을 알 수 있고, 그런 의미에서 제사공동체의 조직으로서의 종중은 이미 여말선초에 존재하고 있었다고 추측할 수 있다.

이에 대하여 종중의 발생을 16세기 이전으로 소급할 수 없다는 견해가 있고,[21] 이 견해에서는 세종실록의 "우리나라의 풍속은 대소종의 제도가 없사오니"(且國俗無大小宗之制)라는 문장을 근거로 대종이나 소종의 종중이 없다는 것을 말하고 있다고 한다. 그러나 문제된 세종실록을 살펴보면, 위 문장에 뒤이어, "바라옵건대《주문공가례》의 대종소종도에 의하여 오직 증조의 장자손만이 종이 되어 사당을 다스리고 신주를 세워 제사를 올리게 할 것이며, 같은 증조의 중자손은〈종손〉집에 가서 집사에게 제물을 주어 상조할 것입니다. 만일 거리가 멀어 능히 제사에 참예하지 못할 경우에는《문공가례》에 의하여 다만 제사지낼 때에 신위를 만들어 지방을 표기하고, 제사를 마치면 불사를 것입니다."[22] (乞依《朱文公家禮》,大宗小宗圖,惟曾祖之長子孫爲宗,營祠堂.立神主行祭,同曾祖衆子孫詣其家,與執事以物相助.其有相去遠,而不能與祭,則依《文公家禮》,只於祭時旋設位,以紙牓標記,祭畢焚之.")라고 하는 것

---

**21** 최재석,조선시대의 문중의 형성,한국학보 32집,1983,2면이하.

**22** 세종실록 세종 41권, 세종10년(1428년) 9월 14일 癸亥

을 보면, 오히려 우리나라에 소종이나 대종의 풍속은 없지만, 주문공가례와 문공가례에 따라서 종손이 제사를 지내고 차종손등은 종손집안에 가서 제사를 지내는데 제사비용을 부담하여 도움을 주도록 하는 것이 풍습이라고 할 수 있을 것이다. 이를 통해서 오히려 세종당시부터 이미 집안이 모여서 제사를 지내고 있었음을 알 수 있다.

### 3. 종중발생에 관한 물적 요소로서의 위토

종중은 종원이 모인 제사공동체로서의 사단에 속하고, 종중의 물적 요소로서 종중재산이 존재하여야 한다. 그런데 종중재산이 형성되기 위해서는 전답이나 임야 등에 대한 사적 소유가 가능하여야 한다. 종래까지 토지왕토사상에 근거하여 토지국유론이 유력하였으나, 아래와 같이 토지에 대한 조선조의 법령이나 왕조실록을 살펴보면 토지의 사유화가 이미 조선초부터 진행되고 있음을 알 수 있다.

전답에 대해서는 조선초기 과전법에서 "경작자는 그가 경작하고 있는 토지를 다른 호의 사람에게 마음대로 팔거나 함부로 줄 수 없다"(佃客 毋得將所耕田 擅賣擅與別戶之人)고 하여 전답매매를 법적으로 금지하였다.[23] 과전법의 이 규정은 사전 전주의 수조권을 보호하기 위한 것이고, 경작자에게 경작권만을 인정하고, 그 경작권도 전답을 놀리지 않고 경작할 때 인정되는 것이라고 한다.[24] 그러나 이는 사인간의 전답매매의 대상이 소유권이 아니고 경작권일지라도, 이미 전답매매가 성행하고 있었고, 이 때문에 사인간의 전답매매를 단속하고자 금지법을 두고 있었다고 추측할

---

**23** 高麗史 78, 食貨 Ⅰ, 田制.

**24** 이재수,조선중기 전답매매연구,집문당,2003,32-33면.

수 있다. 이는 지금과 같은 토지의 소유권개념이 없던 시기라서 지금과 같은 소유권개념을 대입시킬 수 없지만, 어쨌든 전답매매가 성행하고 있었기 때문에 법령으로 이를 금지하고 있는 것이라고 추측할 수 있다. 여기에서 전답매매의 대상인 전답에 대한 사유화 인식은 있었다고 할 수 있다.

나아가 세종 6년(1424년)에 이르면 전답매매에 대한 허용 여부를 다루는 공식적인 언급을 한 실록기록이 나오는 것으로 보아서, 토지매매가 매우 상업화되었기 때문에 부득이 정부로서도 이를 허용하지 않을 수 없게 되었다는 것을 알 수 있다. 즉, 경기 감사가 계하기를, "무릇 전지를 방매한 사람은 혹 부모의 상장이나, 혹 숙채의 상환이나, 혹 집이 가난해서 살아갈 수 없으므로 인하여 모두 어찌할 수 없는 사정인데, 그 값을 모두 관에서 몰수하니 원통하고 억울함이 적지 아니합니다. 또 서울 안에서는 주택을 건축할 기지와 채전은 방매를 허가하면서 유독 외방에 있는 전지의 매매는 금하는 것은 옳지 못한 일이니, 청컨대 매매를 금하지 말도록 할 것이며, 그 가운데에 국세도 청산하지 않고 관청 수속도 없이 처리된 것만 율에 의하여 시행하소서."하니, 율문에 의하여 시행하라고 하고, 그 밖에 연한을 두고 방매한 전택은 명문에 따라 결급하라고 명하였다.[25] (京畿監司啓:"凡田地放賣人,或因父母喪葬,或因宿債收贖,或因家貧不能自存,皆緣不得已之事,而其價錢竝皆沒官,冤抑不小,且京中造家基地菜田,猶許放賣,獨外方田地,禁其買賣未便,請毋禁買賣,其不稅契不過割者,依律施行."命依律文施行,其限年放賣田宅,從明文決給.) 이어서 세종이후에는 전답매매가 자유롭게 허용되었고, 다만 아래와 같이 대명률에 의거하여 세계과할절차를 거쳐 세금을 내도록 하였다. 즉, 의정부에서

---

**25** 세종실록 23,6년(1424년) 3월 23일(己亥).

아뢰기를,“《속전등록》의 방매전지핵실조(放賣田地覈實條)에, ‘세 내지 아니한 문권과 과할을 거치지 아니한 자가 있게 되면 율문에 의하여 시행한다.’는 법문이 있사오나, 지금은 전지를 매매한 자로서 관가에 알리지 아니하고 문권을 받은 자에게는, 결태 50대에 전지 값의 반을 추징하고, 매도한 전지도 아울러 관가에서 몰수하오니, 특히 율문의 본뜻을 잃은 것입니다. 이제부터는 전지를 매매하고도 관가에 고하지 아니하고 입안을 받은 자에게는 율에 따라 논죄하옵되, 전지 값의 반만 관가에서 받아들이고 그 전지는 몰수하지 말 것이며, 전지를 매도한 사람은 간여시키지 말고 매입한 사람은 교할을 거치게 하되, 혹 남의 전지를 매입하고도 적에 보이지 않는 자에게는 율에 따라 논죄하시고, 그 전지는 몰수하게 하옵소서.”하니, 그대로 따랐다.[26] (議政府啓:“《續典謄錄》放賣田地覈實條,有不稅契不過割者依律施行之文.今買賣田地者,不告官受契券者,決笞五十,因追田地價錢一半,所賣田亦幷沒官,殊失律文本意.自今買賣田地而不告官受立案者,依律論罪,田價一半入官,勿沒其田.賣田者不與買者交割,或買人田而不見籍者,乃依律論罪,沒其田.”從之.)

稅契過割에서 세계는 交易文記(매매문기)와 세전을 관에 납부하고 관료를 받는 것으로, 과할은 매도인과 매수인이 직접 서로 주고받는(親相授受) 것이다.[27] 전답매매에 국가가 세금을 부과한다는 것은 전답매매를 공식적으로 인정하고, 전답의 소유권을 인정한다는 전제하에 그 전답매매의 대금은 개인이 가질 수 있지만, 그 매매과정에 국가가 개입하여 그 매매계약에 대하여 공증을 하고 수수료를 부과하는 것이라고 보아야 한다. 그렇다면, 15세기에 들어와서 전답매매가 공식적으로 인정됨으로써, 전

---

**26** 세종실록 92,23년(1441년) 3월 10일(丁未)

**27** 大明律 戶典 典賣田宅條, 大明律直解

답에 대한 사유화가 상당히 진행되었다고 보아야 한다. 이러한 공식적인 실록기록 이외에 개인간의 토지매매문건인 文記로 잔존하고 있는 가장 오래된 기록이 성종 18년(1487년)의 문기이다.[28] 이 문서는 전답매매 立案으로서 金孝盧 粘連文記이다. 이 문기는 매수인 김효로가 전답을 매도인 선군우령으로부터 매수한 것을 筆執(변호사 또는 공인중개사) 신종례, 증인 안사역과 김귀손으로부터 다짐(考音)을 받은 문서이다. 위에서 보는 바와 같이, 조선초부터 개인간의 전답매매가 가능하였다는 것을 조선실록을 통해서 알 수 있고, 실제로 개인간의 전답거래가 있었다는 것을 문기로서도 확인할 수 있다. 이를 근거로 조선초부터 전답에 대한 사유화가 진행되고 있었다고 볼 수 있고, 이로 인하여 전답은 위토로 전환될 수 있었기 때문에, 종중재산이 형성되었을 가능성이 있다고 보아야 한다.

종중재산의 형성은 조선 중기 1592년 임진왜란이후 토지제도의 문란과 아울러 가속화되었다고 할 수 있다. 특히 임란이후 토지개간이 활성화되면서 무주전, 진황전, 기간전에 소유권이 형성되고, 국가에서도 17세기 중엽까지 면세정책을 실시하면서 개간을 적극 장려하였다. 진황지의 경우는 새로 경작하는 경우에 2년에 한하여 세금을 면제해주었다.[29] 무주전이나 진황지를 개간하는 데에는 신분차별이나 지위고하가 없었다. 갑술양전에서 무주전에 이름을 올린 자는 소유자로 인정되어 그 후 자유로이 매매할 수 있었다.[30] 이로 인하여 종중재산의 형성이나 축적이 성행하였다고 할 수 있다.

---

**28** 이수건 편,경북지방고문서집성,영남대출판부,1979,491-492면.

**29** 승정원일기 251, 숙종 2년 2월 3일. 13권 277면.

**30** 경북지방고문서집성,전답매매명문,숙종 9년 계해 12월 12일.

### 4. 종중발생에 관한 물적 요소로서 묘산

종중재산의 다른 한 측면을 이루고 있는 묘산 등 임야에 대한 사유화가 언제부터 가능하였는지 여부가 문제된다. 임야는 전답과 달리 매매되었다기 보다는 입회권의 형태로 부락이나 종중 등의 단체가 집단적 형태로 사유화하였을 가능성이 많다.

경국대전 형전 금제에는 "사사로이 시장, 초장을 차지하는 자는 모두 장 팔십에 처한다"[31] (私占柴草場者並杖八十)라고 하여 풀밭(草場)과 땔감나무를 하는 곳(柴場)을 개인적으로 점유하여 독점하게 되면 장 80대의 엄한 중벌에 처하고 있다. 여기에서 시장과 초장은 임야를 말하고, 이는 임야에 대한 개인의 점유가 이미 이루어지고 있음을 전제로 하여 이를 금지하고 있는 것이라고 보아야 할 것이다. 이러한 시초장 사점금지에 대한 위반여부는 조선왕조 내내 문제가 되었음이 조선왕조실록에서도 나타나고 있다.[32] 이를 통하여 시초장 뿐 아니라 묘산으로 이용되던 임야에 대해서도 조선초부터 사점이 성행하였다고 볼 수 있다. 임야에 대한 사유화는 금송계에서도 확인된다. 가장 오래된 송계기록은 전남 나주시 금안동 금송계이다.[33] 1715년에 작성된 금안동 금송계는 1681년 향약상계안에 적시된 금송에 근거하여 마련된 것으로 이미 그 이전부터 내려온 금송향약에 근거하고 있다. 송계는 官主導 송계와 在地士族主導 송계, 자연부락민이 주도한 송계 등으로 구분할 수 있고, [34] 송계는 임야에 대한 지역권유사의 권리를 인정하고 있고(민법 제302조 참조), 이는 입회권의 형태로 유지되어 왔

---

**31** 經國大典 刑典, 禁制, 483.

**32** 배병일,임야입회관행에 관한 문헌적연구,토지법학 18호,2002,

**33** 박종채,조선후기 금송정책과 금안동 금송계,숲과 문화 20호,1995.

**34** 강성복,금산의 송계,금산문화원,2001,31면.

다. 이를 근거로 임야에 대한 사유화가 진행되었을 것이다.

임야의 사유화 여부는 산송도 관련이 있다. 산송은 투장, 금장, 사굴 등으로 구분할 수 있고,[35] 이는 주로 16세기 이후에 발생하였다. 사굴에는 종중이 분묘를 지키기 위해서 투장에 맞서 투장인의 분묘를 사사로이 파헤치는 反偸葬型私掘도 있다. 1676년(숙종 2년)에 丙辰年受教를 내려 국가가 직품이 없는 양반인 소위 '無步數人'의 분묘를 보호하였다.[36] 이는 임야를 사점할 수 있는 권한이 고위 양반층인 步數之人에서 직품없는 양반인 無步數之人으로 확대됨에 따라 직품없는 양반들도 위 병진년수표를 산송의 법리상 근거로 하여 소송을 제기하였다. 양반이 아닌 평민도 묘산을 보호받을 수 있는 법적 근거는 1718년(숙종 44년) 戊戌年受教이다. 무술년수교에서는 평민이 분묘를 탈점하면 처벌한다는 규정을 두었고,[37] 속대전에서는 그 처벌을 강화하여[38] 임야에 대한 사점권을 평민에게도 확대적용하였다. 임야를 사점할 수 있다는 것은 임야에 대한 사유화가 진행되고 있다는 것을 의미한다. 산송은 풍수지리설의 영향으로 효를 앞세운 소송으로 전개되는 한편, 토지확보 또는 토지소유권 획득을 위해서도 활발하게 전개되었다.[39] 근거없는 입후자위주설[40]에 따라 남의 묘지터에 함부로 투장하는 경우가 많아졌고, 이를 계기로 문중간의 소송도 증가하였

35 한상권,조선후기 산송의 실태와 성격,성곡논총 27-4,1996,776면.

36 受教輯錄, 禮典 喪葬, 康熙 丙辰(1676) 承傳.

37 新補受教輯錄, 禮典 山訟, 康熙 戊戌(1718) 承傳.

38 續大典 刑典 聽理條

39 조윤선,조선후기 소송연구,국학자료원,2002,132면.

40 나중에 묘지를 쓴 자가 주인이라는 것은 법전에 있는 말이라고 하는 견해로, 사실무근인 유언비어다.

다. 산송의 증가는 종중재산의 한축인 묘산에 대한 사유화가 매우 빠르게 진행되었다고 추측할 수 있다. 이에 따라 산송을 통하여 묘산이 종중재산의 형태로 전환되었을 가능성이 많다.

위에서 살펴 본 바와 같이, 종중은 우리나라 고유한 제도로서 구성원인 종원의 집결과 종중재산의 형성으로 만들어진다. 종원의 집결은 여말선초에 제사도입과 함께 이루어졌고, 종중재산도 전답과 임야에 대한 사유화가 진전됨에 따라 위토와 묘산으로 전환될 수 있었다. 이에 따라 종원의 결성과 종중재산의 형성이 자연스럽게 이루어졌고, 1592년 임진왜란이후 조선후기로 오면서 토지제도의 문란과 송계와 산송의 증가로 종중재산의 축적이 빠르게 이루어졌고, 이를 계기로 하여 종중이 많이 발생하였다고 할 수 있다.

## III. 일제하 법령에 의한 종중재산의 붕괴

### 1. 종중재산의 형성과 붕괴과정

종중은 조선고등법원판결에 의하여 새롭게 형성되었거나 창설된 것이 아니라 이미 조선시대 초기부터 성립되어 17세기부터 왕성하게 발전하여 온 것이다. 아울러 종중재산도 조선초부터 형성되기 시작하여 임진왜란 이후 토지제도의 문란과 상업자본의 출현으로 토지사유화가 진행되면서 17세기이후부터 매우 활발하게 형성되었다.

종중재산이라는 용어는 일제하 일본인이 만든 용어이고,[41] 우리나라

---

**41** 심희기,종중재산분쟁의 원인,민족문화논총 14권 1호,영남대민족문화연구소,1993,90면.

고문헌에서는 종물, 종재, 종전, 종토, 종답 등으로 표현하고 있다. 종중재산은 개인이 출연하여 형성되는 경우도 있고, 종원 몇 사람이 공동으로 출연하여 형성되는 경우가 있을 것이다. 그러나 일단 종중재산이 형성되면, 종손이라도 종중재산을 함부로 처분할 수 없었다.[42] 종중의 종손은 족보상의 적통에 의해 당연히 정해지는 것이고 선출에 의해서 정해지는 것은 아니다. 문장(종장)은 종원중에서 학식과 연령이 뛰어난 자를 지정하는 것으로 선출에 의한 것이 아니라 자연적으로 정해진다. 유사는 문장의 지휘감독하에 종중의 실무를 담당하는 보직으로서 종중에서 지명한다. 또한 종원의 재산과 종중재산은 엄격히 구분되고 있었고, 조선시대 양안에서도 종중재산의 소유주체를 何何宗中, 何何門中으로 기재하여 종중을 종원과는 별개의 권리주체로서 재산을 소유할 수 있음을 인정하고 있었다. 조선시대에는 종중재산이 종원 중 1인의 단독소유냐 아니면 종중재산이냐 하는 다툼은 없었다고 한다.[43] 종중재산은 조상에 대한 분묘수호와 제사봉행을 계속하도록 하는 목적에서 제공된 목적재산이고, 오로지 분묘를 관리하고 제사봉행을 위해서 이용되어야만 한다. 종원들은 길흉사시에는 경제적으로 상호부조하였지만, 평상시에는 곤궁하더라도 거의 상호부조하지 않았고,[44] 종중재산은 종원의 구제 목적에는 거의 사용하지 않았다. 그렇다면, 종중재산은 종원 1인이 기부하여 형성된 경우도 있고, 종원 여러 명이 공동으로 기부하여 형성된 경우가 있지만, 종중이 분묘수호와 제사봉행을 영원히 계속하여야 하는 단체적 속성을 가지고

---

42 심희기,전게논문,90면.

43 심희기,전게논문,93면.

44 최재석,조선시대의 문중의 형성,한국학보 32집,1983,37면.

있는 이상, 일단 종중재산으로 된 이상 종손이거나 종원 모두가 찬성하더라도 불천위토로서 처분할 수도 없다고 보아야 한다. 그럼에도 불구하고, 1910년 일제가 우리나라를 침략하자, 대부분 지방유림이었던 종중의 구성원인 종원들이 종중을 중심으로 반일민족운동을 전개하였고, 이에 대하여 일제는 종중을 식민지 통치정책상 가장 큰 장애로 보았고, 이를 폐지시킴으로써 반일저항을 근절시키고자 하였다. 그래서 종중을 협애한 가족주의적 에고이즘에서 비롯되어 사회적 단결과 국민적 결합을 크게 저해하는 조직으로 간주하고 탄압하였다.[45] 그래서 조선에서 일문 또는 문중이라는 것은 친족의 단체로 인격을 가지지 않는다[46]고 하여 종중의 독자적인 권리주체성을 부정하였다. 1912년 관습조사보고서에서는 종중을 친족회로 보고, 조합의 일종으로 파악하였다.[47] 종중을 친족회로 보는 것은 1921년 조선민사령을 개정하여 친족회에 대하여 일본민법이 적용되기 전까지 유지되었다. 일제는 아래와 같이 각종 법령과 제도를 통하여 종중재산의 법률관계를 식민지 통치정책의 수행에 유리하도록 왜곡하였다.

## 2. 삼림법

일제는 통감부시절 1908년 법률 제1호로 삼림법을 제정하여 “삼림산야(森林山野)의 소유자는 본법 시행일로부터 3개년이내에 삼림산야의 지적과 면적의 견취도를 첨부하여 농상공부대신에게 신고하되, 기간내에

45 善生永助,朝鮮に於ける同族部落の構造(其三),調査月報 11巻 12號,1940,10-14면.

46 조선총독부 중추원,1911.9.4. 취조국장 회답,민사관습회답휘집,1933,72면

47 조선총독부,관습조사보고서,1912,340면.

신고하지 아니한 자는 모두 국유로 간주한다."(제19조)고 규정하여 사유임야라고 할지라도 신고를 하지 아니하면 국유로 되었다. 더욱이 삼림법이 정한 기간 내에 지적 신고를 하였는지 그렇지 아니한지의 사실은 법원이 직권으로 조사하여야 하는 사항에 속하지 않는다[48]고 함으로써 신고를 하지 아니한 종중재산으로서 분묘가 산재하고 있던 묘산 중 국유로 된 것이 많았다. 신고 여부에 대한 입증도 종중이 하여야 하였기 때문에, 새로운 법제도를 알지 못하는 임야소유자로서는 소유권을 거의 강탈당할 수밖에 없었다. 삼림법의 신고제도를 악용하여 종중재산인 임야에 대하여 소유권이나 입회권을 가지고 있던 종중으로서는 신고를 하지 않음으로써 종중재산을 빼앗겨서 국유화되었고, 이로 인하여 종중재산의 붕괴는 가속화되었다.

### 3. 토지조사사업

일제는 1910년 우리나라를 침략하면서 토지조사사업과 임야조사사업 등을 통하여 토지사정을 함으로써 소유권을 원시취득하여 창설한다고 왜곡하였지만, 이는 조선시대부터 이어져 오던 토지소유권을 법인화(法認化)한 것에 지나지 않는다. 일제는 1912년 조선부동산등기령에 의해 의용되던 1899년에 제정된 일본 부동산등기법에서는 그 등기를 할 수 있는 근거를 찾을 수 없었던 종중재산에 대하여도 그 단체를 조직하는 친족의 공유로 보았다.[49] 이것도 토지조사사업의 사정을 통해서 소유권을 원시취득한다고 하였지만, 이는 근대법적으로 다시 법인화시킨다고 보아

---

**48** 조선고등법원 1913.11.21.

**49** 조선총독부 중추원,1911.9.4.취조국장 회답.조선관습회답휘집,1923,72-3면.

야 할 것이다. 특히 토지조사사업당시 토지소유자의 신고를 받아서 토지소유자의 권리는 사정의 확정 또는 재결에 의하여 확정한다(토지조사령 제15조)고 하면서, 그 토지소유자의 신고는 원칙적으로 결수연명부에 의해 작성하도록 하였다. 결수연명부는 1909년에 만들어진 징세대장으로, 한 면내에 소재하는 토지의 결수에 대하여 납세의무자가 신고한 결수신고서를 각 면단위, 각 납세의무자별로 편철한 장부를 말한다. 당초 토지조사사업의 구 토지신고심득[50]에는 토지신고서와 결수연명부와의 관계에 대하여 아무런 규정을 두지 않았다. 그러나 개정된 토지신고심득[51]에는 신고서가 결수연명부에 의거하면서 작성되어야 한다는 것을 규정하였다. 그래서 토지조사사업에 있어서 토지소유권 확정의 대원칙, 즉 결수연명부와 토지신고서와의 대조에 의하여 토지소유권을 확정한다는 원칙을 제도적으로 규정하였다.[52] 일제는 토지신고를 받아 소유권을 원시적으로 창설한다고 보았지만, 실제로는 결수연명부를 통해서 기존의 소유권을 법인화한 것에 지나지 않은 것이다. 나아가 종중으로서 신고되는 것에 대해서는 조선민사령 기타의 법령에 의하여 법인으로서의 자격을 구비하는가 않는가를 조사하여 법인의 자격을 갖는 것은 그 성질에 의하여 개인명의 또는 공유명의로 신고시키고, 관계자 전원의 공유로서 신고한 것을 제외하고는 신고서 지주명의 좌측에 괄호를 하여 종중재산 등으로 부기하도록 하였다.[53] 이처럼 일제는 비법인사단으로서의 법적성질을 지

---

**50** 구 한국관보 제4768호,융희 4년(1910) 8월 29일. 心得은 주의사항이라는 의미이지만, 지금의 시행세칙에 가깝다.

**51** 조선총독부 관보 제137호,1913.1.17. 조선총독부 고시 제5호 토지신고심득.

**52** 宮嶋博史,朝鮮土地調査事業史の硏究,東京大學 東洋文化硏究所,1991,464면.

**53** 조선총독부 임시토지조사국,조선토지조사사업보고서,1918,65면.

니고 있는 종중을 1896년에 제정된 기존의 일본민법에 근거하여 법인에 해당하는지 여부만 따지고 비법인사단으로서의 법적성질을 인정하지 않았다. 또한 종중재산에 대하여 종중 자체에게 소유권을 인정하지 않았고 종원 개인에게 소유권을 인정하거나 종원의 공유로 인정함으로써 종중재산의 붕괴를 유도하였다. 또한 토지조사사업 당시 종중은 사단으로 인정되지 않았기 때문에 그 명의로 재산소유자로서 등기할 수도 없었다. 다만 종중 재산에 대하여는 개인 명의로 신고할 수 있도록 하면서 개인 이름 옆에 괄호를 하여 (종중재산)이라고 부기할 수 있도록 하여 토지 사정을 받도록 하였다. 그러나 토지대장에는 종중재산임을 표시할 수 있지만, 소유권보존등기를 할 때에는 그와 같은 표시를 할 수 없도록 함으로써 사실상 종중재산의 해체를 가져왔다.

### 4. 조선민사령

1910년 일제에 의해 국권이 박탈당한 이후, 일제는 우리나라 국민들의 항일운동에 부닥치게 되었다. 조선에 대한 효율적인 지배를 위하여 조세가 필요하였고, 이를 위해 지조확보를 위한 토지조사사업과 임야조사사업을 실시하였다. 이 사업은 모두 신고제로 실시하여 소유자라고 하더라도 신고를 하지 않았기 때문에 소유자로 인정받지 못한 경우가 많았다.

한편 일제가 조선민사령 제1조에서 "민사에 관한 사항은 본령 기타의 법령에 특별한 규정이 있는 경우를 제외하고 다음 법률에 의한다"고 하면서 민법(제1호)을 게기하고 있다. 여기서의 민법은 당시 일본민법으로 "법인은 본법 기타의 법률의 규정에 의하지 아니하고는 성립할 수 없다"(제33조)고 하고, "제사, 종교, 자선, 학술, 기예 기타 공익에 관한 사단 또는 재단으로서 영리를 목적으로 하지 아니하는 것은 주무관청의 허가를 얻어 이를 법인으로 할 수 있다"(제34조)고 규정하고 있었다. 민법 시행법 제19조에서는 "민법시행전부터 독립한 재산을 가진 사단 또는 재단으로서 민법 제34조에 게기한 목적을 가진 것은 이를 법인으로 한다."고 규정하였다. 따라서 종중은 민법상 제사를 목적으로 하는 사단법인이나 민법 시행법에 의한 사단으로 설립할 수 있었고, 그 명의로 재산을 소유할 수도 있었다. 그러나 "조선에 있어서 일문 또는 문중이라고 함은 친족단체로서 인격을 가지지 않는다."[54]고 하여 종중을 사단법인으로 설립하지도 못하도록 하였다. 그래서 종중을 민법 시행전부터 독립한 재산을 가진 사단으로서 인정을 하지도 않았을 뿐 아니라 관습법에 의한 법인의 성립까지도 부인함으로써 종중재산의 해체를 가속화시켰다.

### 5. 조선부동산등기령

1929년에 일본은 민사소송법을 개정하여 "법인이 아닌 사단 또는 재단으로서 대표자 또는 관리인이 정하여져 있는 것은 그 이름으로 제소 또는 피소될 수 있다."(제46조)고 규정하였고, 이는 조선민사령 제1조 제13호에 의해 우리나라에 적용되어 종중도 당사자능력을 가지게 되었다. 1930년 10월에 개정된 조선부동산등기령에서 "종중, 문중, 기타 법인이 아닌 사단 또는 재단으로서 조선총독이 부령으로서 정하는 것에 속하는 부동산의 등기에 관하여는 그 사단 또는 재단으로서 등기권리자 또는 등기의무자로 간주한다. 전항의 등기는 그 사단 또는 재단의 이름으로써 그 대표자 또는 관리인이 이를 신청하여야 한다."(제2조의 4)고 규정하였고, 1931년 8월에 개정된 조선부동산등기령 시행규칙 제42조의 2의 규정에

---

**54** 조선총독부 중추원,1911.9.4. 취조국장 회답,민사관습회답휘집,1933,72면

서는 "조선부동산등기령 제2조의 4에 규정하는 사단 또는 재단은 다음과 같다. 1. 종중 또는 문중."이라고 규정함으로써 종중에게도 등기능력이 인정되어 종중명의로 등기를 할 수 있게 되었다. 그러나 이미 1912년 당시 토지조사사업을 하면서 종중 재산이 종원 명의로 등기되는 등 모두 종중 명의로 등기할 수 없었고, 뒤늦게 1930년에 이르러 조선부동산등기령의 개정으로 종중명의로 등기를 할 수 있게 되었다고 하더라도 이미 개인 명의로 등기된 종중재산이 다시 종중 명의로 되돌려지기에는 상속인의 반발이나 소송비용 및 등기비용을 부담해야 하는 등 많은 문제점이 있었다. 이로 인하여 종중재산은 사실상 붕괴되었다.

더욱이 조선부동산등기령 제2조의 4 제1호에서 종중으로서 등기권리자 또는 등기의무자로 간주한다고 규정하고 있다고 하더라도 이것은 등기의 편의에서 나온 것으로서 그 재산권의 주체라는 것을 인정한 것이 아니라고 하는 사례[55]까지도 있었다.

## IV. 일제하 조선고등법원 판결에 의한 종중재산의 붕괴

### 1. 조선총독부의 회답과 조선고등법원의 판결

종중재산을 종중원 공유로 사정받고 등기한 경우에 제위전답은 자손인 종중의 공유이고,[56] 종토 또는 위토는 친족의 공유로 보아야 할 특별한 원인이나 약속이 있으면 공유로서 공유자의 승인이 있어야 처분할 수

55 조선고등법원 1934.12.4.

56 조선총독부 중추원,1911.10.25. 취조국장 회답,민사관습회답휘집,1933,72면

있고,[57] 위토는 관습상 당연히 봉사손의 단독소유가 아니라 장파의 단독소유 또는 장·지파의 공동소유[58]라고 하였다. 그러나 분묘에 대해서는 분묘의 소유자가 누구인가는 사실문제에 속하고, 일반적으로 분묘가 속하는 가의 호주가 소유자이고,[59] 조상의 분묘는 종손의 단독소유로서 문중의 공유가 아니지만, 조상의 분묘를 이장할 때에는 문중의 협의가 필요하고 문중이 이의를 하면 장자손이라도 할 수 없고,[60] 조선의 관습상 조상의 분묘는 종손의 소유에 속하지만, 이를 이장하거나 처분하는 경우에는 관계 자손의 협의를 거치는 것이 관례[61]라고 하여 분묘의 소유권은 종손이 단독으로 행사할 수 있다고 한다.

그런데 조선고등법원 판결은 위토의 소유권은 봉사자인 자손의 단독소유에 속하는 것이 있고 혹은 일문의 공유에 속하거나 일문 중 일파의 공유에 속하는 것이 있어서 언제나 봉사자 자손의 단독소유에만 속한다고 할 수 없다[62]고 하여 회답과는 달리 선언하고 있다. 이는 조선총독부의 회답, 통첩이나 사법협회 등의 결의는 조선민사령에서 우리나라 관습법에 따를 것을 규정한 사항에 대해서 단순히 법령해석상의 자료에 그치지 않고 관습법임을 선언하는 법규범의 성격을 가졌고,[63] 조선고등법원도 회답, 통첩을 관습법규범으로 삼아 이에 근거하여 재판을 함으로써 판결

---

57 조선총독부 중추원,1912.3.13. 취조국장 회답,민사관습회답휘집,1933,97면

58 조선총독부 중추원,1926.11.25. 취조국장 회답,민사관습회답휘집,1933,111면

59 조선총독부 중추원,1911.8.12. 취조국장 회답,민사관습회답휘집,1933,68면

60 조선총독부 중추원,1912.6.1. 취조국장 회답,민사관습회답휘집,1933,99면

61 조선총독부 중추원,1914.4.15. 취조국장 회답,민사관습회답휘집,1933,181면

62 조선고등법원 1917.5.12.

63 정광현,한국가족법연구,서울대출판부,1967,23면.

에 많은 영향을 주고 있는 점에 비추어 회답과 그 판결 취지가 다른 것은 이례적인 것이고, 이는 종중재산에 대한 처리문제를 두고 일제가 상당한 고민을 거듭하고 있었음을 추측할 수 있다.

한편 조선에 있어서 공동조상의 분묘가 있는 산판의 소유권은 그 종손에 속하는 경우도 있고, 혹은 공동조상의 자손인 일문 또는 문중일파의 공유에 속하는 경우도 있어 반드시 종손의 단독소유가 아니면 자손 전체의 공유라는 관습은 없다. 그것이 누구의 소유이냐는 사실문제에 속한다[64]고 하여, 종중재산의 소유권 귀속이 법률문제임에도 불구하고 사실문제로 처리함으로써 입증책임을 부담하는 종중이 소송에서 결정적으로 불리하게 되었다. 종중으로서는 종중 관련 소송에서 종약이나 종중회의의 회의록 등 물적 증거도 별로 없고, 관련 사실을 알고 있는 증인도 거의 생존해 있지 않기 때문에 종중재산을 회복하기에는 거의 불가능해졌고,[65] 이로 인하여 종중재산의 해체를 손쉽게 할 수 있도록 하여 붕괴가 급속하게 이루어졌다.

더욱이 일제가 종중재산의 붕괴를 촉진함으로써 우리 민족의 자주독립운동을 위축시키려고 의도한 위토에 관한 소유권귀속의 문제를 사실문제로 보는 일제하 조선고등법원의 판결은 대법원에도 계속하여 유지되고 있어서 안타까운 실정이다. 특히 대법원은 종중소유 위토를 위탁받은 관리인이 처분하여 횡령죄의 죄책을 묻는 형사판결에서 토지가 특정묘의 위토로 되는 경위는 그 특정 분묘와 관련있는 종중이 그 소유권을 취득하여 위토설정을 한 경우와 후손중의 어느 개인이 개인소유의 토지를 특

---

**64** 조선고등법원 1913.7.17.

**65** 심희기,종중재산분쟁의 원인,94면.

정 선조묘의 위토로 설정하는 경우등이 있을 수 있으므로 위토라는 사실만으로는 종중소유라고 볼 수 없다[66]고 하여 종중재산의 소유권 귀속을 사실문제로 본 조선고등법원의 판례 취지를 계속하고 있다. 나아가 어느 토지가 특정묘의 위토로 되는 경위는 그 특정묘와 관계있는 종중이 그 소유권을 취득하여 위토설정을 한 경우와 후손중의 어느 개인이 개인 소유의 토지를 특정 선조묘의 위토로 설정하는 경우등이 있을 수 있으므로 위토라는 사실만으로는 종중소유라고 볼 수는 없다[67]고 하여 민사사건에서도 그 법리를 계속 유지하여 임야내에 조상의 묘소가 설치되어 있고 전답이 위토로 되어 있다하여 위 임야가 종중 소유라고 단정할 수는 없다고 하면서 종중재산의 귀속문제를 사실문제로 파악하고 있다. 이는 종중재산의 귀속문제는 법률문제로 보아, 종원이 어떤 연유이든지 단독으로 또는 공동으로 재산을 종중재산으로 출연시킨 경우에는 출연자와 소유관계는 단절되어 당연히 종중 소유로 되고, 그 소유권귀속을 다툴 수 없다고 보아야 할 것이다. 그럼에도 불구하고 광복 70년을 맞이하는 아직까지도 일제가 왜곡한 법리를 대법원이 만연히 계속 유지함으로써 종중분쟁을 조장하고 있는 것은 문제라고 할 수 있다.

그러나 위와 같이 종중재산의 공유설을 강력하게 주장하던 일제는 1919년 3.1운동을 계기로 다소 변화를 보이기 시작하였고, 종중 공유의 제위토에 대하여는 관습상 각 공유자가 분할의 청구를 할 수 없다. 전항의 제위토에 대해서는 지분을 양도할 수 없다. 따라서 공유자 1인이 한 지

66 대법원 1984.3.13. 선고 83도1726 판결.

67 대법원 1985.11.26. 선고 85다카847 판결.

분의 양도는 무효이다[68]고 하여 종중재산의 공유는 일본 민법에서 일반적으로 말하는 공유와는 다른 것이라고 하여 종중재산의 붕괴에 대하여 다소 주저하는 태도를 가지고 있었다. 한편 이러한 조선고등법원의 판결에 대하여 일본인 판사는 제위토는 지분관념을 받아들일 수 없기 때문에 총유이고, 조상의 제사라고 하는 윤리상의 이익에 관한 사업을 목적으로 하기 때문에 조합계약을 원인으로 하는 총유가 아니라 조선 고유의 단순한 총유라고 하였다.[69]

## 2. 합유설

일제는 1927년에는 종중재산의 공유설을 폐기하기에 이른다. 2인 이상이 물을 공동소유하는 경우에는 하나의 소유권이 분수적 비율에 따라 다수인에게 속하는 상태와 완전히 단일불가분적인 것으로 포괄적으로 수인에게 속하는 상태가 있다. 전자는 민법상의 공유이고, 후자는 합유이다. 합유는 공동자 전원의 공동목적수행을 위해 발생한 것으로 목적물에 대한 지분권이 없다. 목적물에 대한 권리는 이를 양도하거나 담보에 제공하는 등 임의로 처분할 수 없다. 문중 또는 그 일파가 조상의 묘지 또는 위토를 공동소유하는 경우에는 그 소유자(호주)가 조상의 제사수행을 목적으로 하므로 단일불가분적으로 그 소유권을 가지고 또한 그 권리자의 변동에 따라 위토 등에 대한 권리에 분수적 비율에 따른 변동을 가져오는 것이 아니다. 위토에 대한 공동소유는 관습상 항상 합유의 법률

---

**68** 조선총독부 중추원,1921.2.15. 정무총감 회답,민사관습회답휘집,1933,390면,

**69** 多田吉鍾,祭位土ノ總有性ニ就テ,司法協會雜誌 1권 3호,1922,22-30면.

관계이지 공유관계는 아니다[70]고 하여 합유설을 채택하였다. 또한 의장[71]은 일족 후예의 거주지이거나 그 수익으로 일족의 후원, 관혼상제의 부조 또는 일족의 화목과 공존공영을 목적으로 설치한 것으로, 의장인 토지는 종중재산을 구성하고 그 법률관계는 관습상 합유라고 하였다.[72]

합유인 위토가 적법하게 양도되면 그 성질인 합유성을 잃으며, 그 양도가 신탁적이면 내부관계에서는 합유이더라도 대외관계에서는 양수인이 1인이면 단독소유이고 양수인이 수인이면 단순한 공유가 성립하며, 공유자인 양수인은 그 지분권을 제3자에게 이전할 수 있다. 따라서 종중이 합유인 토지에 대해 편의상 1인 또는 수인에게 그 권리를 신탁하여 그 자의 단독소유 또는 공유로 사정 또는 등기를 받으면 보통 합유관계는 내부에 한하고 외부관계에서는 수탁자의 단독소유 또는 공유로 하는 취지라고 해석해야 한다.[73] 합유권은 당사자의 합의로 이를 설정할 수 없다. 다만 수익으로 공동조상의 제사에 제공하기 위한 합유인 위토를 교환 또는 매각하여 동일한 목적을 갖는 다른 토지와 교체하는 것은 그 용도에 변경이 없고, 또 당사자의 합의에 따라 새로이 합유권을 설정하는 것이 아니므로 종전의 합유관계는 교체지에 존속하는 것으로 보는 것이 타당하다. 그리고 종전의 위토의 매각대금채권 또는 수령금원은 새로운 위토의 구입에 사용되어야 하는 것이므로 합유의 목적물이다.[74]

---

**70** 조선고등법원 1927.9.23. 연합부판결.

**71** 의장(義莊)은 중국 송대이후의 종족의 공유지로서, 토지수입으로 종족을 부양하고 자녀를 교육시키고 조상에게 제사를 지냄으로써 종족결합과 경제적 복리를 도모하였다.

**72** 조선고등법원 1934.10.2.

**73** 조선고등법원 1929.2.19.

**74** 조선고등법원 1933.3.31.

이러한 종중재산의 합유설은 양도나 처분이 되면 합유로서의 성질을 상실하고, 매각대금으로 새로운 종중재산을 마련하는 경우에는 종전의 합유관계가 계속 유지된다고 하였다. 그러나 합유는 공유보다는 그 결합성이 강하지만, 합유는 공동체적 결합성을 지니는 종중의 법률관계를 설명하는 데에는 문제가 많았다. 이는 당시 일본민법이 공동소유의 형태로 공유만 인정하고(제249조 이하), 권리능력없는 사단은 조합의 형태만을 인정한 데에서 기인하였다. 이후 공동소유의 형태로 공유, 합유, 총유의 3종류를 주장하는 견해가 나타났고,[75] 이것이 학계의 주류를 이루게 되었고, 이러한 논의가 조선고등법원의 판결에도 영향을 미쳐 합유라고 한 것이라고 한다.[76]

### 3. 종중의 대표자 선정

종중에는 종손과 문장이 있고, 사무를 담당하는 유사가 있는데, 종손과 문장은 선거에 의해 선출되는 것이 아니고, 유사는 종중에서 지명한다. 그런데 일제는 종래 종중의 대표자인 종손이나 문장을 대신하여 특별한 대표자를 종중의 대표로 인정함으로써 종중의 재산처분권을 제한하기도 하였다. 즉 종중의 대표는 문장이 이에 해당하고, 제사에 대하여는 종손이 이를 대표하며, 종중재산에 관하여는 특별히 대표자를 정함을 보통으로 한다[77]고 하였고, 나아가 종중 또는 문중의 대표자 또는 그 재산관리인의 선정은 일족 또는 일문의 성년이상의 남자를 소집시킨 총회

---

**75** 石田文次郎,土地總有權史論,岩波書店,1927.

**76** 정긍식,종중재산의 법적문제,법제연구 4호,한국법제연구원,1993,235면.

**77** 조선총독부 중추원,1923.10.23. 중추원 서기관장 회답,민사관습회답휘집,1933,439면

에서 출석자 과반수의 결의에 의하여 행함을 일반의 관습으로 한다[78]고 하여 종래의 일정한 항렬이상의 자들로 구성된 종회를 무력화시켜 버렸다. 또한 종중재산을 둘러싸고 다투는 소송에서 등기명의자나 제3취득자가 종중대표자의 원고적격을 다투게 되면, 종중측은 대표자의 자격미비를 이유로 패소하게 되어 본안심리를 생략한 채 소송을 형식적으로 종결시킬 수 있다.[79] 종중의 대표자를 따로 선출하게 한 조선고등법원의 판례는 종중에게 종중재산의 회복절차를 까다롭게 함으로써 종중에게 큰 부담을 주고 있다. 이로 인하여 종중재산의 붕괴는 더욱 가속화되었다고 할 수 있다.

### 4. 명의신탁

일제는 종중의 권리주체성을 부인하고, 나아가 종중재산의 등기조차도 할 수 없도록 하면서도 종중재산의 등기를 종중원 개인이나 종중원의 공유로 등기하도록 하였다. 그러면서 한편으로 종중재산이 종중원이나 종중원의 공유로 등기된 경우의 법률관계를 명의신탁의 법리로 다루었고, 이 명의신탁의 법리는 지금까지도 다툼의 대상이 될만큼 문제가 있다.[80]

더욱이 종중원 명의로 등기된 종중재산이 제3자에게 처분된 경우에 "신탁행위에 있어서는 신탁자와 수탁자의 내부관계에서는 소유권이전의 효과가 발생하지 아니하지만, 제3자에 대한 외부관계에서는 표면상의 소유자는 진실한 소유자로 간주해야 하고, 제3자가 표면상의 소유자인 수

---

**78** 조선총독부 중추원,1911.9.4. 중추원의장 회답,민사관습회답휘집,1933,470면

**79** 심희기,종중재산분쟁의 원인,88면.

**80** 명의신탁은 허위표시로서 무효라고 하는 비판이 있다(곽윤직, 명의신탁에 관한 판례이론의 연구,법학 15권 2호,1974.

탁자로부터 신탁의 목적인 물건을 매수한 경우에 신탁의 사실을 알고 있었는지의 여부에 관계없이 제3자는 완전하게 그 소유권을 취득한다."고[81] 함으로써 종중재산을 수탁하고 있는 종중원은 아무런 제한없이 매도할 수 있고, 이를 매수한 제3자는 선의 악의 불문하고 완전하게 소유권을 취득한다고 함으로써 종중재산의 매각을 부채질하여 종중재산의 붕괴를 가속화시켰다.

심지어 조상이 어떤 부동산을 사불천위토로 정해 이를 일문 공유로 하고 동시에 유언에 의해 영구히 매매 기타 처분행위를 못하도록 하여도, 그 자손인 공유자(각 家의 호주)가 이를 처분할 수 없는 관습은 없고, 또한 불천위토에 관하여 전시와 같은 유언이 영구히 그 자손 전원을 구속하는 효력은 없다[82]고 하여 종중재산의 매각이 손쉽게 하도록 하였다. 당초 일제는 일문의 종손으로서 본계를 상속하는 경우에는 호주권, 재산권 뿐만 아니라 문조의 제사권을 상속해야 하는 것이 조선의 관습이라고 하였다.[83] 그러나 전 호주의 지위를 승계하여 그에 속한 재산을 취득하는 것에 관하여는 별개 독립된 관념에 의하여 호주상속 및 재산상속의 제도가 확립되었으므로 이를 제외하는 제사상속의 관념은 선대를 봉사하고 조상의 제사를 봉행하여야 할 도의상의 지위를 승계하는 것에 지나지 않는다. 따라서 종손의 신분이 법률상의 지위에 있어서나 또는 특수한 의의에 있어서 종손권이라는 것이 있다고 하는 것도 이에 수반하는 호주권 또는 재산권의 승계를 다투는 것에 지나지 않으므로 바로 그 확인을 구

---

**81** 조선고등법원 1915.9.28.;동 1916.10.27.;동 1917.11.13.;동 1918.6.11.

**82** 조선고등법원 1919.10.21.

**83** 조선고등법원 1913.10.21.;조선고등법원 1921.12.11.

할 법률상의 이익이 있다고는 할 수 없다[84]고 판시하여 제사상속을 폐지하고 종손의 실체를 배제함으로써 종중의 실체를 붕괴시키고자 하였다.

## V. 마무리

종중은 여말선초부터 나타나기 시작하였고, 종중재산도 세종때 전답매매를 허용함에 따라 발생하기 시작하였다. 임진란이후 토지제도의 문란과 함께 종중과 종중재산이 많이 발생하였고, 17세기 이후 산송과 송계의 영향으로 종중재산의 형성은 가속화되었다. 종중재산은 일제의 토지 및 임야조사사업으로 인하여 많이 붕괴되었으나, 일제는 더 나아가 종중을 독립운동의 근거지라고 파악하고, 독립운동의 재원으로 조달될 가능성이 많은 종중재산을 붕괴시키고자 하였다. 종중의 물적 요소인 종중재산은 위토와 묘산으로 구성되고, 위토는 토지조사사업을 통해서 신고를 하지 않았다는 이유로 국유화시켰다. 묘산은 임야조사사업을 통해서 역시 신고를 하지 않았다는 이유로 국유화를 시켰다. 일제 조선고등법원은 위토의 경우에는 당초 공유로 하였다가, 이후에 합유로 이론구성하였다. 명의신탁론도 역시 일제의 종중재산의 붕괴에 크게 일조하였다.

---

**84** 조선고등법원 1933.3.3.

# 제6장 | 일제하 토지조사사업과 보존등기

## I. 문제의 제기

'조상 땅 찾기'는 후손이 자신의 조상이 소유하였을 것이라고 생각되는 토지의 존재와 소재 여부를 모르는 경우에, 지적정보를 이용해서 확인하여 찾는 것을 말한다. 조상땅 찾기는 당초 창씨개명[1]된 일본인 명의의 토지의 후손이나 친일반민족행위자[2]의 후손이 자신의 조상이 소유하였던 토지의 소재를 찾고자 시도한 것에서 시작되었다. 조상땅 찾기는 지적장부 정보화작업[3]의 완성으로 인하여 일반 시민들도 지적정보 접근이 용이해짐에 따라 활성화되었다. 최근에는 불의의 사고나 재산관리상 발

---

1 창씨개명은 1939년 11월 조선민사령(제령 제19호)을 개정하여 1940년 2월부터 시행하여 전국민에게 강요되어 약 80%가 개명하였다.

2 친일반민족행위자재산의 국가귀속에 관한 특별법(친일재산귀속법)은 법률 제7769호로 2005년 12월 29일에 제정되어 같은 날부터 시행되었다.

3 정보화작업은 1992년 1월 토지대장 전산화 시행, 2002년 지적도면 전산화 시행, 2002년 9월 등기부전산화작업의 완료, 2007년 8월 등기부 인터넷발급 등이다.

생한 문제 등으로 관련자의 소유 토지를 파악할 수 없는 때, 관련자의 개인정보를 이용하여 그 소유 토지를 확인하는 경우도 있다고 한다. 조상 땅찾기 소동이 일어나게 된 주된 원인은 일제가 우리나라에 토지 공시수단인 등기제도를 도입하면서 일제치하 36년 동안 이를 왜곡[4]함으로써 부실한 등기를 만든 데에 있다. 일제 초기 1910년대 우리나라에는 근대적 법률관계가 막 이식되기 시작하여 소유권 귀속에 혼란스러운 점이 많았고, 토지조사사업[5]과 임야조사사업이 소유자의 신고가 이루어지지 아니하거나 소유자가 없는 토지, 소유권의 귀속이 명확하지 아니한 토지에 대하여도 사정이 이루어지는 등 일제나 그와 결탁한 친일반민족행위자들에 의하여 토지를 수탈하는 수단으로 이용되기도 하였다고 한다.[6] 두 번째 원인은 일부 지역의 토지 관련 장부가 6.25 전쟁 당시 소실되었는데,[7] 이로 인한 부실한 등기 때문에 발생하고 있다. 현재 정부 민원 포털의 '민원 24'에서 '조상땅 찾기'라는 서비스 시스템을 운영하고 있고, 각 지방자치단체도 주민이 원한다는 이유로 인터넷 서비스를 개설·운영하고 있다. 이것은 개인정보보호법(2011. 3. 29. 제정) 제35조 제2항의 개인정보열람청

---

**4** 배병일, "일제하 법령과 조선고등법원판결에 내재하는 종중재산법리의 왜곡", 외법논집 39권 1호, 한국외대 법학연구소, 2015, 239면 이하;배병일, "마을재산의 소유권의 발생과 변동에 관한 연혁적 연구", 법학논고 53집, 경북대 법학연구원, 2016, 270면 이하. 명의신탁과 입회권 등은 일제가 종중소유토지와 마을재산에 대한 법률관계를 왜곡한 것이라고 볼 수 있다.

**5** 배병일, "일제하 토지조사사업의 비교법적 검토", 법학논고 49집, 경북대 법학연구원, 2015, 837면 이하.

**6** 대법원 2012. 2. 23. 선고 2010두17557 판결.

**7** 6.25 전쟁 당시 전국에서 59개 등기소가 소실되었다.

구권에 터잡아 행사되는 것이지만,[8] 이런 업무를 정부나 지방자치단체가 운영하고 있는 것의 타당성 여부는 별론으로 하더라도, 조상 땅찾기에서 유래한 자칭 토지소유자의 국가를 상대로 한 소송, 이른바 '조상땅 찾기 소송'이 줄을 잇고 있어서 심각한 사회적 문제가 되고 있다.[9] 특히 네이버 등 각종 포털에서도 조상땅 찾기에 관한 사이트가 20여개에 이르고, 관련 내용이 인터넷에 무분별하게 나도는 등 사회적 파장도 만만치 않다. 그런 의미에서 사회적 문제가 되고 있는 조상땅 찾기 소송에서 제기되고 있는 법적 문제점을 법리적으로 검토해보는 것은 매우 유의미한 것이라고 사료된다. 조상땅 찾기 소송을 둘러싼 문제점에 관해서는 민법 뿐 아니라 형법, 행정법 등 측면에서의 접근 방법도 있을 수 있지만, 이 연구에서는 민사법적 쟁점을 둘러싼 법적 문제점에 대해서만 검토하기로 한다. 이 연구는 대법원 판례상 민사법적으로 제기될 수 있는 여러 법리를 천착함으로써 조상 땅 찾기 소송에서의 법적 문제점을 재검토하고, 이를 해결하기 위한 새로운 법리를 파악하고자 한다. 또한 법적 문제점을 둘러싼 쟁점에 대한 정리와 함께 향후 법적 분쟁으로 발생할 가능성이 있는 문제점에 대하여 선제적으로 법리 구성을 함으로써 법해석학에서의 사전적 예방법학으로서의 역할도 수행하고자 한다. 이 연구에서는 먼저 토지에 관한 장부를 검토하고(Ⅱ.), 조상땅찾기 소송에서의 당사자 동일성 및 승계 여부에 대하여 검토한 후(Ⅲ.), 대법원판결에서의 물권적청구권의 이행불능으로 인한 손해배상청구를 살펴 본 후(Ⅳ.), 불법행위로 인한 손해

8 종전에는 공공기관의 개인정보보호에 관한 법 제12조 제1항에 의하였지만, 이 법은 2011. 3. 29. 폐지되었다.

9 인터넷에서도 조상 땅찾기라는 이름으로 각종 광고 링크와 사이트, 블로그 등이 많이 떠있다.

배상청구의 문제점(V.)을 살펴보고자 한다.

## II. 토지조사부 등 토지에 관한 장부

일제 초기 토지조사사업이나 임야조사사업 당시 조상의 명의로 사정받거나 소유한 토지를 그 후손이, 토지에 대한 관리를 소홀히 하거나 6.25 전쟁 등으로 토지장부가 소실된 후 국가나 지방자치단체(이하 '국가 등'이라 한다)가 위 토지에 대한 소유권보존등기를 하거나 이를 타인에게 이전한 경우에, 국가 등이나 타인을 상대로 조상 땅 찾기 소송을 하는 경우가 있다. 이 경우 조상땅 찾기소송의 기본적인 요건은 ① 토지조사부, 임야조사서, 토지대장, 임야대장 또는 등기부에 조상이 당해 토지의 사정명의인이나 소유자로 등재된 사실, ② 후손이 조상으로부터 당해 토지를 승계(상속, 매매 등)한 사실, ③ 등기를 하지 않았거나[10] 등기부 멸실, ④ 국가 등이 당해 토지에 관하여 소유권보존등기를 경료한 사실, ⑤ 후손이 승계인으로서 국가 등을 상대로 소유권확인소송, 토지인도청구소송, 임료상당의 부당이득반환청구소송, 손해배상청구소송 등을 제기한 사실 등이다.[11] 이하에서 각 요건에서 문제되는 부분을 살펴보기로 한다.

---

10 토지조사사업이나 임야조사사업 당시 지적측량만 하고 소유권 조사와 사정을 하지 않은 경우(대법원 1997. 9. 5. 선고 95다5264 판결), 사업을 완료한 이후에 토지조사부나 임야조사서에만 등재한 채 토지대장이나 임야대장을 제조하지 않은 경우, 토지대장이나 임야대장을 제조한 이후 등기를 하지 않은 경우도 있었다.

11 김명수, "부동산 소송의 쟁점", 법조 56권 2호, 법조협회, 2007, 274면;김진영, "부동산소송의 쟁점", 청송논집, 의정부지방법원, 2013, 225면;김웅재, "무권리자가 마친 부실등기를 기초로 등기부취득시효가 완성되어 소유권을 상실한 경우 불법행위책임의 성립여부 및 그 손해배상채권의 소멸시효기산점", 사법논집 58집, 2015, 153면.

## 1. 일제 이전 토지장부의 제조 연혁

현재 토지장부는 토지대장 및 임야대장, 등기부가 있지만, 연혁적으로는 토지조사부, 임야조사부[12], 임야조사서[13], 구 토지대장, 구 임야대장 등이 있다.[14] 조상 땅 찾기 소송의 기본적인 요건 ①에서 문제되는 토지장부 중 토지대장과 임야대장의 제조한 연혁을 살펴보면, 다음과 같다. 먼저 토지조사사업이나 임야조사사업 이전 대한제국에서의 토지공시수단의 변천을 살펴보기로 한다. 대한제국이 1906년 10월 16일 고종의 재가를 받아 토지건물의 매매 교환 양여 전당에 관한 법률(법률 제6호)[15]을 공포하였으나 시행되지 않았고, 일제는 이 법을 사문화시킨 후 1906년 10월 26일 토지가옥증명규칙(칙령 65호)[16]을 공포하여 12월 1일부터 토지가옥증명제를 시행하였다. 이후 통감부는 1906년 11월 16일 토지건물증명규칙(통감부령 제42호)을 제정하여 일본인도 토지가옥증명규칙에 따르도록 하였다. 토지가옥증명규칙에서는, 토지대장을 전제로 하는 등기제도와는 달리, 토지대장이 없었기 때문에 현장을 실사하는 사실조사주의를 채택하였다. 토지가옥증명규칙은 시행일이후 거래계약을 증명하는 규정이었기 때문에, 그 시행일 이전에 일본인이 우리나라 사람으로부터 소유권을 취득한 부동산(潛賣土地)에 대해서는 적용되지 않았다. 대한제국은 1908년

---

12 1908년 삼림법(법률 제1호)상 장부

13 1918년 조선임야조사령(제령 제5호)상 장부

14 배병일/주낙영, "일제하 토지조사사업이후의 토지공부에 관한 법적 문제점", 법과 사회 30호, 2006. 참조

15 등기신청시 소유자임을 조사하여 등기부에 기재하거나, 토지조사후 지권을 소유자에게 발급하도록 하는 규정을 두었다. 등기는 제3자에게 대항할 수 있다. 그러나 토지조사를 할 조직이나 인원이 없었다.

16 등기제도가 아니라 계약에 관한 증명제도를 채택하고, 증명부는 당사자간의 거래사실만을 증명하고 제3자에게 대항할 수 없다. 조직이나 장부가 준비되지 않아서 시행되지 않았다.

7월 16일 토지가옥소유권증명규칙(칙령 제47호)[17]을 제정하고 8월 1일부터 시행하였고, 통감부도 토지건물소유권증명규칙(부령 제24호)을 발포하여 토지가옥소유권증명제를 실시하였다. 토지가옥소유권증명규칙은 토지가옥증명규칙에서 제외된 토지 가옥의 소유권에 관한 증명규정이었다. 증명을 받은 토지소유권은 1912년 3월 22일 조선부동산증명령이나 1912년 3월 18일 조선부동산등기령에서도 그대로 인정받았고, 토지조사사업 당시 소유권사정 당시 증명과 소유권이 서로 저촉되지 않으면 등기부에 그대로 이기되었다.[18] 그러나 증명은 당사자간의 계약사실만 증명하였고, 제3자에 대하여 대항할 수 없었다. 한편 대한제국은 1910년 8월 23일에 토지조사법을 제정하여 지권발행을 목표로 토지조사를 하고자 하였으나, 일제는 1912년 지권제도를 폐지하고 등기제도를 도입하고자 하였다.

### 2. 토지조사사업과 임야조사사업에서의 장부 제조

일제가 지세징수의 불편 해소와 토지 수탈을 위해서 실시한 토지조사사업이나 임야조사사업의 경과와 함께 장부제조과정을 보기로 한다.[19] 먼저 토지조사사업은 토지조사시행과 조선토지조사사업이 각각 실시되었는데, 토지조사사업에 앞서 시행된 토지조사의 시행은 1909년 11월부터 1910년 2월까지 경기도 부평군 군내면, 동면, 서면에서 이루어졌지만, 토지조사국 업무의 사정 때문에 부분적인 조사에 그치고 말았다. 본격적

---

17 소유권에 관한 증명을 도입하고, 토지가옥증명규칙에서 제외되었던 일본인의 潛賣土地를 합법화하였고, 국유지불하를 가능하게 하고, 토지소유에서 한국인과 일본인의 차별을 폐지하였다.

18 최원규, 「한말 일제초기 토지조사와 토지법연구」, 연세대 박사논문, 1994, 193-195면.

19 일제는 임야가 토지보다 경제적 가치가 낮다는 이유로 임시토지조사국이라는 독립기관을 설치하지 않고, 도장관으로 하여금 변칙적제도와 간편한 방법으로 임야조사를 실시하였다.

인 토지조사사업은 1910년 3월 14일에 공포되어 당일로 시행된 토지조사국관제(칙령 제14호)에 의하여 토지조사국이 설립됨으로써 시작하였으나, 토지조사사업 실시를 위한 기본적인 법규인 토지조사법은 1910년 8월 23일에 공포되었다. 1910년 9월 30일에 토지조사국관제는 폐기되고, 조선총독부 임시토지조사국관제가 제정되면서 토지조사사업의 본격적인 신고가 이루어졌다. 일제는 1912년 3월 18일 조선민사령(제령 제7호)에서 일본의 민사법을 한반도에서 의용하기로 하였고, 부동산등기에 관하여는 1912년 3월 18일 조선부동산등기령(제령 제9호)이외에 일본 부동산등기법도 의용하도록 하였다. 그러나 당시 우리나라는 토지대장이 준비되어 있지 않아 조선부동산등기령이 시행된 것은 토지대장이 구비되어 있던 서울 등 9개 도시의 일본인 소유 토지에 한정되었다. 그래서 1912년 3월 22일 조선부동산증명령(제령 제15호)을 제정하여 토지대장이 완비되지 않은 곳에서 당분간 종래의 부동산증명제도를 지속시키도록 하였다. 그러나 당시에는 지적이나 대장관계가 거의 이루어지지 않았기 때문에, 일제는 1912년 8월 13일 토지조사령(제령 제2호)을 공포하고 전국적으로 전, 답, 대지 및 일부 임야에 관한 토지조사사업을 실시하였다. 토지조사사업에서의 신고는 1910년 8월 24일 경기도 부평, 양천, 김포, 통진, 경북 대구부터 시작되어 9월 15일 경기도 시흥, 안산, 과천 등으로 계속되었다.[20] 사정은 1913년 11월 12일 충북 청주를 시작으로 계속되었다.[21] 일제는 토지조사사업에서 査定[22]한 것을 토지조사부에 기록하고, 이에 근거하여 토

20 宮嶋博史, 「朝鮮土地調査事業史の硏究」, 1991, 本書關聯年表, 70면.

21 宮嶋博史, 전게서, 年表, 80면.

22 사정은 토지조사사업에서는 임시토지조사사업국장이, 임야조사사업에서는 도장관이 했다.

지대장과 토지등기부를 제조하였다. 임야조사사업은 조선임야조사령 시행 전에 道長官[23]이 행한 임야조사(조선임야조사령 부칙 제2항)와 조선임야조사령에 의한 임야조사가 각각 실시되었는데, 조선임야조사령 이전의 임야조사는 1916년경부터 각 도마다 작성된 임야정리조사내규에 따라 도장관에 의하여 조사가 있었고, 이 지역은 경기도 11개군, 충북 및 충남 일원, 전북 1개군, 전남 11개군, 경북 14개군, 경남 15개군, 강원도 2개군 이외에 황해도, 함경남북도, 평안남북도 등 전국의 34%에 걸쳐서 이루어졌다. 이 조사로 인하여 만든 장부가 임야조사부이다. 또한 임야 중 토지조사사업을 한 나머지에 대하여는 1918년 5월 1일 조선임야조사령(제령 제5호)이 공포되면서 임야조사사업을 시작하여 1924년까지 실시하였고, 재결은 1935년에 이르러 완결되었다. 조선임야조사령에 의한 임야조사사업의 사정으로 만든 장부가 임야조사서이다. 대법원은 임야조사부와 임야조사서를 혼동하고 있지만, 그 법적지위는 동일하게 보고 있다.[24] 임야조사서에 근거하여 임야대장과 토지등기부를 제조하였다. 그런데 지역별로 차이가 있지만, 부동산 등기는 1914. 5. 1.부터 시작되었고, 토지조사부의 사정은 1913. 11. 12.부터, 임야조사서의 사정은 1917.부터 시작되어, 지역에 따라서는 증명 또는 등기가 먼저 되고 사정이 나중에 된 경우도 있었다. 이 경우 토지조사령 또는 임야조사령에 의한 사정이 확정된 경우 그와 저촉하는 증명 또는 등기가 이미 있었더라도, 토지 또는 임야의 소유자는 1914년 '토지조사령에 의하여 사정 또는 재결을 거친 토지의 등기 또는 증명에 관한 건'(제령 제16호) 제1조 제1항에 의해 등기명의인이 관여

23 일제는 1910년 10월 1일에 13개도의 책임자를 관찰사에서 도장관으로 바꾸었다.

24 대법원 1998. 7. 24. 선고 96다16506 판결

할 필요없이 직접 그 증명 또는 등기의 말소를 신청할 수 있고, 증명 또는 등기는 당연 말소되어야 한다.[25] 그러나 확정판결과 사정은 서로 대립하고 그 효력에 우열이 없기 때문에, 확정판결에 근거하여 소유권이전증명을 받은 후 토지조사령에 의한 사정이 있는 경우에는 소유권 증명의 말소를 청구할 수 없다.[26]

### 3. 일제하 토지대장과 임야대장의 연혁 및 법적 성격

토지조사령에 의한 토지대장은 1913년부터 서울을 비롯한 전국 17개 지역에서 제조를 시작하여 1914. 5. 1.에 이르러 토지대장이 완성된 지역부터 등기를 시작하여 1918. 7. 1.에 전국적으로 등기제도를 시행하였다. 구 토지대장과 구 임야대장은 토지조사사업과 임야조사사업의 결과로 만들어졌지만, 구 토지대장과 구 임야대장의 근거법령에 따라[27] 현재의 대장과는 달리 권리추정력이 있다고 보아야 한다. 왜냐하면, 일제하 구 토지대장규칙(1914. 4. 25.)제2조와 구 임야대장규칙(1920. 8. 23.)제2조는 "소유권의 이전에 관한 사항은 등기관리의 통지가 있지 아니하면 토지대장에 등록할 수 없다."고 규정하고 있어서, 일제하 구 토지대장과 구 임야대장상 소유자변동의 기재는 위 규정에 따라 등기관리의 통지에 의하여 이루어

25 조선고등법원 1925. 3. 10., 조선고등법원 1925. 5. 15.

26 조선고등법원 1922. 11. 17.

27 일제하 토지대장규칙(조선총독부령 제45호)은 1914. 4. 25.부터 시행되다가 1943. 4. 1.에 폐지되면서 조선지세령시행규칙(조선총독부령 제68호)으로 변경되어 1943. 4. 1.부터 시행되다가 1950. 12. 1.에 폐지되고, 지적법(법률 제165호)과 지세법 시행령(대통령령 제420호)으로 변경되어 1950. 12. 1.부터 시행되었다. 일제하 임야대장규칙(조선총독부령 제113호)은 1920. 8. 23.부터 시행되다가 1943. 4. 1.에 폐지되면서 조선임야대장규칙(조선총독부령 제69호)으로 변경되어 1943. 4. 1.부터 시행되다가 1950. 12. 1.에 폐지되고, 지적법(법률 제165호)으로 변경되어 1950. 12. 1.부터 시행되었다.

진 것이라고 보아야 하므로 토지대장과 임야대장의 권리추정력은 인정될 수 있다고 보아야 한다. 따라서 일제하 토지대장이나 임야대장은 존재하였지만, 등기부가 6.25 전쟁 당시 멸실되었다면, 1914. 4. 25.부터 1950. 11. 30.까지 사이에 작성된 일제하 구 토지대장이나 1920. 8. 23.부터 1950. 11. 30.까지 사이에 작성된 구 임야대장의 소유명의인은 소유자로 추정될 수 있다. 대법원도 토지조사부, 임야조사서, 구 토지대장, 구 임야대장에 소유자로 등재된 사람은 특별한 사정이 없는 한 토지소유자로 사정을 받고 그 사정이 확정된 것으로 추정하고 있다.[28] 다만, 구 지적법(1950. 12. 1.제정, 법률 제165호)이 시행된 1950. 12. 1.부터 구 지적법(1975. 12. 31.개정, 법률 제2801호)이 시행된 1976. 3. 31.까지 토지대장에 기재된 소유자에 관한 사항은 권리추정력을 인정하지 않고 있다.[29] 그런데 구 임야대장에 임야소유자로 등재하면, 그 임야대장의 기재사항이 진실된 것으로 추정을 받는다 하더라도, 이 경우의 추정은 증명력이 강한 증거자료가 된다는 의미를 가지고 있을 뿐 부동산등기부와 같은 비중의 추정력 즉, 입증책임의 전환까지 초래하는 추정력을 갖는다고는 해석되지 아니하므로,[30] 동일한 토지에 대하여 구 임야대장이 2개가 있는 경우에는 다같은 임야대장으로서 그 효력에 우열이 있을 수 없는 것이므로 사실관계를 따져서 소유권을 결정하여야 할 것이다. 일제하 토지대장이나 임야대장은 존재하지만, 등기부가 6.25 전쟁 당시 멸실되었다고 하더라도 미등기부동산은 아니라고 보아야

---

**28** 대법원 1986. 6. 10. 선고 84다카1773 전원합의체 판결, 대법원 1989. 10. 24. 선고 88다카9852 판결, 대법원 1990. 3. 27. 선고 89다카26601 판결, 대법원 1993. 02. 26. 선고 92다3083 판결, 대법원 1977. 04. 12. 선고 76다2042 판결.

**29** 대법원 1992. 1.21. 선고 91다6399 판결.

**30** 대법원 1979. 2. 27. 선고 78다913 판결.

한다. 즉 구 임야대장규칙(1920. 8. 23.)의 임야대장에 소유권이 이전된 것으로 등재되어 있다면, 특별한 사정이 없는 한, 그 명의로 소유권이전등기가 마쳐졌는데 그 후 등기부가 멸실된 것이라고 인정하여야 하고, 그 임야가 미등기부동산이라고 단정할 수 없다.[31] 그러나 구 임야대장규칙(1920. 8. 23.)의 구 임야대장상 소유권을 양수·취득한 것으로 등재된 자는 원칙적으로 당해 임야에 관하여 소유권이전등기를 마치고 이를 소유한 자라고 추정할 수 있지만, 그 전소유자가 國인 경우에는 그렇게 추정할 수 없고, 단지 國으로부터 국유지를 불하, 교환, 양여 등을 받았다고 추정할 수 있을 뿐이다.[32] 한편 토지조사사업은 측량-토지조사부(사정)-토지대장-등기의 순으로 진행되었는데, 일제 초기 토지대장규칙 시행 이전의 명의인은 소유자로서 추정할 수 없다고 보아야 한다. 대법원도 구 토지대장규칙(1914. 4. 25.)이 제정, 시행되기 이전인 1911. 11. 25. 구 토지대장상 소유권이전 사실이 등록된 사실만으로는 구 토지대장상의 등록일자 이전에 소유권이전등기가 이미 경료되었다고 보기 어렵다[33]고 한다.

### 4. 해방이후 토지장부

해방이후 1950년 6.25전쟁으로 전국적으로 등기부가 멸실된 곳(59개 등기소)도 있었고 지적공부도 많이 멸실되었다. 그 후 대법원은 등기부가 멸실된 지역에 대하여 1952. 10. 15.자 대법원장의 멸실회복등기 실시요강에 의해서 한시적으로 멸실회복등기를 하였으나 증거서류의 멸실 또는

---

**31** 대법원 1995. 9. 5. 선고 95다14701 판결, 대법원 1993. 8. 24. 선고 92다43975 판결.

**32** 대법원 1997. 12. 26. 선고 97다39742 판결, 대법원 1993. 10. 26. 선고 93다28638 판결.

**33** 대법원 1997. 10. 24. 선고 95다33283 판결.

분실, 부동산등기제도에 대한 이해부족 등으로 완전히 복구되지는 않았다. 1952. 10. 15자 대법원장의 멸실회복등기의 실시요강에 의하면 6.25 전쟁 기타 재난으로 등기부의 전부 또는 일부가 멸실된 부동산소유권에 관한 등기의 회복등기 신청에는 전등기의 등기필증을 첨부하여야 하나 이를 제출하기 불능할 때에는 멸실 직전의 등기부 등본이나 초본, 토지 가옥대장 등본, 기타 권리를 증명하는 공문서를 첨부할 수 있도록 규정하고 있다. 이 경우 구 지적법(1950. 12. 1.), 같은 법 시행령(1951. 4. 1.) 및 1952. 10. 15.자 대법원장의 멸실회복등기 실시요강에 의하면, 같은 법이 1961. 12. 8. 개정되기 전까지 위 실시요강에 따라 토지에 관한 소유권을 대외적으로 증명할 수 있는 권한은 지적공부를 작성 비치하여 그 등록사무를 관장하는 소관 세무서장에게 있고, 위 지적공부에 의하여 이와 부합되도록 이동사항을 정리 기재함에 불과한 토지원부 및 지적약도를 비치 보관하는 시읍면장에게는 그 기재사항에 관한 사실증명은 있지만 토지의 소유권에 관한 증명 권한은 없었다. 따라서 오로지 시읍면장의 소유권 증명에만 터잡은 멸실회복등기는 그 추정력을 인정하기 어렵다.[34] 또한 세무당국도 1952년부터 과세목적을 위한 지적복구의 필요성 때문에 토지조사부를 설치하여 토지조사부, 임야조사서를 근거로 지적을 직권으로 복구하였으나 법적인 근거도 없이 복구하여 많은 문제점을 남겼다. 이에 대법원은 1950. 12. 1.부터 1975. 12. 31. 지적법 개정 전까지 복구된 토지대장은 아무런 법적 근거없이 과세편의상 임의로 복구한 것에 불과하여, 소유자란에 이름이 기재되어 있다 하더라도 그 기재에 권리추정

**34** 대법원 1999. 11. 12. 선고 99다38224 판결.

력을 인정할 수 없다[35]고 하였다. 이처럼 왜곡되고 훼멸된 토지장부로 인하여 조상 땅 찾기 소동이 빚어지고 있고, 이로 인한 소송이 점차 많아지고 있다.

## III. 당사자 동일성 및 승계 여부

### 1. 조상의 후손 여부

앞서 조상 땅 찾기 소송의 기본적인 요건 ①에서 문제되고 있는 것은 조상의 후손 여부이다. 토지조사부에 사정받은 것으로 기재된 사람의 이름이 당사자가 내세우는 사람의 이름과 다름에도 불구하고 합리적이고 납득할 만한 근거를 제시하지 못할 경우 후손으로 인정할 수 없다. 대법원에서도 '이인수(李仁水)'와 '이인수(李寅壽)가 동일인이라고 인정한 원심을 파기한 사례,[36] 원고의 조부 '최재성(崔在誠)'이 토지조사부에 기재된 사정명의인 '최재성(崔在成)'이 동일인이라고 한 원심을 파기한 사례[37] 등이 있다. 후손 여부를 증명하기 위한 증거로서 족보 등을 인정하고 있는데, 족보는 종중 또는 문중이 종원의 범위를 명백히 하기 위하여 일족의 시조를 기초로 하여 그 자손 전체의 혈통, 배우자, 관력(官歷) 등을 기재하여 제작·반포하는 것이다. 대법원은 최근 들어 조상땅 찾기 소송의 영향으로 대법원은 사정명의인의 후손으로서 상속에 의하여 그의 소유권을 승

---

**35** 대법원 1995. 12. 26. 95 다 28601, 28618 판결.

**36** 대법원 2007. 7. 13. 선고 2007다30362 판결.

**37** 대법원 2011. 11. 24. 선고 2011다56972 판결.

계취득하였음을 소송상 주장하는 경우에 그의 선대와 사정명의인의 동일성은 엄격하게 증명되어서 법관이 그에 관하여 확신을 가질 수 있어야 하고, 그 점에 관하여 의심을 제기할 만한 사정이 엿보임에도 함부로 이를 추단하여서는 안 된다고 하여 엄격한 증명을 요구하고 있다.[38]

## 2. 상속 등 승계 여부

기본적인 요건 ②에서 문제되고 있는 것은 승계 여부로서 조상땅 찾기 소송에서는 상속, 매매, 취득 등이 있다. 토지조사부에 소유자로 사정된 것으로 기재된 자와 다른 자 명의의 소유권보존등기가 유효하려면 사정 당시의 소유자로부터 등기명의자에게로의 승계취득사실이 주장 입증되어야 한다. 소유권보존등기의 명의인은 소유자로 추정받지만, 보존등기 명의인 이외에 토지를 사정받은 사람이 따로 있고 그가 양도사실을 부인할 경우에는 그 추정력은 깨어지고 그 보존등기는 원인무효가 된다. 이 경우 보존등기명의인은 구체적으로 실체관계에 부합한다거나 그 승계취득사실을 주장, 입증하여야 한다. 따라서 토지대장에 이름과 주소가 기재되어 있으나 연혁, 사고 및 그 연월일이 공란이어서 그 이전의 권리관계에 대한 기재가 없는 경우[39] 와 구 토지대장상의 소유자란 표시에 소유명의자에 대한 주소, 연월일 및 사고란이 모두 공란으로 남겨져 있는데다가 그 연혁란에도 아무런 기재사항이 없고 그 이후에는 소유자 미복구로만 되어 있는 경우[40]에는 정당한 절차에 따라 소유권의 승계를 표시하는 대장으로 보

---

**38** 대법원 2011. 10. 27. 선고 2011다46739 판결.

**39** 대법원 1992. 1. 21. 선고 91다6399 판결.

**40** 대법원 1995. 9. 15. 선고 94다27649 판결.

기 어렵다. 한편 친일재산귀속법 제2조 제2호에서 말하는 재산의 '취득'에는 토지 및 임야조사사업을 통한 사정을 원인으로 소유권을 취득하는 경우는 물론, 사정 명의를 제3자에게 신탁하여 취득한 경우도 포함된다.[41]

### 3. 장부의 존재 여부

기본적인 요건 ③에서 문제되는 것은 토지조사부의 존재, 임야조사부와 임야조사서의 구별 문제, 6.25전쟁 당시 등기부의 훼멸 등이다. 토지조사부는 서울시, 경기도, 강원도, 충청북도, 경상남도(밀양시, 김해시) 경상북도(김천시, 울진군)를 제외한 지역은 대부분 멸실되었고 현재 남아 있지 않다. 토지조사부는 국가기록원에 보존되어 있지만, 강원도 등 일부 지역은 해당 지방자치단체 지적부서에 보관되어 있다. 구 조선임야조사령 시행 이전에 작성된 임야조사부가 그 명칭과 서식이 구 조선임야조사령 및 동 시행수속에 규정된 임야조사서와 다소 다르다고 하더라도 해당 임야가 조선총독이 지정한 지역에 위치하고 있는 이상 이는 구 조선임야조사령에 의하여 작성된 것과 동일한 의미를 가진다.[42] 6.25 전쟁당시 59개 등기소가 불에 타서 등기부가 소실되었다. 이 경우에 소유자 확정에 일제하 구 토지대장(1914. 4. 25.부터 1950. 11. 30.까지 작성된 것)이나 구 임야대장(1920. 8. 23.부터 1950. 11. 30.까지 작성된 것)이 중요한 근거서류가 된다.

### 4. 국가의 보존등기 유효 여부

기본적인 요건 ④에서는 토지조사부나 임야조사서에 사정명의인이 있

41 대법원 2016. 12. 29. 선고 2014다22789 판결.

42 대법원 1999. 9. 3. 선고 99다18619 판결

음에도 불구하고 국가 등이 무주부동산으로 취급하여 소유권보존등기를 한 경우에 그 등기의 유효 여부가 문제된다. 이 경우 국가 등의 보존등기는 원인무효라고 보아야 한다. 대법원도 구 토지조사령(1912. 8. 13. 제령 제2호)에 의한 토지의 사정명의인은 당해 토지를 원시취득하므로 적어도 구 토지조사령에 따라 토지조사부가 작성되어 누군가에게 사정되었다면 그 사정명의인 또는 그의 상속인이 토지의 소유자가 되고, 따라서 설령 국가가 이를 무주부동산으로 취급하여 국유재산법령의 절차를 거쳐 국유재산으로 소유권보존등기를 마치더라도 국가에게 소유권이 귀속되지 않는다[43]고 한다. 또한, 무주부동산이 아닌 한 국유재산법 제8조에 의한 무주부동산의 처리절차를 밟아 국유재산으로 등록되었다 하여 국가 소유로 되는 것은 아니다[44]라고 한다. 그러므로 특정인 명의로 사정된 토지는 사정명의자나 상속인의 소유로 추정되고, 토지 소유자가 행방불명되어 생사 여부를 알 수 없더라도 사망이나 상속인이 없다는 점이 증명되거나 민법에 의한 국가귀속(제1058조)이 되지 않는 한 해당 토지가 바로 무주부동산이 되어 국유로 된다고 할 수 없다.

### 5. 국가 등을 상대로 한 소송 여부

기본적인 요건 ⑤에서는 조상 땅찾기에서 후손이 조상이 소유하였던 토지를 지적정보를 통해서 찾았고, 현재 등기부상 소유명의는 조상 명의로 되어 있지만, 점유를 타인이 하고 있거나 국가 등이 도로 등으로 점유하고 있는 경우가 문제된다. 이 경우 후손은 점유자인 타인, 국가 등을 상

---

**43** 대법원 2005. 5. 26. 선고 2002다43417 판결.

**44** 대법원 2011. 12. 13. 선고 2011도8873 판결.

대로 토지의 인도청구나 부당이득반환청구를 할 수 있고, 그에 대하여 점유자인 타인, 국가 등은 점유로 인한 취득시효(민법 제245조 참조), 배타적 사용수익권의 포기[45] 등을 주장할 수 있다. 먼저 사정명의인이 토지를 다른 사람에게 처분한 경우 사정명의인 또는 상속인이 소유권보존등기 명의인을 상대로 등기의 말소를 청구할 권원이 있는지 여부도 문제된다. 이 경우 토지 사정 이후에 사정명의인이 토지를 다른 사람에게 처분한 사실이 인정된다면, 사정명의인 또는 상속인은 소유권보존등기 명의인을 상대로 등기의 말소를 청구할 권원이 없게 되므로, 사정명의인 또는 상속인의 청구는 인용될 수 없다고 할 것이다. 이러한 처분한 사실의 근거로서 주장되는 지세명기장이나 농지소표 등 농지분배 관련 서류,[46] 1975. 12. 31. 지적법 개정 전에 복구된 구 토지대장상의 소유자란의 이름 기재, 분배농지상환대장이나 분배농지부의 기재[47] 등에는 권리추정력이 인정되지 아니하지만, 위 서류들의 기재내용을 다른 사정들과 종합하여 권리변동에 관한 사실인정의 자료로 삼는 데는 아무런 제약이 없다고 할 것이다. 다음으로 후손이 조상의 땅을 도로 등으로 점유하고 있는 국가 등을 상대로 부당이득반환청구를 할 경우에 당초 국가 등은 자주 점유를 기초로 한 점유취득시효(민법 제245조)를 주장하는 경우가 많았다. 이에 대하여 악의의 무단점유 법리[48]의 선언으로 국가 등의 자주 점유가 부정되면서 국가 등의 취득시효 주장이 부정되었고, 이를 계기로 또다시 후손의 국가 등을 상대로 한 부당이득반환청구가 봇물을 이루었다. 그러

45 대법원 2009. 12. 10. 선고 2006다11708 판결.

46 대법원 2012. 2. 23. 선고 2011다89545 판결

47 대법원 2012. 6. 14. 선고 2012다10355 판결.

48 대법원 1997. 8. 21. 선고 95다28625 전원합의체 판결.

나 최근 대법원은 취득절차에 관한 서류가 없다는 이유만으로 무단점유가 인정되는 것은 아니라는 무단점유 부정 법리를 선언함으로써 국가 등을 상대로 한 부당이득반환청구의 연결고리를 끊어 버렸다. 당초 무단점유 부정 법리는 국가가 등기부 및 지적공부가 6·25 전란으로 모두 소실되어 지적공부만 복구된 토지를 군부대, 야전병원, 산림청 육종원 등의 용도로 점유하기 시작하여 현재까지도 점유·사용하고 있는 경우[49] 등과 같이 일제때부터 도로 등 공공재산으로 사용하다가 지적공부가 ·· 전쟁으로 소실되었지만 해당 토지를 지금까지 도로 등 공공재산으로 계속 사용하고 있는 경우에만 적용하였다.[50] 그러나 일제때부터 도로 등으로 사용되다가 6·25 전쟁 때가 아니라도 여하튼 지적공부나 등기부가 존재하지 않게 된 경우[51]에도 무단점유 부정법리를 적용하는 등 점차 그 범위를 넓혀가고 있다. 이에 따라 대법원은 토지취득절차에 관한 서류를 제출하지 못하고 있다는 사정만으로 그 토지에 관한 국가 등의 자주점유의 추정이 번복된다고 할 수는 없다고 하여 국가 등의 취득시효 주장에 손을 들어줌으로써 조상땅찾기 소송에 사실상 제동을 걸고 있는 셈이다. 그러나 토지대장 등 지적공부가 멸실된 바 없이 존속하고 그 지적공부에 국가 등의 소유권 취득사실을 뒷받침할 만한 기재가 전혀 나타나지 아니한 경우에는 공공용 재산의 취득절차를 밟지 않은 채 무단으로 토지를 점

---

**49** 대법원 2005. 12. 9. 선고 2005다33541 판결.

**50** 대법원 2006. 1. 26. 선고 2005다36045 판결; 대법원 2008. 3. 27. 선고 2007다78258 판결;대법원 2009. 8. 20. 선고 2009다30878 판결; 대법원 2009. 9. 24. 선고 2009다41687 판결;대법원 2010. 10. 14. 선고 2008다92268 판결; 대법원 2013. 2. 28. 선고 2012다99549 판결

**51** 대법원 2007. 12. 27. 선고 2007다42112 판결;대법원 2008. 5. 15. 선고 2008다13432 판결;대법원 2009. 4. 9. 선고 2008다95380 판결.

유·사용한 것으로 볼 수밖에 없어 국가 등이 소유의 의사로 각 토지를 점유하였다는 추정은 깨어졌다고 보아야 할 것이다. 대법원은 이 경우 국가 등의 소유권 취득가능성을 긍정할 수 있는 특별한 사정의 존재에 관한 증명책임은 국가 등에게 있다[52]고 한다. 그래서 대법원도 소유자가 따로 있음을 알 수 있는 부동산에 대하여 국가가 국유재산법 제8조에 따른 무주부동산 공고절차를 거쳐 국유재산으로 등기를 마치고 점유를 개시하였다면, 특별한 사정이 없는 한 등기부취득시효상 점유의 개시에 자기의 소유라고 믿은 데에 과실이 있다 [53]고 한다.

## Ⅳ. 물권적청구권의 이행불능으로 인한 손해배상청구

국가 등이, 조상이 소유하였거나 그 명의로 사정받은 토지가 구 임야대장 및 관련 지적공부상 일본인이 소유자로 기재되어 있는 것을 기화로, 무주 부동산취득절차 등 적법절차를 거쳐 소유권보존등기를 경료한 후에 이를 타인에게 이전한 경우에, 그 후손이 처음 소유권보존등기를 한 국가 등을 상대로 소유권이전등기의무의 불이행으로 인한 손해배상청구를 할 수 있는지 여부가 문제될 수 있다. 이에 대하여 당초 대법원은 대법원 2008. 8. 21. 선고 2007다17161 판결(변경), 대법원 2009. 6. 11. 선고 2008다53638 판결(변경)에서 제3자 명의의 소유권이전등기가 종전 소송에서 제3의 취득시효 완성으로 말미암아 유효한 것으로 인정됨에

---

52 대법원 2011. 11. 24. 선고 2009다99143 판결.

53 대법원 2008. 10. 23. 선고 2008다45057 판결, 대법원 2016. 8. 24. 선고 2016다220679 판결.

따라 국가의 말소등기절차이행의무는 결국 이행불능이 되었다 할 것이어서 그로 인한 손해배상의무가 발생한다고 하여 손해배상청구를 받아들였다. 그러나 국가 명의로 소유권보존등기가 경료된 토지의 일부 지분에 관하여 甲 등 명의의 소유권이전등기가 경료되었는데, 후손이 등기말소를 구하는 소를 제기하여 국가는 후손에게 원인무효인 등기의 말소등기절차를 이행할 의무가 있고 甲 등 명의의 소유권이전등기는 등기부취득시효 완성을 이유로 유효하다는 취지의 판결이 확정되자, 후손이 국가를 상대로 손해배상을 구한 사안에서, 대법원 2012. 5. 17. 선고 2010다28604 전원합의체 판결은 甲 등의 등기부취득시효 완성으로 토지에 관한 소유권을 상실한 후손이 불법행위를 이유로 소유권 상실로 인한 손해배상을 청구할 수 있음은 별론으로 하고, 애초 국가의 등기말소의무 이행불능으로 인한 채무불이행책임을 논할 여지는 없다고 하였다.[54] 즉, 소유자가 자신의 소유권에 기하여 실체관계에 부합하지 아니하는 등기의 명의인을 상대로 그 등기말소나 진정명의회복 등을 청구하는 경우에, 그 권리는 물권적 청구권으로서의 방해배제청구권(민법 제214조)의 성질을 가지므로 소유자가 그 후에 소유권을 상실함으로써 이제 등기말소 등을 청구할 수 없게 되었다면, 등기말소 등 의무자에 대하여 그 권리의 이행불능을 이유로 민법 제390조상의 손해배상청구권을 가진다고 말할 수 없다고 하였다. 그래서 등기말소청구권 등의 물권적 청구권은 그 권리자인 소유자가 소유권을 상실하면 이제 그 발생의 기반이 아예 없게 되어

54 이 사안에서는 토지의 소유권 상실로 인한 손해배상을 구하는 을의 청구에 대하여 당사자가 주장하지 아니한 소유권보존등기 말소등기절차 이행의무의 이행불능으로 인한 손해배상책임을 인정할 수 없음에도, 이와 달리 손해배상책임을 인정한 원심판결에 법리오해와 처분권주의 위반의 위법이 있다고 하였다.

더 이상 그 존재 자체가 인정되지 아니한다고 한다. 따라서 이러한 법리는 선행소송에서 소유권보존등기의 말소등기청구가 확정되었다고 하더라도 그 청구권의 법적 성질이 채권적 청구권으로 바뀌지 아니하므로 마찬가지라고 하였다. 따라서 물권적청구권이 소유권 상실 등으로 소멸한 경우 종전 소유자는 불법행위책임을 묻는 것이 타당하다고 한다.[55] 이 판결을 계기로 조상땅 찾기 소송에서 취득시효 완성으로 소유권을 상실한 후손은 국가 등을 상대로 한 말소등기의무의 이행불능으로 인한 손해배상청구를 할 여지가 없어져 버렸다. 따라서 조상땅찾기 소송에서 후손은 국가 등을 상대로 불법행위로 인한 손해배상청구를 함으로써 자기 조상의 권리를 회복할 수 있게 되었다.

## V. 불법행위로 인한 손해배상청구의 문제점

조상땅 찾기 소송에서 조상땅을 찾은 후손은, 국가 등이 조상의 땅에 대하여 원인무효의 소유권보존등기를 경료하는 위법행위를 저질렀기 때문에 이로 인하여 자신의 소유권을 상실하였다고 주장하면서, 국가 등을 상대로 불법행위로 인한 손해배상청구를 할 수 있는지 여부가 문제된다.[56] 예컨대 국가가 창씨개명한 한국인 소유부동산을 일본인 소유의 무주부동산으로 파악하고 무주부동산 공고절차 등 권리보전절차를 밟

55 송민화, "물권적청구권의 이행불능으로 인한 전보배상청구권의 인정여부", 재판과 판례 23집, 대구판례연구회, 2015, 91면.

56 대법원 2012. 5. 17. 선고 2010다28604 전원합의체 판결에서 별론으로 할 수 있다고 하였다.

아 대한민국 명의로 등기명의인 표시변경등기를 한 경우에 후손이 국가를 상대로 불법행위로 인한 손해배상청구를 할 수 있는지 여부가 문제될 수 있다. 또한 국가는 구 농지개혁법에 따라 매수하여 분배한 농지에 관하여 그 명의로 소유권보존등기를 마친 경우 수분배자가 상환을 완료한 때는 수분배자에게, 수분배자가 상환을 포기하는 등으로 국가에 반환되고 다시 분배하지 아니하기로 확정되는 때는 원소유자에게 각각 소유권이전등기를 마쳐야 한다. 그러나 분배농지를 관리하는 공무원이 구 농지개혁법에 따라 국가가 매수·취득한 농지임을 제대로 확인하지 아니한 채 이를 제3자에게 처분함으로써 수분배자 또는 원소유자에게 손해를 발생하게 한 경우 수분배자 또는 원소유자가 국가를 상대로 불법행위로 인한 손해배상청구를 할 수 있는지 여부가 문제될 수 있다. 이 경우 국가 등을 상대로 손해배상청구를 하기 위해서는 공무원의 고의 과실로 인한 위법행위에 의해서 손해가 발생하여야 한다(국가배상법 제2조). 이 경우에 공무원의 고의 과실 여부, 위법성 여부, 상당인과관계 여부, 소멸시효 여부 등에서 문제될 수 있다.

### 1. 공무원의 고의 과실

국가배상소송에서 공무원의 과실 여부를 판단하기 위해서는 공무원의 주의의무 위반이 전제되어야 한다. 공무원은 국유부동산 업무를 담당하는 행정공무원과 등기업무를 담당하는 등기관으로 구분할 수 있고, 이에 따른 업무상 주의의무를 논의해야 한다. 어느 부동산이 법령에 의하여 국가의 소유로 되었음을 이유로 보존등기를 촉탁하는 행정공무원은 등기의 대상이 되는 부동산에 관하여 법령이 정한 국유화 사유가 존재하는지 여부를 확인할 주의의무가 있다. 이 경우 동일한 업무를 담당하는 평균적 공무원이 갖추어야 할 통상의 주의만 기울였으면 그 부동산에 관하여 법령이 정한 국유화 사유가 존재하지 않는다는 것을 알 수 있었음에도 이를 간과한 채 보존등기를 마친 경우에는 과실을 인정할 수 있다.[57] 그러나 등기관은 등기신청에 대하여 실체법상의 권리관계와 일치하는 여부를 심사할 실질적 심사권한은 없고 오직 신청서 및 그 첨부서류와 등기부에 의하여 등기요건에 합당하는지 여부를 심사할 형식적 심사권한 밖에는 없기 때문에,[58] 소유권보존등기를 촉탁받아 경료하는 등기관은 토지에 국유화사유가 존재한다는 사실까지 확인할 주의의무는 없다. 오히려 국유재산법상 무주부동산 국유화절차에 관여하는 보존등기를 촉탁하는 행정공무원에게 주의의무가 있다고 할 것이지만, 행정공무원에게도 평균적 공무원이 갖추어야 할 통상의 주의만 기울이면 알 수 있는 업무지식 이외에 대법원판례를 검색해서 실무지식을 알아야 할 정도의 주의의무까지 요구할 수는 없다. 따라서 행정공무원이 국유재산법 제12조의 일정한 절차를 거쳤다고 한다면, 국유화절차를 거쳤다고 하여 국유가 되는 것이 아니고 또한 등기의 공신력도 없기 때문에, 고의나 과실이 없다고 보아야 할 것이다. 그런데 무주재산의 국유화절차는 1976. 12. 31.(법률 제2950호) 개정하여 1977. 5. 1.부터 시행한 국유재산법 제8조에 따라 도입되었기 때문에,[59] 1977. 5. 1.이후에 이루어진 절차에 대해서는 행정공무원의 과실이 없다고 보아야 한다. 또한 절박하고 중대한 위험상태가 발생하였거나 발생할 상당한 우려가 있는 경우가 아닌 한, 원칙적

57 대법원 2014. 10. 15. 선고 2012다100395 판결.

58 대법원 1995. 1. 20. 자 94마535 결정.

59 정원, “국가 및 지방자치단체의 부동산취득시효”, 부동산소송, 실무자료 4집, 유 로, 2010, 533면.

으로 행정공무원이 관련 법령에서 정하여진 대로 직무를 수행하였다면 그와 같은 공무원의 부작위를 가지고 '고의 또는 과실로 법령에 위반'하였다고 할 수는 없다.[60] 나아가 공무원의 과실을 판단함에 있어서는 행정공무원의 보존등기 촉탁행위 이후에 확립된 대법원판례 법리를 그 과실 판단의 기준으로 적용할 수 없을 뿐 아니라 그 법리를 당연한 전제로 하여 공무원의 과실 여부를 판단할 수도 없다. 따라서 1975. 12. 31. 지적법 개정 전에 임의로 복구된 대장의 권리추정력을 부정한 대법원 1980. 9. 9. 선고 80다1684 판결과 토지조사부에 소유자로 기재되어 있는 자가 토지소유자로 사정받고 그 사정이 확정된 것으로 추정한 대법원 1986. 6. 10. 선고 84다카1773 전원합의체 판결은 조상땅찾기 소송에서 행정공무원의 과실을 판단하는 기준으로서 매우 중요한 판결이고, 이들 판결이 선고된 1980. 9. 9.이나 1986. 6. 10. 이전에 이루어진 행정공무원의 보존등기 촉탁행위에 대해서는 공무원의 과실을 인정할 수 없다. 그러나 1986. 6. 10 이후에 이루어진 무주부동산 국유화절차에 대해서는 행정공무원의 과실 여부가 문제될 수 있다.

### 2. 위법성

국가배상책임에서 공무원의 가해행위는 법령에 위반한 것이어야 하고, 법령 위반은 엄격한 의미의 법령 위반뿐만 아니라 인권존중, 권력남용금지, 신의성실, 공서양속 등의 위반도 포함하여 널리 그 행위가 객관적인 정당성을 결여하고 있음을 의미한다. 따라서 공무원이 직무집행을 법령이

---

60 대법원 2012. 7. 26. 선고 2010다95666 판결.

정한 요건과 절차에 따라서 하였다고 한다면, 특별한 사정이 없는 한, 그 집무집행이 법령에 위반된 것이라고 볼 수 없다. 대법원도 공무원의 직무집행이 법령이 정한 요건과 절차에 따라 이루어진 것이라면 특별한 사정이 없는 한 법령에 적합한 것이고 그 과정에서 개인의 권리가 침해되는 일이 생긴다고 하여 그 법령적합성이 곧바로 부정되는 것은 아니다[61]라고 한다. 그러므로 대법원도 국가가 지적공부에 소유자 기재가 없는 미등기 토지에 관하여 국가 명의로 소유권보존등기를 하는 권리보전조치를 취한 것은 위법한 행위라고 볼 수 없고, 국가가 권리보전조치를 하는 과정에서 토지의 진정한 소유자가 따로 있음을 알고 있음에도 소유권보존등기를 마쳤다는 등의 특별한 사정이 없는 한 토지의 사정명의인 또는 상속인에 대한 관계에서 불법행위가 성립하지 않는다[62]고 한다. 그러나 대법원은 국유화 사유가 인정되지 않아 보존등기 행위가 위법하게 된 경우, 동일한 업무를 담당하는 평균적 공무원이 갖추어야 할 통상의 주의만 기울였으면 그 부동산에 관하여 법령이 정한 국유화 사유가 존재하지 않는다는 것을 알 수 있었음에도 이를 간과한 채 보존등기를 마친 경우에 위법성은 있다고 할 수 있다[63]고 한다. 아울러 대법원은 분배농지를 관리하는 공무원이 구 농지개혁법에 따라 국가가 매수·취득한 농지임을 제대로 확인하지 아니한 채 이를 제3자에게 처분함으로써 수분배자 또는 원소유자에게 손해를 발생하게 한 경우 이는 특별한 사정이 없는 한 국가배상법 제2조 제1항에 정한 공무원의 고의·과실에 의한 위법행위에 해당한다[64]고 한다.

---

**61** 대법원 2000. 11. 10. 선고 2000다26807 판결.

**62** 대법원 2014. 12. 11. 선고 2011다38219 판결.

**63** 대법원 2014. 10. 15. 선고 2012다100395 판결.

**64** 대법원 2016. 11. 10. 선고 2014다229009 판결.

### 3. 상당인과관계

국가배상법상 국가배상책임이 인정되기 위하여는 공무원의 직무상 의무 위반과 피해자가 입은 손해 사이에 상당인과관계가 인정되어야 한다. 이러한 상당인과관계가 인정되는지를 판단할 때는 일반적인 결과 발생의 개연성은 물론 직무상 의무를 부과하는 법령을 비롯한 행동규범의 목적이나 가해행위의 태양 및 피해의 정도 등을 종합적으로 고려하여야 한다. 그래서 대법원은 공무원에게 부과된 직무상 의무의 내용이 전적으로 또는 부수적으로 사회구성원 개인의 안전과 이익을 보호하기 위하여 설정된 것이라면, 공무원이 그와 같은 직무상 의무를 위반함으로 인하여 피해자가 입은 손해에 대하여는 상당인과관계가 인정되는 범위 내에서 국가 등은 손해배상책임을 진다[65]고 한다. 그러나 공무원에게 직무상 의무를 부과한 법령의 목적이 사회 구성원 개인의 이익과 안전을 보호하기 위한 것이 아니고 단순히 공공일반의 이익이나 행정기관 내부의 질서를 규율하기 위한 것이라면, 설령 공무원이 그 직무상 의무를 위반한 것을 계기로 하여 제3자가 손해를 입었다고 하더라도 공무원이 직무상 의무를 위반한 행위와 제3자가 입은 손해 사이에 상당인과관계가 있다고 할 수 없다[66]고 한다. 따라서 조상땅찾기 소송에서 국가 등이 위법한 방법으로 그의 명의로 소유권보존등기나 소유권이전등기를 경료한 후 그 부동산을 전전매수한 제3자의 등기부시효취득이 인정됨으로써 소유자가 소유권을 상실하게 된 경우, 무권리자의 위법한 등기 경료행위와 소유자의 소유권 상실 사이에는 상당인과관계가 있다고 보아야 한다. 아울러 후손

---

**65** 대법원 2012. 5. 24. 선고 2012다11297 판결.

**66** 대법원 2015. 12. 23. 선고 2015다210194 판결.

이 부동산에 대한 권리행사를 장기간 하지 않는 등 부동산 관리상의 주의의무를 해태한 과실이 인정된다고 하더라도, 그 과실은 손해배상의 범위를 정함에 있어서 과실상계의 사유로 참작될 수는 있지만, 상당인과관계를 부정할 사유는 아니라고 보아야 한다.

### 4. 과실상계

일반적으로 조상땅찾기 소송에서는 후손이 상당기간 부동산에 대한 관리를 하지 못한 경우가 많다. 이 경우에 후손의 부동산관리에 대한 과실을 과실상계로 참작할 수 있는지 여부가 문제된다. 국가가 일제강점기에 특정인이 사정받은 토지를 지적공부에 소유자 등록이 되어 있지 않다는 이유만으로 국가 명의로 소유권보전등기를 한 다음 지방자치단체에 공공용지 협의취득을 원인으로 소유권이전등기를 마쳐주었는데, 그 후 사정명의인의 상속인들 중 1인이 국가와 지방자치단체를 상대로 등기말소청구의 소를 제기하였다가 지방자치단체의 등기부 시효취득이 인정되어 패소 확정됨에 따라 상속인들이 소유권 상실의 손해를 입은 사안에서, 국가는 상속인들에게 토지 소유권 상실에 따른 손해를 배상할 책임이 있고, 이 경우 오랜 기간 동안 그 토지의 소유권 귀속 여부 및 상속 여부의 파악 등을 게을리한 상속인 측의 잘못을 참작하여 상속인의 손해액을 20% 감액한 사례[67]가 있다. 한편, 손해배상청구 소송에서 피해자의 부주의를 이용하여 고의로 불법행위를 저지른 자가 바로 그 피해자의 부주의를 이유로 과실상계를 주장할 수 있는지 여부가 문제된다. 대법원은

---

67 서울고등법원 2011. 4. 14. 선고 2010나47706 판결. 이 사안은 대법원에서 파기환송되었다.

소유자가 토지에 관한 권리행사를 장기간 해태함으로써 소외인의 토지에 관한 등기부취득시효가 완성되도록 한 과실이 있다고 하더라도, 토지를 미등기상태로 방치하고 있는 소유자의 부주의를 이용하여 무권리자인 국가가 위법하게 국가 명의로 보존등기를 경료함으로써 고의의 불법행위를 저질렀다고 볼 사안에서 피해자인 소유자의 과실을 들어 과실상계를 하는 것은 허용되지 아니한다[68]고 한다.

### 5. 소멸시효

국가배상법상 손해배상청구권은 금전의 급부를 목적으로 하는 국가에 대한 권리로서 국가재정법이 적용되므로(국가재정법 제96조), 이를 5년간 행사하지 아니할 때에는 시효로 인하여 소멸한다. 이 경우 손해배상청구권의 소멸시효의 기산점이 문제된다. 대법원은 가해행위와 이로 인한 현실적인 손해의 발생 사이에 시간적 간격이 있는 불법행위에 기한 손해배상채권의 경우, 소멸시효의 기산점이 되는 민법 제766조 제2항의 '불법행위를 한 날'의 의미는 단지 관념적이고 부동적인 상태에서 잠재적으로만 존재하고 있는 손해가 그 후 현실화되었다고 볼 수 있는 때, 즉 손해의 결과발생이 현실적인 것으로 되었다고 할 수 있을 때로 보아야 한다고 하여 손해발생시설을 채택하고 있다.[69] 또한 이 경우 손해의 결과발생의 현실적 여부는 피해자가 손해의 결과발생을 알았거나 예상할 수 있는가 여부와는 관계없다[70]고 한다. 또한 불법행위를 원인으로 한 국가에 대

---

68 대법원 2008. 6. 12. 선고 2007다36445 판결.

69 대법원 1990. 1. 12. 선고 88다카25168 판결.

70 대법원 2005. 5. 13. 선고 2004다71881 판결, 대법원 2008. 11. 27. 선고 2008다60223 판결.

한 손해배상청구권은 소멸시효가 완성되었다고 할지라도 국가가 소멸시효의 이익을 원용하지 않을 것 같은 신뢰를 부여한 경우에 채권자는 그러한 사정이 있은 때로부터 상당한 기간 내에 권리를 행사하면 채무자의 소멸시효 항변을 저지할 수 있다. 다만 '상당한 기간'은 특별한 사정이 없는 한 민법상 시효정지의 경우에 준하여 단기간으로 제한되어야 하므로 개별 사건에서 매우 특수한 사정이 있어 그 기간을 연장하여 인정하는 것이 부득이한 경우에도 그 기간은 아무리 길어도 민법 제766조 제1항이 규정한 단기소멸시효기간인 3년을 넘을 수는 없다고 보아야 한다.[71] 조상땅찾기 소송에서 소멸시효의 구체적인 기산점은 어디에 두어야 하는지에 대하여 논란이 있다. 무권리자가 위법한 방법으로 그의 명의로 부동산에 관한 소유권보존등기나 소유권이전등기를 마친 다음 제3자에게 이를 매도하여 제3자 명의로 소유권이전등기를 마쳐준 경우 제3자가 소유자의 등기말소 청구에 대하여 시효취득을 주장하는 때에는 제3자 명의의 등기의 말소 여부는 소송 등의 결과에 따라 결정되는 특별한 사정이 있으므로, 소유자의 소유권 상실이라는 손해는 소송 등의 결과가 나오기까지는 관념적이고 부동적인 상태에서 잠재적으로만 존재하고 있을 뿐 아직 현실화되었다고 볼 수 없고, 소유자가 제3자를 상대로 제기한 등기말소 청구 소송이 패소 확정될 때에 그 손해의 결과발생이 현실화된다고 하여, 소멸시효의 기산점은 소유자가 제3자를 상대로 제기한 등기말소청구소송이 패소 확정된 때라고 한다.[72] 그러나 이에 반대하여 등기부취득시효

---

**71** 대법원 2013. 6. 27. 선고 2013다23211 판결.

**72** 대법원 2001. 1. 30. 선고 2000다18196 판결, 대법원 2005. 9. 15. 선고 2005다29474 판결, 대법원 2008. 6. 12. 선고 2007다36445 판결.

가 완성되어 소유자가 소유권을 상실한 시점이라고 하는 견해[73]도 있다. 대법원판결의 판지에 동의하지만, 그 대법원 판지에 따르면 소멸시효의 기산시기가 늦게 도래하여 후손에게 유리하게 된다.

## VI. 마무리

조상땅 찾기는 자신의 조상이 소유하였을 것이라고 생각되는 토지의 존재와 소재 여부를 모르는 후손이 지적정보를 이용해서 확인하여 찾는 것을 말하고, 조상땅찾기 소송은 조상의 땅을 찾은 후손이 그 땅이 이미 국가 등이나 다른 사람의 소유가 된 경우에 국가 등을 상대로 소유권확인소송, 토지인도청구소송, 임료상당의 부당이득반환청구소송, 손해배상청구소송을 제기하는 것이다. 조상땅찾기 소송과 관련하여 토지조사부, 임야조사서, 토지대장 등 토지장부 중에서 토지조사부와 임야조사서는 권리추정력이 있고, 1914. 4. 25.부터 1950. 11. 30.까지 사이에 작성된 일제하 구 토지대장이나 1920. 8. 23.부터 1950. 11. 30.까지 사이에 작성된 구 임야대장도 역시 권리추정력이 있다고 보아야 한다. 당사자의 동일성 및 승계 여부와 관련해서 족보는 동일성 여부를 판단하는 매우 중요한 근거자료가 되고, 승계 여부는 보존등기명의인이 입증하여야 한다. 물권적청구권의 이행불능으로 인한 손해배상청구와 관련해서는 소유자가 소유권을 상실함으로써 이제 등기말소 등을 청구할 수 없게 되었다면, 대

---

73 임경섭, "물권적청구권의 이행불능으로 인한 전보배상청구권이 인정되는지 여부", 판례연구 25집, 부산판례연구회, 2014, 184면;김웅재, 전게논문, 2015, 205면.

법원은 이행불능을 이유로 민법 제390조상의 손해배상청구를 할 수 없다고 하였기 때문에, 불법행위에 의한 손해배상청구는 할 수 있다고 할 것이다. 따라서 국가 명의로 소유권보존등기가 잘못 경료된 토지에 관하여 다른 사람 명의의 소유권이전등기가 경료되었는데, 그 사람의 등기부 취득시효 완성으로 토지에 관한 소유권을 상실한 후손은 불법행위를 이유로 국가를 상대로 소유권 상실로 인한 손해배상을 청구할 수는 있다. 이 경우 공무원이 국유재산법 제12조의 일정한 절차를 거쳤다고 한다면 과실이 없다고 보아야 한다. 또한 1980. 9. 9. 선고 80다1684 판결과 대법원 1986. 6. 10. 선고 84다카1773 전원합의체 판결이 선고된 1980. 9. 9.이나 1986. 6. 10. 이전에 이루어진 행정공무원의 보존등기 촉탁행위에 대해서는 공무원의 과실을 인정할 수 없다. 또한 공무원이 직무집행을 법령이 정한 요건과 절차에 따라서 하였다고 한다면, 특별한 사정이 없는 한, 그 집무집행이 법령에 위반된 것이라고 볼 수 없다. 무권리자인 국가 등의 위법한 등기 경료행위와 후손의 소유권 상실 사이에는 상당인과관계가 있고, 오랜 기간 동안 그 토지의 소유권 귀속 여부 및 상속 여부의 파악 등을 게을리한 후손의 잘못은 과실상계 사유가 될 수 있다. 따라서 조상땅찾기 소송에서는 과실, 위법성, 상당인과관계, 소멸시효 등의 문제로 손해배상청구가 부정되는 경우가 많을 수 있다.

# 제7장 | 일제하 토지조사사업으로 제조된 토지공부(土地公簿)

## I. 문제의 제기

토지는 연속적으로 연결되어 있기 때문에 이웃한 토지와 경계를 이루면서 筆 단위로 거래되고 있다. 한 필의 토지에 관한 소유권을 공시하는 방법으로서 등기가 있지만, 그 등기의 근거서류인 토지대장도 무시할 수 없는 공시방법이다. 등기에 관한 서류인 등기부는 司法府인 법원(등기소)에서 관리하지만, 토지대장은 行政府인 행정관청에서 관리하고 있다. 그래서 소유권에 관한 분쟁이 생길 경우에는 그 증거방법으로 토지등기부와 토지대장 등을 효율적으로 발굴하여 이를 법원에 제출함으로써 승소할 수 있다. 이러한 소유권확정에 유용한 土地公簿에는 역사적으로 보아 토지조사부, 임야조사서, 토지대장, 임야대장, 토지등기부 등이 있고, 이하에서 이에 대하여 간략하게 살펴보면 다음과 같다.

일제는 1910년 한일합병 이후 우리나라의 경제적 기반을 착취하여 침략을 효율적으로 수행하고자 토지조사사업과 임야조사사업을 실시하였다.[1] 일제는 우리나라에서 토지조사사업을 실시하기 앞서 1898년에 대만에서 토지조사사업을 실시하였고, 우리나라에서의 경험은 1933년에 만주에서의 土地商租權整理事業으로 이어졌다.[2] 일제는 토지조사사업을 통하여 종전까지 근대적 토지소유권의 공시제도가 없었던 우리나라에 등기제도를 도입함으로써 근대적 소유권제도를 확립하였지만, 토지조사령(1912.8.13.제령 제2호)과 조선임야조사령(1918.5.1.제령 제5호)에서 신고제를 채택함으로써 많은 민원을 발생시켰다. 토지소유권은 토지조사령 제4조의 토지소유자의 신고와 제9조 및 제11조의 사정의 확정 또는 재결에 의하여 토지조사부에 등재됨으로써 확정하였다. 임야소유권은 조선임야조사령 제3조의 임야소유자의 신고와 제8조 및 제11조의 사정의 확정 또는 재결에 의하여 임야조사서에 등재됨으로써 확정하였다. 토지조사부와 임야조사시를 근거로 토시대상과 임야대장을 만들고, 이에 근거하여 토지등기부에 등재할 수 있었다. 그런데 일제하에서의 토지조사사업과 임야조사사업 이후에 만들어진 등기부, 토지대장, 임야대장이 1950년 6.25전쟁 도중 많이 소실되었고, 특히 6.25 전쟁 수복지구의 경우에는 북한이 1946년 1월 토지개혁을 실시하면서 모든 토지공부를 멸실시켰기 때문에 소유권확인 또는 소유권등기말소(이전)의 소송이 빈발하였다.

---

1 토지조사사업의 성격에 대하여는 수탈론과 내재적 발전론이 있지만, 수탈론에 동조하고자 한다. 일제는 1908년 삼림법에서 지적계출을 하지 않는 경우에는 임야를 국유화하였지만, 1911년 삼림령의 대부규정, 1918년 임야조사령의 연고자 규정과 1926년 특별연고삼림양여령에서의 양여는 결국 수탈하였다가 반발이 있게되자 이를 민유로 되돌리고자 하는 시도였다. 그 외에도 조선시대부터 전래되어오던 임야 입회권을 부정하였다(배병일·김선길,송이채취에 관한 관습조사,인권과 정의328호(2003.12.),대한변호사협회,104면 이하 참조).

2 淺田喬二,日本帝國主義と旧植民地地主制,御茶の水書房,1968,13면이하,167면이하 참조.

이러한 소송에서는 그 증거방법으로 일제하의 토지조사부, 임야조사서, 임야조사부, 課稅地見取圖, 보안림편입조서, 임야지적조서, 지적원도, 임야원도, 민유임야이용구분조사서, 지세명기장 등이 제출되기도 하고, 전귀속임야대장, 구 토지대장 및 임야대장, 야초대장 등이 제출되고 있다. 또한 일제는 토지조사사업과 임야조사사업에서 소유권을 확정함에 있어서 가장 중요한 근거서류로서 結數連名簿라는 것을 제시하고 있지만, 우리 법원은 전혀 알지 못하고 있다. 어쨌든 이들 토지공부는 그 작성당시에는 매우 중요한 토지공부로서 역할을 하였지만, 지금의 판례에서는 토지조사부나 임야조사서를 제외하고는 그 법적 효력이 매우 경시되기도 한다. 그럼에도 불구하고 현재 거래계에서는 이들 토지공부가 위조 또는 변조되기도 하여 유통되고 있고, 법원은 그 법적 증거능력에 대하여 많은 의구심을 가지기도 한다. 한편 경상북도는 전형적인 農道로서 논밭과 임야가 대부분을 차지하고 있지만, 이러한 농지와 임야 중에는 소유권보존등기조차 되어 있지 아니한 필지도 있다. 그 경우에 토지조사부와 임야조사서 등 각종 토지공부를 이용하지 않으면 소유권확정이 어려운 경우가 많다. 본 연구에서는 토지의 소유권확정에 필요한 일제하 토지조사사업 이후의 토지공부를 고찰하기 위하여 토지공부를 토지조사사업 및 임야조사사업 이전의 공부, 조사사업 당시의 공부, 조사사업 이후의 공부로 구분하여 살펴보고, 이에 대한 법적 문제점을 정리하고 한다.

## II. 토지조사사업 및 임야조사사업 이전의 토지공부

일제는 1912년 토지조사사업에 착수하기 이전 1905년 통감부시절부터 침략에 필요한 경제적 토대를 확립하기 위해 우리나라에서의 일본인의 토지 지주화에 적극적으로 힘을 기울였다. 토지조사사업으로 인한 토지소유권의 확립은 토지의 상품화를 촉진하여 토지소유자의 분화시켰다. 토지조사사업은 1910년 한일합병이전에 이미 우리나라에 진출해서 지주로 있던 일본인의 토지소유권을 법적으로 확인 및 보증하고, 일본인의 토지집적을 용이하게 하였다. 특히 엄청난 면적의 경작가능한 未墾地를 조선총독부의 소유로 국유화시켜 이를 在朝 일본인에게 무상 또는 헐값에 불하하는 방법 등을 이용하기도 하였다. 아울러 토지조사사업과 함께 실시된 지세제도의 개편은 지세의 확충을 통한 식민지 재정적 기초의 확립에 결정적으로 작용하였다. 일제가 1912년의 토지조사사업과 1918년의 임야조사사업을 하면서 작성한 토지공부는 토지조사부와 임야조사서이지만, 그 외에도 토지조사사업과 임야조사사업에서의 소유권확정에 근거서류로서 결수연명부가 있었다. 일제는 전국적으로 실시된 1912년의 토지조사사업에 앞서 1907년부터 양안개편을 통해서 결수연명부를 만들었고, 1918년의 임야조사사업에 앞서 임야조사를 하는 과정에서도 임야조사부를 만들었다.

### 1. 結數連名簿

일제는 우리나라에 대한 침략을 노골화하면서 지세의 수취체제의 변화를 꾀하였다. 그래서 종래 量案이라는 지세징수대장을 새로이 개편하는 사업을 시행하였다. 1908년 7월 전주재무감독국은 光武量案에 근거한 새로운 작부작업을 하였고, 대구재무감독국은 결수신고서에 근거하여 새로운 지세대장을 작성하는 방식으로 추진되었다.[3] 일제는 위 전주 재무감독국의 실지조사에 의한 작부사업과 대구재무감독국의 신고주의에 의한 결수신고서작성을 토대로 하여 결수연명부를 작성하고자 하였다. 그래서 일제는 1909년 7월에 각 재무감독국에 대하여 동일한 면내의 결수를 각 납세의무자별로 조사하여 지세징수대장의 내역부, 즉 결수연명부를 작성하도록 시달하였다.[4] 결수연명부의 작성은 신고에 의하여 하고, 신고는 토지소재지 里洞長에게 하도록 하였다. 신고결수의 타당성은 舊量案 기타 서류를 참고하고, 혹은 실지에 나아가거나 지방의 知事人에게 문의하여 판정하도록 하였다. 신고서는 면별로 철하고, 리동계 면계를 붙여 결수연명부라 칭하여 재무서에 보관하도록 하였다.[5] 1910년에는 결수연명부를 지주별, 면단위로 그 면내의 소유토지를 기록하고, 申告도 소작인이 아닌 지주가 하도록 하였다. 그래서 1910년의 결수연명부는 지주의 입장에서는 자기 소유토지에 대한 최초의 신고이다.[6] 1911년에 결수연명부 규칙(부령 제143호,1911.11.10.)을 공포하여 1912년 1월 1일부터 조세징수대장을 폐지하고, 결수연명부로 갈음하도록 하였다. 이 결수연명부는 과세대장으로의 기능을 하는 것은 당연하지만, 토지대장으로서의 성격이 있음을 간과할 수 없었다.[7] 그러나 결수연명부의 기재방식은 자번호로 위치를 파악하였기 때문에 실제로 토지의 위치를 파악하는 데에 문

---

**3** 이영호,한국근대지세제도와 농민운동,서울대출판부,2001,275면.

**4** 한국재무경과보고, 제4회, 63-64면.

**5** 조석곤,조선토지조사사업에 있어서의 근대적 토지소유제도와 지세제도의 확립,서울대박사논문,1995,253면.

**6** 조석곤,전게논문,255면.

**7** 배영순,한말일제초기의 토지조사와 지세개정,영남대출판부,2002,313면.

제가 있었다. 이에 따라 지형도의 작성이 요구되었고, 그 필요성에 의하여 課稅地見取圖가 작성되었다. 그러나 1907년부터 작성되기 시작한 결수연명부는 과세의 기초장부로서의 기능을 하였지만, 1911년 결수연명부 규칙을 제정한 이후에는 사실상 토지대장으로서의 기능을 하였다고 할 수 있다. 그래서 1912년의 토지조사사업에서의 토지신고서는 결수연명부와 대조하여 신고의 진부여부를 결정하도록 함으로써 토지조사부의 소유권자 확정에 결정적 영향을 미쳤다. 토지대장은 토지신고서에 의하여 작성되었고, 토지신고서는 결수연명부와 과세지견취도에 의하여, 결수연명부는 量案 또는 깃기(衿記)에 근거하여 작성되었다.[8] 결수연명부는 토지의 매매, 증여 등이 기록되어 토지대장이 완성되기 이전까지 토지소유자를 확인하기 위한 기본장부 역할을 수행하였다면서 토지조사와 소유권증명의 기본장부는 토지신고서가 아니라 결수연명부였다고 하는 견해[9]도 있다. 그렇다면 토지조사부가 없는 경우, 토지조사부의 진위가 불분명한 경우 등에 있어서는 결수연명부를 토지소유권을 확인하는 간접적인 증거자료로 이용될 수 있다고 보아야 한다. 그동안 결수연명부에 대하여 법원은 전혀 알지 못하고 있고, 사학계에서는 이미 많은 연구가 되어 있지만,[10] 이에 대하여 언급하고 있는 판례평석 및 연구논문도 아직까지 없다.

2005년에 제정된 친일반민족행위자재산의 국가귀속에 관한 특별법에서는 러일전쟁개전시부터 1945.8.15.까지 사이에 일제에 협력한 대가로

---

8 토지조사사업을 하면서 舊 量案의 신빙성은 인정하면서 新 量案에 대하여는 부정하는 태도를 보였다(조선총독부 임시토지조사국,조선토지조사사업보고서,1918,184면.).

9 왕현종,조선토지조사사업연구의 과제와 시론적 검토,역사와 현실,한국역사연구회,2003.12, 215-216면

10 이영호,한국근세 지세제도와 농민운동,서울대 출판부,2001,307면 이하;조석곤, 전게논문, 242면 이하.

취득하거나 상속받은 재산을 친일재산이라고 하고(법 제2조 제2호), 이러한 친일재산은 그 원인행위시에 국가소유로 한다(법 제3조). 친일반민족행위자 재산조사위원회에서 친일재산이라는 이유로 국가에 귀속시키는 결정을 의결한 경우에 대하여 행정심판이나 행정소송으로 이의를 할 수 있다(법 제23조). 이 경우에 당해 토지의 이해관계인이 결수연명부 등을 근거로 하여 당해 토지가 조선총독부의 소유 국유지로서 친일파에게 양도된 토지가 아니라 당초부터 자신이 소유자라고 주장할 수 있는 여지가 있다.

## 2. 課稅地見取圖

과세지견취도는 일제 초기 1912년부터 1913년까지 전국적으로 만들어진 세금부과를 목적으로 각 필지의 槪形을 제도용기구를 사용하지 않고 손으로 작성된 약도 또는 간이지적도를 말한다. 과세지견취도의 근거법령은 조선총독부의 과세지 작성에 관한 건(1912.3.4,부령 제20호)과 과세지견취도 작성수속(1912.3.19,정무총감 통첩 78호)이다. 면은 부윤 또는 군수의 지휘를 받아 지세를 부과할 토지의 개형을 표시한 견취를 작성하여, 견취도는 동리마다 2통씩 작성하여 1통은 면에 보존하고 1통은 부군에 제출하도록 하였다(과세지작성에 관한 건 제1조). 또한 토지소유자는 견취도를 작성할 때에 면장의 지휘를 받아 각 토지에 발목(標杭)을 세우고, 실지에 입회한다. 위 발목에는 지목, 자번호, 면적, 야미수(필지를 나눈 것),결수 및 토지소유자의 주소, 성명을 기재하고 있다(과세지작성에 관한 건 제2조). 견취도는 1洞里를 1장의 용지에 기재하여야 하고(과세지견취도 作成手續 제14조), 견취도상의 각 필지에는 지목, 자번호, 야미수, 면적, 결수, 소유자성명, 國民有係爭地로 되어 있을 때는 계쟁지로 있는가의 표시 등을 기재하도록 하였다(과세지견취도 작성수속 제15조). 각 면에서 작성한 견취도를 제출할 경우에는 각 필지에 해당하는 결수연명부 기재사항과 대조하여야 하고(과세지견취도 作成手續 제39조), 결수연명부와 대조결과 부합시켜야 할 것이 있을 때에는 그 사유를 조사해서 정확하다고 인정되도록 연명부 또는 도면을 정정해야 한다(과세지견취도 作成手續 제40조). 이와 같이 과세지견취도는 결수연명부와 대조하여 잘못 기재된 사항을 정정하도록 함으로써 결수연명부를 보완하는 기능을 가지고 있고, 결수연명부가 公簿로 되는데 결정적 역할을 하고 있다. 그래서 결수연명부와 과세지견취도는 지적에 관한 중요한 공부로서 토지대장의 성격을 가지고 있다고 할 수 있다. 과세지견취도에는 토지소유자의 주소와 성명을 기재하도록 하고 있기 때문에 이를 근거로 하여 소유권확인의 간접적인 증거자료로 이용될 수 있다.

### 3. 조선임야조사령 제정 이전의 임야조사부

토지조사령이 1912년에 제정되어 토지조사사업이 먼저 실시되고 그 말기인 1916년경부터 아직 조선임야조사령이 제정되지 아니한 상태에서 임야조사사업이 道 內規에 의하여 이루어져 임야조사부가 작성된 사실이 있었다. 이것은 1918년의 조선임야조사령 부칙 제2조에서 본령 시행전 도장관이 행한 임야의 조사 및 측량에 관한 수속 기타의 행위로서 조선총독이 지정한 지역내의 임야에 관한 것은 본령에 의하여 한 것으로 간주한다고 규정하고 있는 것으로 보아 간접적으로 확인할 수 있다. 조선총독이 지정한 지역은 전국 각 지역으로 고루 지정되어 있고, 특히 경상북도의 경우는 대구부, 달성, 경산, 청도, 경주, 영천, 김천, 칠곡, 성주, 고령, 군위, 의성, 선산, 영일군을 고시하고 있다(1919.1.13, 조선총독부 고시 제3호).

조선임야조사령 시행수속 부칙에는 조선임야조사령 부칙 제2항에 의하여 지정된 지역 내의 토지신고서의 정리 또는 임야조사서, 임야의 조제에 관하여는 위 조선임야조사령시행수속 제16조, 제81조의 규정 및 제9호 양식에 의하지 아니할 수 있다고 규정하고 있다. 1918년 임야조사사업의 근거법인 조선임야조사령에 의하여 만들어진 장부는 임야조사서이고, 조선임야조사령이 제정되기 이전에 도 단위로 이루어진 임야조사사업으로 만들어진 장부는 임야조사부로서 구별되어야 한다. 그럼에도 불구하고 대법원은 대법원 1998.7.24.선고96다16506판결 사안에서 임야조사부라고 하여야 할 것을 임야조사서라고 하고, 대법원 1991.12.13.선고90다14676판결 사안에서는 임야조사서라고 하여야 할 것을 임야조사부라고 하여 혼동하고 있다.

임야조사부에서 문제가 되는 것은 비고란에 기재된 지적계출 없음이라는 용어에 관한 것이다. 일제는 森林法(1908.1.21.법률 제1호) 제19조에서 3년이내에 삼림산야의 지적 및 면적의 계출이 없는 경우에 임야를 전부 국유로 간주하였다. 그러나 이에 대한 반발이 거세지자 삼림법을 폐지하고 森林令(1911.6.20.제령 제10호)을 제정하면서 제29조에서 삼림령 시행이전에 永年禁養한 국유삼림은 제7조의 대부를 한 것으로 간주하고, 삼림령 시행규칙 제46조에서 대부료까지 면제하여 사실상 민유(사유)화 시켰다. 그런데 조선임야조사령이 공포 시행되기 이전에 작성된 임야조사부에서 국유 사유구분란에 國으로, 소유자 또는 연고자란에 甲으로 각 기재되어 있으나, 그 비고란에 조선임야조사령 시행수속(1918.11.26. 조선총독부훈령 제59호) 제79조, 별첨 제9호 양식(임야조사서 용지) 비고 5. 소정의 지적계출 없음이라는 뜻이 기재되어 있는 경우에는 국유로 보아야 하는지 아니면 연고자인 甲이 사정받은 것으로 보아야 하는지 문제된다. 임야조사부 작성 당시 시행되었던 임야조사감독원 및 調査員心得(조선총독부 경기도 훈령) 제13조, 제18조, 제35조, 제36조에 의하면 임야조사부를 작성함에 있어서 국유 사유구분의 인정 등 소정 사항에 오류, 불비 또는 불명의 사항이 있어 이를 정정할 필요가 있을 경우 감독주임의 지시에 따라 內業감독원이 이를 정정할 수 있도록 규정되어 있다. 또한 임야조사부에 소유자가 '국'으로, 연고자가 특정 개인의 성명으로 기재되어 있을 뿐 비고란에 '지적계출 없음'이란 기재가 없는 경우라고 하더라도, 임야조사부의 기재방법이 위 시행수속이 정하는 지침대로 따르지 않은 사정이나 당해 임야가 조선임야조사령 시행수속 제27조의 각 호에 해당하는 임야인 사정 등 특별한 사정이 있을 수 있다. 또한 조선임야조사령 시행수속 제27조에서 구 삼림법 제19조 규정에 의한 계출을 하고 하지 않고를 불문하고 민유로 조사하여야 한다고 규정하고 있다. 그래서 판례는 조선임야조사령의 시행 이전에 작성된 임야조사부에서 국유·사유 구분란에 國, 소유자 또는 연고자란에 私人의 이름이 기재되었다가 위 國이 私로 정정되고 정정인이 찍혀 있으며, 그 비고란에 지적계출 없음이란 뜻이 기재되어 있지 않은 경우에는 위 私人이 그 임야를 사정받은 것으로 볼 수 있다[11]고 한다. 생각건대 임야조사부에서 국유·사유 구분란에 國, 소유자 또는 연고자란에 私人의 이름이 기재되어 있고, 그 비고란에 지적계출 없음이란 뜻이 기재되어 있거나 빈 공란으로 되어 있더라도 사인으로 사정받았다고 보아야 할 것이다.

---

11 대법원 2005.4.15.선고2003다49627판결.

## Ⅲ. 토지조사사업 및 임야조사사업 당시의 토지공부

일제가 1912년의 토지조사사업과 1918년의 임야조사사업을 하면서 작성한 토지공부는 토지조사부와 임야조사서이지만, 그 외에도 토지조사사업 및 임야조사사업의 과정에서 만들어진 여러 토지공부들은 그 나름대로 토지공부로서의 역할을 하고 있다. 이러한 공부들은 현재의 기준으로 보면, 당연히 권리관계를 확인하는데 매우 미흡한 것이고, 그 증거로서의 가치를 인정할 수 없다고 할 수 있다. 그러나 일제하 토지조사사업과 임야조사사업이 수 백년동안 내려오던 文記, 立案 등의 기존 소유권공시의 관행을 파괴하면서 치밀한 계획과 규정 등을 통하여 시행되었기 때문에, 당시에 만들어진 토지관련 공부들은 공적 서류로서 소유권확정을 위한 참고자료로서의 역할을 무시할 수는 없다.

### 1. 토지조사부

조선총독부는 1910.8.29. 한일합병 이후 토지조사령에 의한 토지조사사업을 하면서 모든 토지소유자로 하여금 토지소유권을 신고하게 하였다. 토지신고서가 제출되면 토지소유자와 이해관계인의 참여 하에 신중한 조사절차와 측량을 하여 토지조사부가 작성된다(토지조사령 제6조 내지 제8조). 토지조사부와 지적도의 調製가 마쳐지면 이를 지방토지조사위원회에 제출하여 사정사항의 자문을 거쳐 토지소유자 및 그 疆界를 사정하게 된다(토지조사령 제9조). 사정에 불복이 있는 자는 공시기간 만료 후 60일 이내에 고등토지조사위원회에 신청하여 그 재결을 구할 수 있다(토지조사령 제11조). 그런데 토지신고서 작성에는 결수연명부에 근거하여 작성하도록 하였고, 또한 토지조사상 일필지조사에서는 결수연명부와 대조하여 소유권 귀속여부를 확정하였기 때문에 토지조사에서는 결수연명부의 기재가 결정적인 영향을 끼쳤다. 토지조사령에서의 사정은 소유자 및 疆界를 확정하는 행정처분이지만, 사정에 의하여 토지조사이전의 사유와 일체 단절되어,[12] 사정을 받은 자는 소유권을 원시취득한다[13]. 토지조사령의 사정과 법원의 확정판결이 충돌할 경우에는 사정명의인과 승소자가 각각 그 권리를 주장할 수 있다.[14] 또한 사정의 공고는 시효중단의 효력이 있다.[15] 이러한 토지조사부에 소유자로 기재된 경우의 효력에 대하여 종전의 대법원 판례는 사정받은 것으로 볼 수 없다고 하였지만,[16] 대법원 전원합의체는 토지조사부에 토지소유자로 등재되어 있는 자는 토지소유자로 사정받고 그 사정이 확정된 것으로 추정된다[17]고 하였다.[18]

토지조사부에 허위기재가 가능한지 여부에 대하여 토지조사령에 의하면 토지소유자는 그 주소, 성명, 소유지의 소재, 지목, 지번, 지적 등을 신고에 의하여 조사하게 되어 있고, 조사에 있어 당해 관리는 소유자 등을 현지에 입회시키고 토지에 관한 서류를 소지한 자에게 그 서류의 제출을 명할 수 있고, 그 사정 또는 이의절차에 관한 규정에 비추어 보아도

12 조선총독부임시토지조사국,조선토지조사사업보고서,1918,411면 이하.

13 대법원 1984.1.24.선고83다카1152판결.

14 조선고등법원 연합부 판결,1925.12.26.;이우석,토지조사사업에 의한 소유권확정과 판결의 저촉,영남법학 10권 2호,영남대출판부,2004,89면이하 참조.

15 조선고등법원 1927.4.16. 민집 14권 171면.

16 대법원 1981.6.23.선고81다92판결;동 1982.5.11.선고81다188판결.

17 대법원(전) 1986.6.10.선고84다카1773판결.

18 한상호,土地調査簿에 所有者로 登載된 事實과 査定의 推定與否,대법원판례해설 5호,법원행정처,1986,20면 이하.

소유자 명의의 허위기재에 의하여 사정이 확정되기는 어렵기[19] 때문에 토지조사부에 소유자로 등재된 이상 토지사정을 이유로 소유권을 취득하였음을 주장하는 자는 그 사정사실 외에 사정 이전의 토지 취득경위까지 입증할 필요는 없다. 그러나 토지조사부에 소유자로 사정된 것으로 기재된 자와 다른 자 명의의 소유권보존등기가 마쳐진 경우, 즉 소유권보존등기가 마쳐져 있으나 사정명의인이 따로 있는 것이 밝혀진 경우에는 그 보존등기의 추정력은 깨어진다고 보아야 한다. 현재 토지조사부는 사실상 그 기능이 상실된 것이므로 대부분 폐기되었고, 일부 시·군에 잔존하더라도 이는 시·군에 비치하는 서류라 할 수 없다고 하고, 토지조사부의 내용이 수정·위조될 수 있기 때문에 일반인에게 열람·복사해 주지도 않고 있다.[20]

## 2. 임야조사서

임야조사사업은 토지조사사업이 끝난 이후 1916년경부터 경기도 일부, 충청남북도 일원에서 사실상 시작되었고, 1918.5.1. 조선임야조사령이 공포되면서 전국적으로 시행되었는데, 그 조사절차, 사정에 대한 불복방법 등은 토지조사사업의 절차와 거의 동일하다. 그런데 임야조사절차에서 토지조사절차와 크게 다른 점으로 국유임야에 대한 연고신고 규정이 있다. 즉 삼림법(1908.1.24, 법률 제1호) 제19조에서는 삼림산야의 소유자는 삼림산야의 지적 및 면적의 견취도를 첨부하여 계출하지 않으면 국유로 간주한다고 규정하였다. 이 규정에 의하여 많은 임야가 국유로 되어 문제가 되자, 삼림령(1911.6.20, 제령 제10호)을 제정하면서 위 삼림법을 폐지하

---

**19** 대법원 1984.1.24.선고83다카1152판결.

**20** 헌법재판소 전원재판부 1989.9.4.88헌마22

였다. 삼림령 제29조에서 永年禁養한 국유삼림은 대부한 것으로 간주하되, 삼림령 시행규칙 제46조에서는 대부료를 징수하지 아니한다고 하여 사실상 사유화하였다. 그럼에도 불구하고 삼림법 제19조에 의한 국유화 조치에 대한 불만이 끊임없이 제기되자, 일제는 부득이 조선임야조사령 제10조에서 1908년 삼림법 제19조에 의하여 지적계출을 하지 아니하여 국유에 귀속된 임야는 구소유자 또는 그 상속인의 소유로서 사정하도록 하고, 조선임야조사령 시행규칙 제27조에서는 민유 또는 조선임야조사령 제3조 제2항의 연고가 있는 것으로 하여 신고한 임야로서 다음 각호에 해당하는 것은 구 삼림법 제19조의 규정에 의한 계출을 하고 하지 않고를 불문하고 민유로 조사할 것이라고 하여 다시 종전처럼 민유(사유)로 사정하게 되었다. 그리고 조선임야조사령 제10조에 의하여 민유로 사정하여야 할 국유임야 연고자의 성명, 주소는 소유자의 주소, 성명란에 기재하고, 비고란에 지적계 없음으로 기재하도록 하고 있다(조선임야조사령 시행수속 제79조). 따라서 임야조사에서는 국유로 된 임야에 대하여 다툼이 있는 경우에는 삼림법 제19조 적용여부를 조사하지 않으면 안된다.

판례는 조선임야조사령에 의한 임야조사서에 소유자로 등재되어 있는 자는 임야소유자로 사정받고 그 사정이 확정된 것으로 추정된다[21]고 한다. 그런데 판례는 임야조사서의 소유자란에 國이라 기재되고 연고자란에 私人의 기재가 있는 경우에는 국유로 사정되었다기 보다는 오히려 연고자의 소유로 사정되었을 가능성이 크다[22]고 하였으나, 임야조사서상의 소유자는 '국', 연고자는 특정 개인으로 기재되고 그 비고란에도 '지적계

21 대법원 1989.10.24,선고88다카9852,9869판결.

22 대법원 1993.4.23.선고92다43548판결.

출 없음'이라는 뜻이 전혀 기재되어 있지 않다면 그 기재방법을 따르지 않은 연유가 따로 밝혀지지 않는 한 해당 임야가 구 삼림법 제19조의 규정에 따른 지적의 계출이 없었기 때문에 국유로 귀속된 것[23]이라고 판시하여 변경하였다. 이러한 임야조사서상의 연고자의 지위에 대하여 소유자란에 국이라 기재되고 연고자란에 사인이 기재되고, 비고란에 지적계출 없음이라고 기재된 경우에는 소유자란에 국이라고 기재되는 이상 비고란에 지적계출 없음이라고 기재할 수는 없다 할 것인데, 만약 이러한 기재가 된 임야조사서가 있다면 그 경우 정상적인 기재가 아니므로 사인이 사정받은 것으로 볼 수 없다는 견해[24]와 이러한 경우 비고란 자체가 허위로 되었다는 특별한 사정이 없는 한 사인이 사정받은 것으로 추정하자는 견해[25]로 다툼이 있다. 생각건대 후자의 견해에 동조하여 연고자에 사인이 기재되어 있는 경우에는 소유자란에 國이라고 되어 있더라도 비고란에 지적계출없음이나 아무런 기재가 없이 공란으로 되어 있더라도 임야조사서의 기재방법이 위 시행수속이 정하는 지침대로 따르지 않은 사정이나 당해 임야가 조선임야조사령 시행수속 제27조의 각 호에 해당하는 사정 등 특별한 사정이 있을 수 있기 때문에 연고자인 私有로 추정되어야 한다고 생각된다.

---

**23** 대법원 1994.6.24.선고94다13152판결.

**24** 민경도,임야조사서상의 연고자로 기재된 자가 사정받았을 가능성에 관하여,대법원판례해설 21호,법원도서관,1994,32면.

**25** 이명우,임야조사서상 연고자의 지위에 관하여,수원지방변호사회지 6호,1996,112면;안승국,조선임야조사령 시행 이전에 작성된 임야조사부상 緣故者로 기재된 자가 6·25 전쟁중 멸실되었다가 구 지적법 시행 당시 복구된 구 임야대장에 査定받은 것으로 기재된 경우 그 명의로 査定받았을 가능성,대법원판례해설 제33호,법원도서관,2000,79면.

## 3. 등기부

부동산에 관한 권리관계를 기재하는 공적 장부가 등기부이다. 등기는 등기부에 기재하는 것, 또는 그 기재 자체를 말한다. 등기부는 1필의 토지에 1용지를 사용한다(부동산등기법 제15조). 이를 1부동산 1용지원칙이라고 하고, 물적편성주의라고도 한다. 등기제도는 일제가 1912년 토지조사령에 의한 토지조사사업을 완료한 후에 토지대장을 만들고, 그에 근거하여 조선부동산등기령에 의하여 토지등기부를 제조하였다. 토지등기부는 법원이나 등기소에서 보관하여 일반인이 접근할 수 없고, 단지 등기부열람을 통하거나 등기부등본이나 등기부초본을 통하여 접근할 수 있다. 등기부는 소유권을 증명하는 공적 장부로서 가장 중요한 것이다. 토지의 소유권이전등기의 명의자는 등기의 효력으로서 그 토지에 대한 소유권자로 추정을 받는다.[26]

## 4. 등기필증

등기권리자와 등기의무자가 공동으로 등기를 신청하여 등기가 경료되고 난 후에, 등기관은 당사자가 등기를 신청할 때에 제출한 등기원인을 증명하는 서면에 등기필의 뜻을 기재하고, 등기소인을 찍어 등기권리자에게 교부하는 증서를 등기필증이라고 한다(부동산등기법 제67조 제1항). 등기제증 또는 등기권리증이라고도 한다. 등기필증은 재발급되지 않는다. 등기의무자의 권리에 관한 등기필증은 등기신청에 필요한 서면이다(부동산등기법 제40조). 등기필증을 등기신청시에 제출케하는 것은 등기의무자라고 하는 자가 진정한 登記義務者인지의 여부를 등기관이 확인할 수 있게

---

**26** 대법원 1983.11.22.선고83다카894판결.

하고, 부진정한 허위의 등기신청을 예방하여 등기의 진정을 보장하려는 데 그 목적이 있다. 등기필증은 어느 시기에 일정한 내용의 등기가 있었다는 증명서이고, 등기권리자로서 표시되어 있는 자가 지금도 그 권리의 명의인이라고 하는 것과 그 소지자는 그 권리자 자신이라는 것을 상당히 강하게 추정하는 자료이다.[27] 등기부 및 토지대장이 멸실된 경우, 그 토지에 관한 등기권리증 기재의 권리추정력에 대하여 판례는 6·25 사변 중에 토지에 대한 등기부 및 토지대장이 멸실되었는 것이 분명하고 그 토지에 대한 피상속인 명의의 등기권리증을 상속인들이 현재까지 소지하고 있을 뿐만 아니라 그 등기부가 멸실된 후 상당 기간이 경과하였음에도 불구하고 그 토지에 대한 등기부가 복구되지 아니한 경우에는 그 피상속인을 그 토지에 대한 등기부가 멸실될 당시 최종 등기명의인이었던 것으로 인정하여야 할 것[28] 이라고 한다.

### 5. 지적원도

토지조사령에 의한 토지조사시 토지측량을 하면 지적원도를 작성하게 되는데, 원도 및 토지소유자의 신고서에 의하여 실지조사부를 조제한 다음 그 실지조사부를 자료로 다시 토지조사부를 조제하게 된다. 그런데, 實地에서 세부측도를 하면서 연필로 작성한 원도의 선이나 지번, 지목 등의 기재에 대하여는 실지 작업의 당일 먹을 입히도록 하고 있으나, 地主名만은 먹을 입히지 않고 실측할 때 연필로 기재한 그대로 존치하는 방법으로 이를 원도에 표시하도록 하고 있다. 그래서 지적원도의 소유자 기

---

**27** 곽윤직,물권법,박영사,2001,109면.

**28** 대법원 1996.6.28.선고95다36725판결.

재는 토지사정의 직접적인 근거자료가 되는 것이 아니고, 그 내용도 계속 보존할 의도 하에 기재되는 것이 아니라 變改 방지를 위한 아무런 장치도 없이 연필로 임시로 기재해 두는 것에 불과하기 때문에 지적원도에 소유자로 기재되었다고 하더라도 그 사람이 그 토지소유자로 사정받았다고 추정할 수는 없다고 하는 견해[29]가 있다. 판례도 지적원도에 어떤 사람의 성명이 기재되어 있다는 사실로부터 그 사람이 그 토지의 소유자로 사정받은 것으로 곧바로 추정할 수는 없다[30]고 한다. 그러나 사정을 위한 공부인 토지조사부는 지적원도의 기재를 근거로 조제된 실지조사부를 토대로 하여 조제되는 것이므로, 지적원도에 어떤 사람의 성명이 기재되어 있다는 사실은 그 사람이 그 토지의 소유자로 사정받은 것으로 짐작케 하는 강력한 증거가치를 지닌 유력한 자료가 된다고 보아야 한다.

### 6. 임야원도

조선임야조사령에서 조사 및 측량을 하는 임야에 관하여 한 필지를 측량하였을 때에는 도근도에 경계선, 지목, 가지번, 소유자 또는 국유임야의 연고자 성명, 명칭 등을 기재하도록 하고 있고, 가지번은 아라비아숫자를 기재하고 연고자의 성명에는 괄호를 붙이도록 하고 있다(조선임야조사령 시행수속 제51조). 원도는 실지작업 당일에 著墨하고, 소유자 또는 국유임야의 연고자의 성명 또는 명칭, 가번지, 도근도 및 국유임야의 경계표지는 著墨하지 말도록 하고 있다(조선임야조사령 시행수속 제61조). 판례는 임

---

29 김경종,地籍原圖상에 姓名이 記載되어 있는 사람이 土地를 査定받은 것으로 推定되는지의 여부,대법원판례해설 20호,법원도서관,1994,134면;조영철,地籍原圖의 所有者 記載의 推定力,대법원판례해설 34호,법원도서관,2000,291면.

30 대법원 2000.4.7.선고99다40005판결.

야조사사업 당시 조사령에 의하여 작성된 임야조사서상의 소유자란에 國으로 기재되고 그 연고자란에 특정 개인의 성명과 주소가 기재되어 있으나 비고란이 공란으로 되어 있고, 임야원도에 그 성명이 괄호 속에 기재되어 있는 경우에, 그 연고자가 당해 임야의 소유자로 사정받았다고 볼 수 없다[31]고 하였다.

森林法(1908.1.24.법률 제1호) 제19조는 삼림산야의 소유자는 본법 시행일로부터 3개년내에 삼림산야의 지적 및 면적의 약도를 첨부하여 농상공부대신에게 신고하되 기간내에 신고치 아니한 자는 전부 국유로 간주한다고 규정하고 있기 때문에 삼림법에 의한 신고를 하지 아니하면 임야는 국가에 귀속되었다. 그런데 조선임야조사령 제3조는 임야의 소유자는 도(장관)가 정하는 기간내에 성명 또는 명칭, 주소 및 임야의 소재와 지적을 부윤 또는 면장에게 신고하여야 한다. 국유임야에 대하여 조선총독이 정하는 연고를 가진 자는 전항의 규정에 준하여 신고하여야 한다. 이 경우에 있어서는 그 연고도 신고하여야 한다고 규정하고 있고, 동 시행규칙(1918.5.1. 부령 제38호) 제1조 제2호는 융희 2년(1908) 법률 제1호 삼림법 제19조의 규정에 의하여 지적의 계출을 하지 아니하여 국유로 귀속된 임야의 종전 소유자 또는 그 상속인은 연고자로서 신고를 하여야 한다고 규정하고 있다. 조선임야조사령 시행수속(1918.11.26.조선총독부훈령 제59호) 제51조는 1필지의 측량을 한 때에는 도근도에 경계선, 지목, 가지번, 소유자 또는 국유임야의 연고자 성명, 명칭 등을 기재한 원도를 조제하여야 한다. 연고자의 성명에는 괄호를 붙여야 한다고 규정하고 있는 바, 위 각 규정에 의하면 임야의 측량결과에 따라 조제된 임야원도상에 괄호를 붙여

---

31 대법원 1999.10.22.선고99다35911판결.

기재된 성명은 국유임야의 연고자를 표시한다고 보아야 할 것이다.

따라서 판례는 조선특별연고삼림양여령에 따라 많은 국유임야가 연고자에게 실제로 양여되어 온 점에 비추어 임야원도에 괄호를 붙여 성명이 기재된 자는 위 삼림법 제19조에 의한 신고를 하지 아니한 국유임야의 특별연고자로서 조선총독으로부터 당해 임야를 양여받았을 가능성이 크다[32]고 하였다. 최근에는 임야원도의 경우에 사인의 이름이 괄호 안에 기재된 경우에는 연고자를 의미하는 것이므로 이러한 기재만으로 소유자로 추정할 수는 없다[33]고 하여 추가적인 증빙자료를 요구하는 취지의 판례도 있다. 이에 대하여 어떤 사람의 성명이 임야원도에 기재되어 있는 경우에는, 토지조사령에 의하여 작성된 지적원도의 경우와 달리, 그 기재만으로 그 사람이 당해 임야의 소유자로 사정받았다고 추정할 수 있음을 시사하고 있지만, 이 점에 관하여는 좀더 연구가 필요하다고 하는 견해[34]가 있다.

## Ⅳ. 토지조사사업 및 임야조사사업 이후의 토지공부

토지조사사업은 1912년부터 1918년까지 시행되었고, 임야조사사업은 1918년부터 1924년까지 1차 査定事務를 완료하였고, 2차 裁決事務는 임야조사위원회가 맡아 1919년부터 시작하여 1935년에 완결하였다. 토지조사

32 대법원 1994.3.11.선고93다60519판결.

33 대법원 2000.4.7.선고99다40005판결.

34 안승국,전게논문,81면.

사업과 임야조사사업이 종료된 이후에는 앞에서 본 토지공부 이외에도 토지세에 관한 공부나 도로공사 또는 보안림편입조서 등 각종 토지공부들이 많았다. 이러한 토지공부들도 토지조사부나 임야조사부, 등기부 등이 없는 경우에는 유용한 증거자료가 될 수 있기 때문에 살펴보고자 한다.

### 1. 지세명기장

지세명기장은 지세령시행규칙 제1조 및 지세명기장양식에 관한 건(1918.8.30. 조선총독부 탁지부장관 관통첩 제104호)에 의하여 작성되어 면마다 비치하는 지세부과 징수내역을 기재한 문서이다. 지세명기장은 토지대장에 기재된 토지 중 民有과세지만을 골라서 소유자별로 작성된 공부이다. 지세명기장에는 지번과 지적, 지가 세액, 납기구분, 납세관리인의 주소와 성명 등이 기재되어 있다. 토지조사부가 작성되고서 이에 근거하여 토지대장이 작성되면 토지대장집계표와 지세명기장을 조제하였다(조선총독부 임시토지조사국 조사규정 제10조). 판례는 임야세명기장이나 지세명기장은 임야대장이나 토지대장과 같이 법령에 따라 소유권변동에 따른 등기가 있으면 그 소관관서에 이를 통지하도록 하여 이에 의하여 소유권변동을 기재하게 하는 관계대장도 아니고, 다만 조세부과의 행정목적을 위하여 작성된 문서에 불과하므로 임야세명기장이나 지세명기장상의 납세의무자의 변경이 있다 하여 그 납세의무자 앞으로 목적부동산에 관한 소유권이전등기까지 마쳐졌다고 단정할 수는 없고,[35] 조세를 위하여 편의적으로 작성한 것으로 보아 추정력을 인정하지 아니한다[36]고 하고 있다. 그러나

---

**35** 대법원 1989.7.25.선고88다카23278,23285판결.

**36** 대법원 1997.12.23.선고97다32918판결.

지세명기장은 원래 조세부과의 행정목적을 위하여 작성된 문서에 불과하고 소유권변동을 나타내는 관계대장은 아니므로 그 기재사실에 권리변동의 추정력은 없으나 그 기재내용을 권리변동에 관한 사실인정의 자료로 삼는데는 아무런 제약이 없기 때문에 증거능력은 있다 할 것이다.[37] 또한 지세명기장은 조세부과의 행정목적으로 작성된 문서로서 권리추정의 효력은 없는 것이므로 거기에 명의가 등재되어 있지 않다 하여 소유권을 부인할 사유는 되지 아니한다.[38] 따라서 지세명기장은 상당한 권리추정력이 있는 토지대장의 성격을 지닌 문서로 보아야 할 것이다.

### 2. 임야세명기장

임야세명기장은 조세부과의 행정목적으로 작성된 문서에 불과하여 권리추정의 효력이 없고, 권리추정력이 없는 임야세명기장에 터잡아 작성된 문서에도 권리추정의 효력이 없다.[39] 그러나 임야세명기장은 조세부과의 행정목적을 위하여 작성하는 문서에 지나지 아니하고 소유권변동에 따른 사항을 등재하는 대장이 아니므로, 그것만으로써는 소유권에 대한 추정력을 인정할 수 없기 때문에[40] 다른 문서와 종합하여 권리추정을 인정하는 자료로 삼는 것은 문제가 없을 것이다.

### 3. 보안림편입고시(보안림편입조서)

삼림령(1911. 6. 20. 조선총독부 제령 제10호) 제1조와 삼림령시행규칙(1911.

---

**37** 대법원 1979.6.12.선고79다63판결.

**38** 대법원 1984.1.24.선고83다카1152판결.

**39** 대법원 1992.6.26.선고92다12216판결;동 1992.1.21.선고91다6399판결.

**40** 대법원 1978.8.22.선고78다1033,1034판결.

6. 20. 조선총독부령 제74호) 제9조에 의하여 필요한 경우 삼림을 보안림에 편입하기 위하여 지역을 지정하여 조선총독부 관보에 이를 고시하였는데, 보안림의 편입에 관한 조사를 하며 보안림 편입조서를 작성하였다. 이 보안림 편입조서에는 소재지, 전 면적, 편입 면적, 지정 또는 명령사항, 地況, 林況, 종래의 관행과 삼림 취급, 편입을 요하는 사유, 비고뿐 아니라 소유자를 기재하도록 되어 있고, 소유자란에는 공유일 경우 '外 何名'이라고 쓰고 따로 명세서를 첨부하여야 하며, 국유일 경우 '國'이라고 기재하도록 하였다.

판례는 국유로 사정된 임야에 관하여 구 삼림령에 의한 조선총독부의 '보안림 편입 고시'에 개인이 소유자로 기재되어 있는 경우에는 그 기초가 되는 '보안림 편입조서'를 작성할 때 그 소유자를 조사하여 기재하도록 되어 있고, 이는 당시의 등기부 또는 임야대장의 기재에 따랐을 것이라고 여겨지기 때문이므로 그 기재에 권리 추정력은 인정한다[41]고 한다.

### 4. 임야지적조서

조선사방사업령(1933.8.25. 제령 제17호)에 의하여 도지사 또는 공공단체가 사방사업을 시행하기 위하여 조선총독의 인가 또는 면허를 받아야 하였고, 구체적인 시행을 위하여 사방사업설계서, 사방사업설계설명서, 구역내 임야지적조서 등을 작성하여 농림국장에게 제출하여야 하였으므로, 이러한 경우에 작성된 지적조서가 임야지적조서이다. 지적조서의 양식은 해당 임야의 지번, 지목, 면적, 시공면적을 기재한 다음 '구별'란에

---

41 대법원 1996.2.27.선고95다53652판결;동 1994.2.25.선고93다57841판결;동 1992.7.14.선고92다9906판결.

사유, 연고림, 대부지, 국유 등으로 구분하여 기재하고, 사유, 연고림, 대부지의 경우에는 '소유자, 점유자 또는 관계자' 란에 그 주소와 성명을 기재하도록 되어 있다. 판례는 임야조사서의 소유자란에 국, 연고자란에 사인이 기재된 경우라도 임야지적조서에 그 사인이 소유자로 기재되어 있고 그 임야를 그의 후손들이 관리하여 온 경우라면 위 임야는 사인에게 사정되었을 가능성이 큰 것으로 보고 있다.[42]

## 5. 양여허가증

양여는 삼림령(1911.6.20, 제령 제10호) 및 조선특별연고삼림양여령(1926.4.5,제령 제7호)에 의한 양여의 2종류가 있다.[43] 양여의 법적 성격은 조선총독이 사경제주체로서 행하는 사법상의 법률행위이고,[44] 일종의 증여라고 보고 있다.[45]

삼림령은 국유삼림의 대부를 얻은 자는 양여를 할 수 있고(제7조), 삼림령 시행이전에 영년금양을 한 국유삼림은 제7조의 대부를 한 것으로 간주하고(부칙 제29조), 삼림령 제29조에 해당하는 경우에는 대부료를 징수하지 않는다(삼림령 시행규칙 제46조). 그래서 삼림법 제19조에 의한 지적계를 제출하지 않은 자가 삼림영년금양의 사유를 가지고 국유임야의 양여를 출원하는 경우가 많다고 하였다(1913.3.17. 관통첩 제70호). 이는 삼림법 제19조에 의해 국유로 된 임야에 대하여 대부와 양여를 이용하여 무상으

---

42 대법원 1999.10.22.선고99다35911판결.

43 황경남,朝鮮特別緣故森林讓與令에 의한 讓與의 대상이 된 土地의 所有權歸屬을 둘러싼 법률문제,대법원판례해설 26호, 법원도서관,1996,52면 이하.

44 대법원 1997.9.26.선고95다6205판결.

45 대법원 1993.6.25선고92다14458판결

로 私有로 다시 되돌려 주려는 것으로 일제가 자신들이 무리하게 국유화하였다는 것을 자인하는 셈이다.

조선특별연고삼림양여령은 조선총독은 본령이 정하는 바에 의하여 특별한 연고가 있는 국유삼림을 당해 특별연고자에게 양여할 수 있다(제1조)고 규정하면서, 그 특별연고자로 제2조 제1항에서 古記 또는 역사가 증하는 바에 의하여 사찰에 연고가 있는 삼림에 있어서는 그 사찰(제1호), 1908년 법률 제1호 삼림법 제19조의 규정에 의하여 지적의 계출을 하지 아니하여 국유로 귀속된 삼림에 있어서는 그 종전의 소유자 또는 그 상속인(제2호), 1908년 법률 제2호 삼림법 시행전 적법하게 점유한 삼림에 있어서는 그 점유자 또는 상속인(제3호)라고 규정하고, 제2항에서 제2호 또는 제3호에 해당하는 자가 부면내의 마을인 경우에는 그 부면을 특별연고자로 간주한다고 규정하고 있었다. 이 양여는 해당 연고자에게 무상으로 주었고, 조선총독부는 이 때문에 임야개발은 물론이고 민심의 안정에도 큰 효과를 거두었다고 한다. 이것은 삼림법 제19조의 의한 국유임야가 위 삼림령에 의하여 혜택을 보지 못한 사람들이 민원을 계속 제기하자, 또다시 조선특별연고삼림양여령에 의하여 혜택을 주고자 한 조치이다. 결국 일제는 삼림법에 의하여 무리하게 국유화한 것을 자인하고, 무상대부 또는 무상양여라는 형식으로 私有로 되돌려 주려는 것이다. 그렇다면 양여허가증은 소유권확정에 중요한 증거자료가 될 수 있다고 보아야 한다.

양여허가증은 일제하에서 임야를 조선총독부로부터 양여받았다는 내용이 담긴 문서이고, 이것은 소유권 자체에 대한 증명이라기 보다는 소유권이전등기청구권에 대한 증명을 위하여 제출하는 자료로 볼 수 있다는 견해[46]가 있다. 조선총독이 특별연고삼림으로 甲에게 양여한다는 내용의 양여허가증과 임야사정 당시 그 임야에 관하여 소유자 國, 연고자 甲으로 신고된 것으로 기재된 임야조사부 및 甲과 그 후손들이 그 임야상에 선조분묘 15기를 소유하면서 관리하여 오고 있다는 내용의 증거들을 제출하면서 사건 임야가 원고의 선대인 甲이 조선총독부로부터 증여받아 소유권을 취득한 상속재산이라고 주장한 사안에서 甲이 소유권자가 된 경위가 조선총독으로부터 증여를 받았다는 것인지 또는 증여의 연고권이 인정되어 임야사정 당시 사정을 받았다는 것인지 등 원고가 소유권을 취득하게 된 경위에 대하여 석명을 하여야 한다고 하는 판례[47]가 있다.

민법 부칙은 양여를 받은 후 1965.12.31.까지 소유권이전등기를 하지 않으면 소유권을 상실한다(민법 부칙 제10조 제1항)고 규정하고 있다. 그러나 위 소유권이전등기청구권은 채권적 청구권으로 10년의 소멸시효에 해당되기 때문에 1975.12.31.까지는 양여를 원인으로 하는 소유권이전등기청구권이 인정된다.[48] 1976.1.1. 이후에라도 당해 임야를 인도받아 사용수익하고 있는 경우에는 소멸시효의 대상이 되지 않는다고 보아야 한다. 한편 양여를 원인으로 하여 소유권이전등기청구권에 기하여 국가를 대위하여 원인무효의 등기명의자를 상대로 하여 말소등기를 청구하는 경우에 상대방이 등기청구권의 소멸시효를 원용할 수 있는지 여부에 대하여 원인무효의 등기명의자는 양여를 원인으로 한 소유권이전등기의무를 부담하는 자가 아닌 이상 소멸시효의 이익을 직접 받은 당사자가 아니어서 소멸

46 성봉경,수복지역내의 토지의 소유권증명,인권과 정의,대한변호사협회,1999.11,124면.

47 대법원 1989.10.13.선고88다카29535판결.

48 대법원 1993.6.25.선고92다14458 판결에서는 1965.12.31.까지 소유권이전등기를 하지 않았으면 소유권이 상실된다고 하였지만, 이는 의문이다.

시효를 원용할 수 없다[49]고 하고 있다.

### 6. 道報

조선임야조사령에 의한 임야조사서에 국 소유로서 연고자인 甲에게 대부중인 것으로 기재되어 있고 京畿道報에도 甲에게 조림목적으로 대부된 것으로 기재되어 있는 임야는 조림사업을 마친 후 甲이 양여받아 등기까지 마친 것으로 추인할 수 있으므로 그에 대하여 등기부가 멸실된 후 甲 아닌 乙명의로 경료된 소유권보존등기는 추정력이 없다.[50]

### 7. 舊 토지대장·임야대장

토지대장과 임야대장은 ① 토지조사사업 및 임야조사사업 당시에 만들어진 토지대장과 임야대장, ② 구 지적법(1950.12.1.법률 제165호)에 의하여 작성된 토지대장과 임야대장, ③ 구 지적법 시행이전에 복구된 토지대장, ④ 구 지적법에 의하여 복구된 토지대장 등이 있을 수 있다. ①②의 토지대장은 행정사무 집행의 편의와 사실증명의 자료로 하기 위하여 작성된 것이라 하더라도 그 기재내용의 증거가치는 특별한 사정이 없는 한 존중되어야 하고, 토지대장등본에 토지의 소유자로 등재되어 있으면 토지의 소유권의 귀속에 관하여 추정을 받는 자료가 된다고 할 것이므로 토지대장등본에 토지의 소유자로 등재되어 있는 자는 반증이 없는 한 그의 소유토지로 추정을 받을 수 있다.[51] 이러한 추정은 증명력이 강한 증거

---

49 대법원 1997.9.26.선고95다6205판결.

50 대법원 1993.6.8.선고92다17884판결.

51 대법원 1976.9.28.선고76다1431판결;동 1980.5.27.선고80다748판결;동 1987.3.10.선고85다카2508판결 참조.

자료가 된다.[52] ④는 6·25 전쟁으로 인하여 토지대장, 임야대장이 멸실되었다가 구 지적법(1975. 12. 31. 법률 제2801호로 개정되기 전의 것) 시행 당시에 복구한 대장으로 그 복구에 대한 절차가 전혀 규정되지 아니한 상태에서 관할 행정관청이 행정의 편의를 위하여 작성한 것이다. 이것은 증거가치가 전혀 없다고 할 수 없지만, 토지대장상의 소유자로 표시된 자는 토지소유자로 볼 수 없다.[53] ③은 토지대장규칙이나 조선지세령 시행규칙에 의하여 토지대장상의 소유권이전에 관하여는 등기소의 통지에 의해서만 기재할 수 있도록 규정되어 있어 그 기재의 진실성이 담보된다고 보아 강한 증명력을 가지는 증거가치가 있다고 보아야 한다.[54]

### 8. 민유임야이용구분조사서

민유임야이용구분조사서는 1937년경부터 약 10년간에 걸쳐 민유임야이용구분조사내규에 근거하여 국토이용상의 지침으로 삼고 민유림 조성사업의 자료로 사용하기 위해 민유 임야의 이용 실태를 조사하여 작성한 문서이다. 민유임야이용구분조사에서는 임야대장 및 토지대장에 의하여 민유임야의 소재, 지번, 면적 및 소유자명을 기재한 민유임야조서를 里洞마다 작성하였고(민유임야이용구분조사내규 제6조 제4호), 조사부는 里洞별로 조제하였다(제43조).

이 조사에 의하여 민유임야를 보존을 필요로 하는 구역과 보존을 필요로 하지 않는 구역으로 구분조사하여 보존을 필요로 하지 않는 구역

---

52 홍성무,구 지적법시행당시 북구등록된 토지대장의 기재내용에 관한 증거가치,대법원판례해설 15호,법원행정처,1991,75면;대법원 1979.2.27.선고78다913판결 참조.

53 대법원 1992.7.24.선고92다2622판결.

54 홍성무,전게논문,79면.

은 농경지로 용도를 개방하였다. 판례는 민유임야이용구분조사서[55]는 경기도가 민유임야의 이용실태를 조사하여 민유림조성사업의 자료로 사용하고자 하는 행정목적으로 작성된 문서일 뿐 소유권변동을 나타내는 대장은 아니므로 그 기재사실에 권리변동의 추정력을 인정할 수 없다[56]고 하지만, 민유임야이용구분조사내규를 살펴보면 민유임야이용구분조사부는 소유권의 확정에 상당한 증명력을 가지는 문서로 보아야 할 것이다.

### 9. 野草臺帳

야초대장은 마을의 이장 등이 6.25 전쟁 후 면으로부터 징세독려 등의 요구를 받을 때 또는 비료 등의 공동구매시 필요성 등 때문에 작성하여 보관하고 있던 문서라고 하는 견해[57]와 일제 때부터 산간오지의 마을의 이장이 토지세(지세, 임야세, 재산세 등)를 거두는 과정에서 마을사람들의 토지소유관계를 파악하고자 만든 문서로서 관할관청에서 보관 중인 공부를 그대로 필사하여 편철한 것으로, 일제 때부터 최근까지 작성된 것이 있다고 하는 견해[58]가 있다. 필자가 수집한 강원도 동북부지역의 야초대장의 표지는 토지조사부, 임야조사부, 토지대장, 지적대장, 임야명기장 등으로 되어 있다. 이외에도 임야대장, 경지면적야장, 임야세부측량야장, 임

---

55 민유임야이용구분조사내규에서는 민유임야이용구분조사'부'(제43조 내지 제47조)라고 하고 있지만, 판례상으로는 민유임야이용구분조사'서'라고 하고 있다(대법원 1993.5.25.선고93다2322판결 참조).

56 대법원 1993.5.25.선고93다2322판결.

57 장일혁,토지조사사업 이후 토지에 관하여 작성된 제공부의 작성경위 및 효력,부동산소송실무자료 2,서울지법 의정부지원,2001,20면.

58 성봉경,전게논문,122면이하.

야개인소유인정대장, 지적공부복구공시조서 등 다양하다고 한다.[59] 판례상으로 야초대장을 명시적으로 적시하여 검토한 것은 없지만, 간접적으로 논의된 것으로는 법원이 석명권 행사를 통하여 야초대장의 작성자, 작성경위 및 내용 등을 밝혀야 함에도 불구하고 이를 게을리 하였기 때문에 원심파기한다는 판례[60]가 있다. 따라서 야초대장의 작성경위 및 그 내용에 대한 연구가 앞으로 필요하지만, 야초대장도 권리추정력을 인정할 수 있는 간접적인 자료가 될 수 있다고 할 것이다.

### 10. 前歸屬 임야대장

6·25 전쟁으로 멸실되기 전의 임야대장에 터잡아 전국의 귀속임야를 기재한 귀속임야대장이 만들어졌고, 이를 근거로 1952. 7. 26.자 국유화 결정이 이루어졌으며, 이 결정이 이루어지자 귀속임야대장 임야들을 귀속임야국유화대장, 귀속재산국유화조치대장, 국유화결정귀속임야대장, 국유(前歸屬)임야대장에 기재한데 이어, 재무부와 농림부의 협의로 국유화결정귀속 임야대장의 정비작업이 이루어졌다. 판례는 국유(전귀속)임야대장은 결국 6·25전쟁으로 멸실되기 전의 임야대장에 터잡아 이루어졌다고 할 수 있고, 따라서 위 임야대장 중 소유자란 기재에 부여된 권리추정력은 국유(전귀속)임야대장에도 그대로 이어진다고 할 수 있으므로, 국유(전귀속)임야대장에 귀속재산으로 기재되어 있는 임야는 1945. 8. 9. 현재 일본인의 소유라고 본다[61]고 한다.

---

**59** 성봉경,전게논문,122면.

**60** 대법원 1989.11.28.선고89다카13285판결.

**61** 대법원 1998.7.24.선고96다16505판결.

## 11. 地籍公簿復舊 公示調書

지적공부 복구공시조서는 6·25 사변으로 인하여 지적공부 및 등기부가 한꺼번에 멸실된 지역의 지적공부의 관할관청이었던 세무서가 1958년경부터 상부기관의 통첩에 따라 당시 稅源이었던 토지의 소유관계를 알기 위해서 작성한 지적공부의 복구서류이다. 이 서류는 중앙청에 보관중이던 토지조사부와 임야조사부 및 토지등급도에 터잡아 토지의 지번별 조서를 작성하고, 세무서 직원이 面里의 담당직원과 농지조사위원 기타 내용을 알 수 있는 사람과 함께 현장에 나가 확인을 하여 지적공부복구 공시조서를 작성하였다고 한다. 이 서류는 관할 세무서와 면사무소에 비치하여 2월간 공시하였는데, 면사무소에 공시한 것은 里長으로 하여금 주민들에게 공람토록 하였고, 그 내용에 이의가 있으면 보증인 2인을 세워서 면사무소를 통하여 관할 세무서장에게 정정신청서를 제출하도록 하였으며, 이와 같이 정정신청서에 의하여 기재사항을 정정한 토지는 '摘要'란에 그 사유를 기재함으로써 확정하였다고 한다.[62]

지적공부복구공시조서의 법적 성격에 대하여 직접적으로 언급하고 있는 판례는 없지만, 甲이 사정받은 임야에 대하여 乙을 소유자로 하여 지적공부복구공시조서가 만들어지고 임야대장이 복구되어 증거로 제출되었다면 어떻게 그와 같은 조서가 만들어졌는지 또 거기에 왜 乙이 소유자로 등재되어 있는지 등을 더 석명심리하지 않고서는 위 증거들을 막바로 배척할 수 없다고 하는 판례[63]와 같이 간접적으로 인정하고 있는 사례는 있다. 또한 미등기 임야에 관하여 임야조사부에 사정명의인 甲, 그

---

62 이성룡,新·舊 土地臺帳上 所有者欄 記載의 證明力,대법원판례해설 17호,법원도서관,1992,488면.

63 대법원 1989.10.24.선고88다카9852,9869판결.

적요란에 종중재산이라고 기재되어 있고, 6.25사변 중에 그 임야에 관한 지적공부가 멸실되어 그 지적공부를 복구함에 있어서 위 임야조사부에 근거하여 지적공부 복구공시조서가 작성되었는데, 그 지적공부 복구공시조서에는 그 소유자가 사정명의인 甲이 아니고 임야조사부 적요란의 종중재산이라는 기재를 중시하여 해당 종중을 확인하여 원고 종중재산이라고 기재하였고, 그에 따라 토지대장 소유자란에 사정명의인 甲, 다음 행에 원고 종중재산이라고 기재하였다면, 위 복구 전에 원고 종중은 이 사건 명의신탁을 해지하였고 그러하기 때문에 위 복구담당 공무원이 원고 종중으로부터 신탁해지를 확인하였으므로 위와 같이 복구한 것이고, 따라서 이 사건 명의신탁계약은 적어도 지적복구 전에 해지되었다고 보아야 한다는 판례[64]도 있다.

### 12. 도로수축개량공사 괘지조서

도로수축개량공사 괘지조서는 도로수축개량공사상의 필요 등 행정목적으로 작성된 문서에 불과하고 소유권변동에 따른 사항을 등재하는 대장이 아니므로 권리추정의 효력은 인정되지 아니한다.[65]

### 13. 측량검사수첩

1945.8.15.부터 1953.7.27.까지 사이에 북한치하 및 전쟁 중에 임야관련 장부들이 멸실되었던 강원도내의 수복지역내에서 만들어진 문서이다. 강원도가 1960년대 말부터 1970년대 초반까지 사이에 해당 시군에 임야세

64 대법원 1991.12.13.선고90다14676판결.

65 대법원 1994.10.28.선고93다60991판결.

부측량을 지시하면서 측량당시에 6명의 임야조사위원을 위촉하여 측량에 참여케 하고, 측량완료후에 검사수첩에 서명날인하도록 하였다. 측량기사가 소유신고서, 임야명기장, 등기부, 소표, 지번별 조서, 여러가지 권리증을 취합하여 검사수첩을 작성하고 담당지적계장이 이를 확인 검사하여 도청의 사열을 받았는데, 그 때 작성된 문서가 측량검사수첩이다[66]. 한편 이 측량검사수첩, 측량원도, 지적산정부에 의하여 조서를 작성하여 30일이상 지적복구를 공시한 후에 작성되는 문서가 위의 지적공부복구공시조서이다. 측량검사수첩은 소유권에 관한 권리추정력은 없다고 할지라도 다른 증거와 더불어 사실인정의 증거자료로는 이용될 수 있다고 보아야 한다.

## V. 마무리

일제는 토지조사사업을 통하여 근대적 토지소유권을 확립하였다고 하지만, 실제로는 일제가 식민지지배체제를 굳건히 하게 위해서 서둘러 실시한 사업이 토지조사사업이고 임야조사사업이다. 이 사업들로 인하여 도입한 등기제도는 하나의 부산물일 뿐이다. 그동안 토지조사사업이나 임야조사사업에 대한 법적인 측면에서의 연구는 거의 없었고, 특히 토지공부에 대한 연구는 없었다. 본 연구는 토지조사사업과 임야조사사업에 대한 민법 및 부동산등기법에서의 연구로서 토지공부를 중심으로 연구된 것이다. 토지조사사업 및 임야조사사업에 대한 국사학 및 경제사학적

---

66 성봉경,전게논문,122면

연구는 이미 많이 이루어져 있다. 본 연구는 토지조사사업과 임야조사사업을 기준으로 그 이전과 시행당시, 그 이후로 시대구분하여 나타난 각종 토지공부에 대한 법적 문제점을 검토하고 있다. 결수연명부와 과세지견취도는 토지대장으로서의 기능을 가지고 있다고 보아야 하고, 사실상 등기제도가 도입되기 이전에는 소유권의 공시장부로서의 기능을 하고 있다고 보아야 한다. 그러나 우리 법원은 결수연명부와 과세지견취도를 전혀 알지 못하고 있고, 재판에 증거방법으로서 제출되지도 않고 있다. 임야조사부는 조선임야조사령에 의한 임야조사서와 동일하게 보아야 한다. 토지조사사업과 임야조사사업 당시에 만들어진 토지조사부, 임야조사서, 토지대장, 임야대장 등은 등기부와 함께 소유권확정에 가장 중요한 증거자료로 보아야 한다. 지적원도, 임야원도, 보안림편입조서, 임야지적조서, 양여허가증, 구 토지대장 및 임야대장, 전귀속임야대장 등은 행정문서이지만, 소유권확정에 중요한 증거자료가 된다고 보아야 한다. 지세명기장, 임야세명기장, 도로수축개량공사 괘지조서, 민유임야이용구분조사서, 지적공부복구 공시조서, 야초대장, 측량검사수첩, 도보 등은 비록 그 작성 목적이 과세나 측량, 공사 등의 목적으로 작성되었다고 하더라도 그 문서가 행정기관 또는 공무원, 그 감독을 받는 기관에서 만들어진 행정목적의 공문서이기 때문에 소유권확정에 직접적인 증거자료로서는 이용될 수 없지만, 다른 공문서와 함께 보완적으로 간접 증거자료로 이용할 수 있다고 보아야 한다. 전혀 증거자료로 활용할 수 없는 것이 아니라 다른 토지공부와 함께 제출된 경우에는 그에 대하여 증거 보강의 자료로서의 가치를 인정하여야 할 것이다. 본 연구에서의 논의는 기존의 연구가 거의 없어 초보단계에 머물고 있기 때문에 앞으로 이 분야에 대한 연구가 계속 되어야 할 것이다.

# 제8장 | 일제하 임야조사사업에서의 임야입회관행

## Ⅰ. 문제의 제기

우리나라는 산지가 70%이상을 차지하고 있는 전형적인 농업형 산악국가로서 인간의 생활에서 산림이 차지하는 비율과 영향은 무시할 수 없다. 구한말이전 조선시대에는 마을주민들이 자기 소유가 아닌 동네 뒷산에서 연료용으로 목재나 나뭇가지 또는 솔잎을 채취하거나 가축 사료용으로 풀을 채취하기도 하였을 것이고, 나아가 식용으로서 송이, 산나물 등을 채취하기도 하였을 것이다. 이러한 慣行은 일제의 한일합병이후 뿐 아니라 해방이후에도 계속되었다. 조선시대나 일제 당시의 법규상 이러한 慣行에 대한 법적 규제가 있었고, 그러한 규제는 그 규제대상인 慣行이 있었다는 것을 전제로 할 수 밖에 없기 때문에 결국 慣行의 존재를 간접적으로 반증해준다고 할 것이다. 일정한 지역의 주민들의 산림임야에 대한 목재, 산나물 등 임산물에 대한 採取慣行이 있었다면 그 採取慣行을 무엇이라고 하였는가. 일본에서는 이러한 慣行의 명칭을 일본 민법상 入會權이라고 하였고, 이를 1910년 한일합병과 함께 우리나라에 적용하였다. 우리나라는 1958년 민법제정당시 이를 特殊地役權이라고 명명하였다. 본고에서는 잠정적으로 이를 入會慣行[1]이라고 한다. 그렇다면 林野入會慣行이라는 것은 마을 주민 등이 공동체로서 자기 소유가 아닌 마을 뒷산에서의 토사, 목재, 산나물, 솔잎, 수액, 송이 및 산삼 등의 채취에 대하여 관습상 가지고 있는 권리라고 말 할 수 있다.

入會慣行과 관련하여 우리나라의 각 지방마다 그 지역에 특유한 관습이 있는 것은 확실하지만 그에 대한 조사가 그동안 전혀 없었고, 入會慣行을 언급한 관련 문헌도 현재로서는 거의 없는 실정이다. 본 연구와 관련하여 산림청을 비롯한 유관 정부기관, 연구기관 등에게 문의를 하였으나 入會慣行의 존재에 관한 보고도 없고 자료는 더욱 알 수 없다고 하고 있다.

한편 入會慣行이라는 것은 말 그대로 慣行上 인정된 것이기 때문에 그에 대한 연구에는 慣行·관습에 대한 조사가 선행되어야 하고, 이를 위해서는 법학 뿐 아니라 사회학, 인류학, 고고학, 국사학 등 관련 분야와의 학제간 연구가 필요하다고 할 것이다. 또한 관습조사는 연구원이나 조사원이 직접 현장을 뛰거나 설문조사를 하여 그에 기초한 이론적 틀을 완성하거나 설정한 틀에 대입시켜 이론적 검증을 하는 방법을 사용하는 경우가 많다. 따라서 入會慣行에 대한 연구도 이러한 설문조사나 현지조사 방법을 사용하여야 할 것이다.

그동안 우리나라에서의 林野 入會慣行에 대한 연구는 없었지만, 최근

1 입회권이라는 것은 구민법상의 용어로서 그 개념이 정립되어 있기는 하나 지나치게 이국적인 어감이 있다고 하는 견해도 있다(김용한, 특수한 지역권, 법정, 1978.4,32)

송이, 산삼, 산나물, 수액(고로쇠나무)등의 채취와 관련하여 일어날 수 있는 분쟁에 대한 대책으로서 그 연구필요성이 대두되고 있다. 본 고에서는 이러한 林野 入會慣行에 대한 관습조사를 하기에 앞서 문헌 연구의 일환으로서 그동안 조선시대의 왕조실록이나 일제시대 및 해방이후에 제정 공포되었던 법령에서 林野 入會慣行에 관한 규정이 있었는지를 살펴보고, 우리나라 학자들의 견해에 대해 고찰·정리해보고자 한다.

## II. 朝鮮時代 文獻上의 入會慣行

조선시대 入會慣行과 관련하여 살펴볼 수 있는 것으로 경국대전 등 법전과 방대한 왕조실록이 있다. 조선시대에는 풀밭(草場)이나 땔나무를 마련하는 곳(柴場)은 사사로이 점유하는 것을 법으로 금지하고 있었다(山場柴草勿令私占). 그 당시에는 현재와 같이 공장제품으로서의 축산용 사료와 석탄, 석유와 같은 연료가 없었기 때문에 산림임야에서 채취하는 사료용 풀과 연료용 땔나무는 국가경제 뿐 아니라 민간경제에 있어서도 매우 귀중한 자원이었다. 이러한 柴草場은 법으로 사적 점유를 금지하고 있다는 것은 적극적으로 개인 소유를 부정한다는 의미도 있겠지만, 도리어 지역주민들이 공동으로 이용했다는 의미가 더 중요하다. 비록 시초장이 지역주민의 소유는 아닐지라도(국가의 소유인지 또는 타인의 소유인지는 불문하고) 지역주민 모두가 이용하는 것을 법규상 인정하고 있고, 이러한 慣行은 조선시대 내내 행하여졌다면 入會慣行의 효시로 볼 수 있다. 그렇다면 일제가 1908년 森林法 제정당시 조선에서는 入會慣行이 없다고 하는 것은 왜곡된 것이라고 할 수 있다.

### 1. 經國大典

경국대전 형전 금제에는 “사사로이 시장(柴場), 초장(草場)을 차지하는 자는 모두 장 팔십에 처한다”[2] (私占柴草場者並杖八十)라고 하여 풀밭과 땔감나무를 하는 곳을 개인적으로 점유하여 독점하게 되면 장 80대의 엄한 중벌에 처하고 있다.

### 2. 朝鮮王朝實錄

조선왕조실록에는 山場水梁 또는 山林川澤이라는 용어가 나오고, 이러한 산장수량이나 산림천택은 모든 인민이 함께 이롭게 하는 땅(共利地)이라고 하고 있다. 이는 현재의 公有地 내지 公共用地의 개념으로 볼 수 있다. 조선시대의 산림천택은 개인소유를 금지했다는 사실보다는 오히려 그 지역주민들이 사실상 공동으로 이용했다는 것을 알 수 있다.[3] 또한 공리지는 타인의 이용을 방해하지 않는 한계내에서, 그리고 자원고갈을 초래하지 않는 범위내에서 누구든지 자유로이 이용할 수 있는 토지라고 한다.[4]

나아가 시초장은 사료용 풀 등을 채취하는 곳이라는 전제 하에 만약 한 개인이 이런 시초장을 사사로이 점유하여 이용하는 경우에는 형벌에 처하도록 경국대전에 규정하고 있지만, 후대에 갈수록 이러한 법규를 어기는 자가 있어 이를 처벌해달라는 민원에 대하여 왕이 직접 이를 처벌하도록 지시를 하는 기록이 많다. 그렇다면 조선시대의 이러한 시초장 개

---

**2** 경국대전 형전, 금제, 483.

**3** 안동섭, 한국입회권에 관한 소고, 서울대 석사논문,1960, 35-37.

**4** 심희기, 한국법사연구, 영남대출판부, 1992, 199.

념을 지금의 관점으로 고찰한다면 바로 산림에 대한 入會慣行이 있었다고 볼 수 있다.

1) 山林川澤

(1) 조선왕조실록 태조실록에는

"산장(山場)과 수량(水梁)은 온 나라 인민이 함께 이롭게 여기는 것인데, 혹 권세 있는 자가 마음대로 차지하여 이익을 독점하는 일이 있으니, 심히 공의(公議)가 아닙니다. 원컨대 지금부터는 주부(州府)·군현(郡縣)에 영(令)을 내려 경내의 산장과 수량을 조사하여, 만일 마음대로 독점한 자가 있으면 그 성명을 일일이 헌사(憲司)에 보고하여, 헌사에서 계문(啓聞)하여 과죄(科罪)해서 그 폐해를 일체 금하고, 수령이 세력에 아부하고 위엄을 두려워하여 숨기고 보고하지 않는 자가 있으면 죄를 같게 하소서."[5](山場水梁一國人民共利者也, 或爲權勢擅執權利者有焉, 其非公義也, ---)라고 하고 있다.

(2) 조선왕조실록 태종실록에는

"그 각도·각 고을의 세공 저화(歲貢楮貨)는 산장(山場)·수량(水梁)이 있는 각 고을 1백 9곳을 전의 수에서 반을 감하고, 산장(山場)·수량(水梁)이 없는 각 고을 1백 21곳은 전의 수에서 3분의 2를 감하소서. 임금이 그대로 따랐다."[6] 라고 하고 있다.

5 조선왕조실록 태조실록, 1집 105면; 태조 6년 4월 25일(정미).

6 조선왕조실록 태종실록 2집 75면; 태종 15년 7월 14일(기유); 이것으로 보아 산장수량이없는 지역도 있었는 모양이다.

(3) 조선왕조실록 중종실록에는

"단천에 은(銀)이 생산되는 곳은 관(官)이 지정한 곳뿐이 아니고 곳곳에 있습니다. 선왕(先王)의 제도에 산림천택(山林川擇)을 비록 백성과 더불어 함께 하였으나, 또한 엄금(嚴禁)하여 씀씀이를 절약하였으니 아마 생산에 한계가 있어서일 것입니다. 신의 의견으로는 은을 산출(産出)하는 각처의 공천(公賤)으로 하여금 채취(採取)해서 공(貢)으로 바치게 하여 불시(不時)의 수요(需要)에 쓰게 하는 것이 어떻겠습니까?"[7]라고 하고 있다.

(4) 조선왕조실록 영조실록에는

"호조 판서 김동필(金東弼)이 말하기를, "지부(地部)의 은화(銀貨)가 바닥이 났으니, 저축할 방도라고는 다만 산림천택(山林川澤)의 이익에 있습니다. 그런데 우리 나라는 재화가 있지만, 사용할 줄을 알지 못해서 도리어 재화가 없는 나라가 되었습니다. 듣건대, 함경도 정평(定平)에 은(銀)이 생산되는 곳이 있고, 안변(安邊)에 동(銅)이 생산되는 곳이 있다고 합니다. 청컨대 호조의 낭관(郎官)을 보내서 은점(銀店)을 설치하고 세(稅)를 거두어 경비의 사용에 보태게 하소서."[8]라고 하고 있다.

2) 柴草場

(1) 조선왕조실록 태조실록에는

"산장(山場)과 초지(草枝)는 선공감(繕工監)의 관장한 바이니, 사점(私占)을

---

**7** 조선왕조실록 중종실록 16집, 60면; 중종 16년 8월 27일(병오).

**8** 조선왕조실록 영조실록 42집 280면; 영조 7년 10월 10일(경자).

하지 말게 하고 그 세(稅)를 헐하게 정하여 백성의 생계를 편리하게 할 것이다."[9]라고 하고 있다.

(2) 조선왕조실록 세종실록에는

"공조에 전교(傳敎)하기를, "산장(山場)의 시초(柴草)는 사사로이 차지하지 못하게 하는 것이 《속전(續典)》에 기재되어 있사온데, 무식한 무리들이 금령(禁令)을 거리끼지 않고 이익을 독차지하여 백성을 해롭게 하였으나, 그곳의 관리들은 이를 알고도 금하지 않으니, 이제부터는 그 전과 같이 작폐(作弊)하는 사람과 능히 검찰(檢察)하지 못한 관리들은 모두 왕의 교지(敎旨)를 좇지 않은 죄로 논죄(論罪)하라."하니, 이는 우대언(右代言) 조서로(趙瑞老)의 말을 따른 것이었다. 서로가 조말생과 산장(山場)을 다투어 이기지 못하매, 법을 빙자하여 밝혀서 다투던 분풀이를 함이니, 법으로는 비록 공평하다 하겠지마는, 실상은 사심(私心)에서 나온 것이었다."[10]라고 하고 있다.

(3) 조선왕조실록 세종실록에는

"호조에서 계하기를, "경기의 각 고을의 인민들이 사사로이 초장(草場)을 점령하고 있으니, 청컨대, 《육전(六典)》에 의하여 모두 관청에 소속시켜야 될 것입니다. 이미 경작하여 전지(田地)가 된 외에는, 그 고을 수령으로 하여금 역인(役人)을 삯을 주어 모집해서 풀을 베고, 감사에게 보고하여 본조(本曹)에 통지하게 하되, 국가의 용도를 제한 외에는 백성들에게 팔기

---

**9** 조선왕조실록 태조실록 1집 137면; 태조 7년 9월 12일(갑신).

**10** 조선왕조실록 세종실록 2집 510면; 세종 4년 11월 10일(계해).

를 허용할 것입니다. 만약 그전대로 함부로 고집하여 한 집만 이익을 보는 자가 있으면, 왕의 명령을 따르지 않는 죄로 논죄(論罪)할 것입니다."라고 하니, 아뢴 대로 시행하되, 경작할 만한 땅은 사람들에게 경작할 것을 허용하도록 명하였다."[11] 라고 하고 있다.

(4) 조선왕조실록 성종실록에는

"경연(經筵)에 나아갔다. 강(講)하기를 마치자, 대사헌(大司憲) 조간(曹幹)이 아뢰기를, "지금 꼴[生] 여섯 묶음[束]의 값이 쌀 너 되인데, 그렇게 된 까닭은 근교(近郊)에는 풀을 벨 곳이 없고, 오직 양화도(楊花渡)·노량(露梁)·삼전도(三田渡) 등지에서는 풀을 얻기 쉬우나, 근자에 혹 대군(大君) 또는 여러 군(君)·재상(宰相)이 사여(賜與)받은 땅이라 칭하고, 다른 사람이 손을 대지 못하게 하기 때문입니다. 서울에 머무는 군사는 으레 말 두 필을 가지므로, 한 사람이 말 두 필의 풀을 대야 하니, 그 괴로움이 심합니다." 하니, 임금이 말하기를, "그렇게 하면 군사는 어디에서 풀을 얻겠는가?"하자, 영사(領事) 홍응(洪應)이 아뢰기를, "권세 있는 집의 종[奴]이 주인의 세력을 믿고 어느 구역을 사사로이 차지하고는 자기 시장(柴場)이라 하여 다른 사람이 베어 가지 못하게 하는데, 세조 말년에 이 폐단이 더욱 심하므로, 특별히 명하여 금지시키고, 《대전(大典)》에 사사로이 시초장(柴草場)을 차지하는 것을 금하는 법을 따로 세웠으니, 지금도 엄격하게 금하지 않아서는 안되겠습니다." 하니, 임금이 말하기를, "이미 금제(禁制)가 있으니, 병조(兵曹)에서 살펴서 아뢰게 하라." 하였다.[12] 라고 하고 있다.

---

11 조선왕조실록 세종실록, 2집 528면; 세종 5년 3월 1일(임오).

12 조선왕조실록 성종실록 10집 231면, 성종 12년 6월 19일(임술).

(5) 조선왕조실록 명종실록에는

"헌부가 아뢰기를, "산림(山林)이나 천택(川澤)을 백성과 함께 사용하는 것은 이익을 함께 누리고 혜택이 널리 미치게 하기 위한 것입니다. 국가의 어전(漁箭)과 시장(柴場)은 각각 금법(禁法)을 마련하여 사사로이 점유하지 못하도록 했는데도 요사이 인심은 이득만 숭상하고 세도가는 법을 무시하여 어전에 관한 금법이 이미 이전에 무너지더니 다음에는 시장을 점유하는 짓이 크게 일어났습니다. 서울 둘레의 30리 안의 시초(柴草)가 나는 곳들은 모두 세도가의 입안(立案) 속에 들어가버려 베어 가는 것을 금하기 때문에 근방의 나무를 해다 파는 사람들이 위세를 두려워하여 감히 손을 대지 못하고 물 건너고 고개 넘어가 나무를 해 와야 하니 지극히 고생스럽습니다. 이러므로 저자에서 파는 나무값이 매우 비싼데 입안이 많아질수록 나무값이 비싸집니다. 올해는 흉년이라 쌀이 매우 귀한데도 나무 1바리의 값이 쌀 1말이나 되어 서울의 백성들이 이미 먹고 살기도 어려운데 또 나무 마련이 어려우므로 원통해 하는 고통 소리를 차마 들을 수 없습니다. 사대부들이 법을 무시하고 이득을 독차지하는 짓이 어찌 이 지경에 이르렀습니까. 맹가(孟軻)의 말에 '상하(上下)가 이득만 도모하면 나라가 위태해진다.'고 했으니 어찌 한심스럽지 않겠습니까. 《대전》 안에 '시장(柴場)이나 초장(草場)을 사사로이 점유하는 자는 장 팔십(杖八十)에 처한다.'는 율을 거듭 밝혀 경기 관찰사로 하여금 특별히 금지하도록 하되 만일 그만 두지 않는 자가 있다면 적발하여 죄를 다스리게 하소서."하니, 아뢴대로 하라고 답하였다."[13]라고 하고 있다.

---

**13** 조선왕조실록 명종실록 20집 249면; 명종 9년 12월 10일(병자).

### 3. 日帝의 慣習調査報告書

일제는 1908년 森林法 제정당시에는 조선에 入會慣行이라는 것이 없다고 하였으나, 1912년 조사 보고된 일제의 관습조사보고서에서는 경북 김천과 충북 황간지역에 걸쳐 소재하는 천덕산 지역 주민들이 종래부터 가지고 있던 採取權의 명칭을 入會[14] 또는 入交[15]라고 하고, 대구시와 경북 의성군(군위군)에 걸쳐있는 팔공산 지역주민들이 종래부터 가지고 있던 採取權의 명칭은 立入[16]이라는 慣行이 있다고 하고 있다.

### 4. 소결론

따라서 조선시대에는 入會慣行이 없었던 것이 아니라 상당히 광범위하게 널리 인정되어 있었다는 것을 알 수 있다.

## III. 日帝下에서의 入會慣行

일제는 1910년 한일합병을 통하여 우리나라를 지배하였고, 조선민사령에 의해 일본민법이 우리나라에 적용되었다. 入會慣行에 대하여 일본민법은 공유의 성질을 가진 입회권(일본민법 제263조)과 공유의 성질을 가지지 아니하는 입회권(일본민법 제294조)에 관하여 각각 규정을 두고, 전자는 각 지방의 관습에 따르는 외에 공유에 관한 규정을 적용한다고 하였고,

---

**14** 조선총독부, 관습조사보고서, 명치 45년, 102.

**15** 조선총독부, 관습조사보고서, 명치 45년, 104.

**16** 조선총독부, 관습조사보고서, 명치 45년, 12.

후자는 각 지방의 관습에 따르는 외에 지역권에 관한 규정을 준용할 것이라고 하였다. 따라서 入會慣行은 일제시대에는 일본민법을 통하여 계속하여 그 근거를 가지고 있었다.

한편 일제는 일본에서의 入會慣行이 목재채취를 주목적으로 하고 있는데 비해, 우리나라는 조선시대부터 가지고 있던 지역주민들의 入會慣行이 소규모적인 땔감이나 사료용 풀 採取權이라는 사실을 간과하고, 우리나라에서의 입회권도 일본과 동일한 개념으로 파악하였다. 이에 따라 入會慣行을 인정해 줄 경우에는 국가경제적으로 진행되던 林野수탈정책에 차질을 빚을 우려가 있자 이를 폐지하고자 무리하게 입법을 하였다. 일제는 지역주민들이 가지고 있는 入會慣行에서 산업용 및 군수용으로 유용하게 이용되는 목재의 採取權을 박탈하려고 삼림관련법의 제정 및 개정을 통하여 入會慣行을 폐지하려고 하였다. 결국 일제는 森林政策 5대法令인 森林令, 임야조사령, 국유삼림미간지 및 삼림산물 특별처분령, 연고삼림양여령, 사방사업령에 의해 종전까지 면면히 유지하여 오던 入會慣行을 폐지하였다.

### 1. 森林法

#### 1) 森林法의 立法背景

1905년 을사조약으로 외교권을 빼앗은 일제는 종래 우리나라가 삼림산야에 대하여 아무런 시설 뿐 아니라 임업정책도 없었고, 삼림에 대한 법령·규칙의 제정도 없었기 때문에 林野관리의 법령 제정이 시급하다는 미명하에 1908년(명치 41년) 1월 24일 법률 제1호로서 森林法을 제정하였고, 이 법은 1911년(명치 44년) 제령 10호로 폐지되었다. 이 법은 일제가 우리나라의 삼림산야에 관한 법령의 효시로서의 의미가 있지만, 그 제정의 입법취지와는 달리 당시 주된 연료로 사용되던 삼림산야의 목재, 낙엽 등 임산물이 모두 우리나라의 수중에 있기 때문에 일본에서 건너온 이민 일본인들이 이들 연료재목들을 매수하여 사용함으로써 많은 불편이 뒤따랐을 것으로 짐작이 된다. 따라서 이를 합법적으로 수탈하고자 종래 조선시대에 인정되던 入會慣行을 모두 무시하고 입법상 이를 폐지하고자 이 법을 제정한 것으로 사료된다. 그렇지만 森林法 제정당시의 입법취지는 林野의 보호단속의 기본을 정하고, 식림을 장려함과 동시에 사유림을 인정하고 소유권의 확정을 도모하여 권리관계의 명확성을 기하기 위하였다고 한다. 또한 그 특색으로는 조림의 촉진방책으로서 일본에서의 부분림제도를 도입하고, 林野의 사유를 인정하는 방법으로 지적계의 제출을 규정한 것이라고 한다.[17]

2) 森林法의 主要內容

森林法은 국유삼림 산야의 매각, 양여, 교환 또는 대부 및 국유 임산물의 매각에 관한 규정은 칙령으로써 이를 정한다(森林法 제2조)고 규정하고, 森林法 발표이전에 국유삼림 산야의 벌목 또는 삼림산야의 대부에 허가를 받고 그 효력이 아직 존속한 것은 본법 시행날로부터 1년이내

17 이 지적계의 제출제도는 매우 심각한 문제점을 가지고 있었다. 森林法 실시 중에 있어서는 조선에 있어서의 삼림제도 실시의 초기로서 행정기관이 오늘처럼 정비되지 못하고 따라서 법령의 보급이 또한 완전하지 못한 결과 산간벽지의 곳에 있는 주민들은 전연 이 사실을 모르고 있었다. 혹은 이것을 안다하여도 토지증명 규칙에 관하여 일단 부윤군수이사관의 증명을 경유한 것은 이미 그 소유권을 확보한 것으로 믿고 중복되는 수속의 이행을 하는 번거로움을 피하여 고의적으로 제출하지 않은 일본인 조선인 등이 적지 않은 상태에 있었다. (1912년(명치 45년) 1월 12일, 관통첩 제10호,森林令실시에 관한 질의의 건 참조)

에 농상공부대신에게 청원하여 인정받아야 한다(森林法 부칙 제21조)고 규정하고 있다. 森林法 시행세칙(융희 2년(1908년) 4월 21일,농상공부령 제65호)은 국유삼림산야 및 산물의 특매, 양여를 받고자 하는 자는 농상공부대신에 출원하여야 한다(제6조, 제46조)고 규정하고 있다. 국유삼림산야 및 산물처분규칙(1908년 4월 4일 칙령 제24호) 제1조 제8호에서는 농상공부대신이 주요산물을 채취하는 慣行이 있는 삼림산야를 그 채취하는 자에게 매각할 때에는 국유삼림산야처분심사회의 결의를 거쳐 수의계약으로 매각할 수 있도록 하고 있다. 또한 제5조 제3호에서는 농상공부대신은 종래의 慣行에 의하여 신탄재 또는 부산물을 그곳 인민에게 매각할 때에는 수의계약으로서 매각할 수 있다고 한다. 이처럼 국유·민유의 소유구분을 명확하게 할 목적으로 제정된 森林法은 제 19조에서 민유림의 소유자는 본 법 시행후 3년이내에 그 취지를 농상공부대신에게 계출하도록 하고, 기한내에 계출이 없는 경우에는 모두 국유로 본다고 하였다. 그런데 그 계출의 심사를 통하여 소유를 확정할 예정이었으나 그 계출기간 중에 한일합방이 이루어져 계출서를 수리만 하였을 뿐 아무런 심사를 하지못하다가 1911년(명치 44년)에 森林令의 발포와 함께 森林法은 폐지되었다. 森林法 제19조에 의해 지적계를 제출하여 민유지로 신고한 것이 명치 42년(1909년)말까지 3만여건에 이르렀다고 한다.[18]

### 3)森林法과 入會慣行

종래의 慣行에 터잡아 자유롭게 이용하던 국유재산에서의 임산물의 採取慣行 즉 入會慣行은 森林法의 시행으로 모두 폐지되고, 그러한 임산물

18 산림청,조선임업사(상),79.

을 채취할려고 하는 자는 매수하거나 양여, 대부받거나 또는 그 임산물은 수의계약으로 매수하도록 하였다. 이러한 일제의 의도는 그 후 민중들의 감정을 격화시켜 매우 강한 반발에 부닥치게 되었다.[19] 이에 따라 1911년 제정된 森林令에서는 부득이 入會慣行을 인정하게 되었다.

## 2. 森林令

### 1)森林令의 立法背景

일제는 1910년 한일합병 직전 임업관계사업으로 가장 시급하게 생각한 임적조사를 "임적조사 내규"에 근거하여 1910년 3월부터 8월까지 실시하여 전국의 관민유임야의 배치 및 임상의 개요를 파악하였다. 이는 얼마나 일제가 이민 일본인들의 연료공급원으로서의 삼림에 대하여 관심을 가지고 있었는지를 알 수 있다. 이 임적조사는 단기간내에 조사를 하면서도 일제 스스로 비교적 정확하였다고 자평을 하고 있고,[20] 소유관계별 임상구분을 한 결과 조사된 전체 林野 약 1585만정보 중에서 관리기관을 갖지 않은 국유임야가 약 726만정보이고 사유임야가 약 738만정보라고 파악하였다. 이후 일제는 1910년 8월 29일 한일합병이 선언되자 조선총독부내에 산림과를 두고 산하에 영림창, 지방청을 두어 우리나라의 삼림에 대한 조직적인 수탈에 나섰다.

---

19 일제는 "기왕 수십년간 조용하게 또 공연하게 사용 수익하여 온 것이므로 전연 이것을 인용하지 않는다는 것은 약간 가혹한 감이 있고 그 뿐만 아니라 지방민심에 미치는 영향도 적지 않다고 인정된다"고 하고 있다(1912년(명치45년) 1월 12일,관통첩 제10호,森林令실시에 관한 질의의 건 참조)

20 산림청,전게서,105.

2)森林令의 主要內容

일제는 1911년(명치 44년) 6월 20일 조선총독부 제령 제10호로서 森林令을 제정하였다. 이 당시 일본의 森林法은 주로 공법적 관계를 규정하고, 국유임야법은 사법적 관계를 규정하고 있었던 데 비하여, 조선의 森林令은 공법적 관계 이외에도 사법적 관계도 규정하고 있었다. 특히 森林法상의 부분림제도를 폐지하고, 종래 지방의 慣行은 되도록 존중하여 국유임야입회의 권리를 인정하였고, 지방주민으로 하여금 국유임야의 보호를 하도록 하되, 그 보수로서 자가용의 신탄연료 기타의 산물 일부를 양여하는 길을 만들었다. 森林令 제8조에서는 국유삼림에 입회하는 慣行이 있는 지원주민(地元住民)[21]은 慣行에 따라 그 삼림의 부산물을 채취하거나 또는 이에 방목할 수 있다. 조선총독은 전항에 규정하는 입회의 구역을 지정하거나 또는 변경할 수 있다고 규정하고 있고, 제9조에서는 조선총독은 제8조의 지원주민에 대하여 그 입회구역에 조림을 명령할 수 있다. 이 조림명령을 받은 자가 사업에 성공하는 때에는 그 토지를 양여받을 수 있다고 규정하고 있다. 또한 제16조에서는 조선총독은 삼림의 소유자 혹은 점유자, 제9조나 제10조의 지원주민으로 하여금 공동으로 삼림의 보호 또는 조림사업에 종사시키기 위하여 필요한 명령을 내릴 수 있다고 하고 있다. 森林令 시행규칙(1910년(명치 44년) 6월 20일, 74호) 제35조는 森林令 제8조의 入會慣行이란 지원주민의 전부 또는 대부분이 국유삼림의 일정구역에 한하여 영년(영구히) 부락용 또는 자가용에 사용할 산물의 채취 또는 방목으로 사용하는 慣行을 말한다고 규정하고 있다. 森林令

21 지원주민이란 그 임야의 부근에 거주하는 자를 말하는 것이고 반드시 이에 인접하여 거주하는 자로 해석할 필요는 없다. 지형, 교통 등을 참작하여 실지로 인정하여 주도록 할 것이라고 한다(대정 원년 7월 31일, 森林令 제8조의 지원주민의 해석에 관한 건 참조)

시행수속(1910년 (명치 44년) 8월 31일 훈령 제73호) 제23조는 지방장관은 森林令 제8조 제2항의 처분을 하여야 할 필요가 있다고 인정할 때에는 입회구역 지정조서 또는 입회구역 변경조서에 도면을 첨부하여 조선총독에게 신청한다고 하고, 입회구역 지정조서에는 지정하고자 하는 구역, 입회구역 변경조서에는 신구 두구역에 관하여 1. 소재지, 2 실측 또는 가능하다고 보는 면적, 3. 지황 및 임황, 4. 입회 부락 및 호수, 5. 입회의 목적 및 방법, 6. 지정 또는 변경을 필요로 하는 이유, 7. 전 각호 이외 필요하다고 생각되는 사항에 관한 사항을 기재하여야 한다(시행수속 제24조). 이에 따라 지방장관은 적당한 대장을 구비하여 森林令 제8조 제2항에 의하여 조선총독이 처분한 사항을 기재하고(시행수속 제31조), 지방장관은 제23조 양식에 의하여 국유삼림산야매각 및 양여대장을 만들어 조선총독이 처분한 사항을 기재하여야 하고(시행수속 제32조), 지방장관은 제24호 및 제25호 양식에 의하여 국유삼림산야 연기대부대장 및 국유임야산물연기매각대장을 비치하고 지방장관이 처분한 국유삼림산야 또는 그 산물에 관하여 필요한 사항을 지재하도록 하고(시행수속 제33조)있다. 또한 국유삼림산야 및 그 산물처분에 관한 조사요령의 건(1911년(명치 45년) 7월 3일, 산 제622호,각 도 장관앞 정무총감 통첩)에서는 森林令 시행수속 제13조에 의한 조사는 별기하는 국유삼림산야 및 산물에 관한 조사요령에 의하여 조사하도록 통첩하면서 5. 入會慣行의 유무를 조사하도록 하면서 그 구체적인 내용으로 入會慣行의 유무를 조사하고 入會慣行이 있다고 인정될 때에는 慣行의 내용, 입회지의 구역, 입회부락의 명칭과 호수, 입회부락민이 입회지를 보호할 수 있는데 관한 시설을 조사할 것이라고 규정하였다.

3)森林令과 入會慣行

① 일제는 1908년 구한국정부가 제정한 森林法은 그 개정 필요성이 있어 조선 종래의 관습에 바탕을 둔 森林令을 제정했다고 한다. 그런데 1908년 森林法 제정당시에는 우리나라에 入會慣行이 전혀 없다고 하다가 1911년 森林令 제정당시에는 우리나라에 入會慣行이 있다고 하는 것은 매우 자의적이고 왜곡된 현상파악이고, 당시 일제가 森林法을 제정하고 난 후에 우리나라 국민들에 의해 매우 심각한 반발에 부닥쳤다는 것을 반증해준다. 특히 森林令 제11조에서 이민단체의 사용에 필요한 국유삼림을 양여할 수 있도록 한 것은 일본 본토 이민자들에게 임야경영을 통하여 토착화시키고자 하는 의도를 엿볼 수 있다.

② 1910년 7월 도장관회의석상에서 배포한 "森林令 개정요지" "7. 入會慣行의 인용"을 살펴보면, 국유임야는 봉산(封山) 기타 특별한 보호를 준 것 이외에 대개는 소위 무주공산으로 칭하여 인민이 자유로 산물을 채취하고 드디어는 자가용으로 쓸 뿐만 아니라 영리의 목적으로 하는 자도 있어서 드디어 오늘의 삼림황폐를 오게 하였다. 구森林法은 이러한 점을 생각하여 엄중히 산물의 자유채취를 금지하였으나 원래 지방의 세민(細民)은 채초(採草) 또는 온돌용 연료를 위하여 부근의 국유임야로부터 시초 등의 부산물을 채취한다는 것은 생활상 부득이한 것으로 지금 속히 종래의 관습을 고쳐 모름지기 매수시킨다는 것은 한편 가혹한 우려를 면할 수가 없다. 그래서 森林令에 있어서는 입회의 慣行인 부산물의 채취 그리고 방목은 이것을 인용함과 동시에 시행규칙에 있어서 入會慣行의 뜻을 정하고, 입회(入會)한 부락민이 일정의 구역을 한정하고 타를 배제하면서 부락용 또는 자가용의 산물을 채취하고 또는 방목을 한 慣行에 한정할

것으로 하여 이로서 폐해를 제외할 것을 기도하였다 (森林令 제8조, 동시행규칙 제35조) 고 하고 있다.

③ "8. 입회지의 정리"에서는 생활상 부득이한 入會慣行은 앞서 말한 바와 같이 이것을 인용한다고 하지만 그 구역이 필요이상으로 넓은 것 또는 그 위치가 적당하지 않는 것에 대해서는 그 구역을 축소하고 또는 그 위치를 변경시킬 수 있는 규정을 만들었으며, 또 慣行에 맡겨 그것을 방치할 때에는 조림실행의 목적을 얻을 수 없는 우려가 있기 때문에 조림을 명하고 성공한 뒤에는 양여할 수 있는 규정을 만들었다(森林令 제8조, 제9조)고 하고 있다.

④ 森林令은 종래의 入會慣行을 지정하거나 변경하도록 하고 있고, 그 권한을 조선총독의 위임에 의한 지방장관이 하도록 하고 있다. 즉 入會慣行이라는 관습상의 것을 제도권으로 끌어들이고 있다. 만약 入會慣行 지정신청을 하지 않으면 어떻게 된다는 규정은 없지만, 이를 법규상으로 부인하는 것으로 볼 수 밖에 없다. 이렇게 일제는 1908년 森林法에 의해 전면 폐지된 入會慣行제도를 1910년 森林令에 의해 부활시켰다.

### 3. 國有林野 區分調査

#### 1)國有林野調査의 背景

일제는 1910년 한일합병을 전후하여 임적조사를 하였고, 뒤이어 森林令을 제정하였지만 국유임야 중에도 장래 국유로 존치시킬 필요가 있는지 여부에 대한 한계가 명료하지 아니하여 森林令 운용 및 시설계획 수립에 불편이 있었다. 이에 따라 국유림 존폐여부에 대한 구분조사를 1911년(명치 44년) 11월 10일(농상공부장관 통첩 331호) 실시하여 국유림을 요존임야, 제1종불요존임야, 제2종불요존임야로 구분하였다. 군사상 또는 학술상 존치의 필요가 있는 개소, 국토보안상 존치의 필요가 있는 개소, 사업구로서 경영하는데 족한 약 2000정보이상의 집단적인 개소 등은 요존예정임야로 구분하고, 그렇지 아니한 것은 불요존임야로 하였다. 불요존임야는 구森林法의 규정에 의하여 계출하지 아니함으로써 국유로 된 것, 종래의 관습에 의해 구법 시행전부터 점유하고 계속 이를 금양한 것, 기타 특별연고를 가지는 것으로 일반에 개방하기 어려운 사정이 있는 경우에는 제2종 불요존임야로 하고, 기타 어떠한 연고도 가지지 아니하고 일반에 개방할 수 있는 임야를 제1종 불요존임야라고 하였다. 구분조사는 요존임야와 제1종불요존임야로 인정되는 국유림에 대하여 상세한 조사를 하고 1924년(대정13년)에 완료하였다.

2)國有林野調査의 主要內容

이러한 국유임야 구분조사를 한 후 제1종불요존임야는 아무런 연고자가 없기 때문에 1912년(대정 원년) 8월 14일 칙령 제6호 "조선국유삼림미간지 및 삼림산물특별처분령"에 의하여 수의계약으로 매각 또는 대부하여 민간인에게 처분하도록 하였다. 1913년(대정 2년) 5월 2일 통첩 제94호에 의하여 부령 제10호 제2조 중 구森林法 시행전 적법으로 점유한 삼림산야 또는 입회의 慣行이 있는 삼림산야로서 영년금양의 표준에 달하지 않았지만 森林令 시행전부터 수목을 금양하고 현재 평균입목도 비율 10분의 3이상의 구역을 그 점유자 또는 入會慣行자에게 대부할 경우에 한하여 무료대부하도록 하였다. 1915년(대정 4년) 2월에 제정된 국유임야구분 조사내규 제23조에 의하면 제1종 불요존임야 조사에는 入會慣行유무를 조사 기입하도록 규정하고 있다. 따라서 종전의 入會慣行이 있는 임야에 대해서는 무료대부를 하였기 때문에 지역주민들은 이를 근거로 하여 동내산으로 편입시킬 수 있었다. 제2종 불요존임야는 여러 가지 연고를 가지고 있었기 때문에 1918년 임야조사령에 의하여 연고있는 국유림으로 인정하였다. 1926년(대정 15년) 4월 5일 제령 제7호 "조선특별연고삼림양여령"으로 해당연고자에게 무상양여 하였다. 요존임야는 森林令 제6조에 의하여 공용 또는 공익사업을 위하는 경우 외에는 매각 또는 양여할 수 없는 것을 원칙으로 하였다.

## 4. 特別緣故森林의 處分

### 1)特別緣故森林處分의 背景

일제는 1908년(융희 2년, 명치 41년) 법률 제1호로서 森林法을 공포하고, 동법 제19조에서 사유림소유자는 지적계를 계출토록 하고 그 계출이 없을 경우에는 모두 국유로 하였으나 그 계출에 대하여 심의할 틈도 없이 1911년(명치 44년)森林法이 폐지되고, 森林令이 제정되었다. 그러나 연고자는 그 임야에 대하여 사실상 자기의 소유로서 보호금양하고 또는 사용수익하여 온 데도 불구하고 森林法의 공포를 모르고 계출하지 아니하여 국유로 귀속된 데 대하여 불만을 품고 거세게 반발을 하게 되었고, 이에 대해 일제는 부득이 연고자에게 그 소유권이나 입회권을 인정해주게 되었다.[22] 즉 森林令 제29조에서 영년 수목의 금양을 한 자는 조림을 위하여

22 일제는 이에 대해 민중의 이해를 생각하여 구제할 필요가 있었다고 표현하고 있다(산림청,전게서, 438,458)

대부한 것으로 간주하여 양여하는 규정을 두었다.

2)特別緣故森林處分의 主要內容

국유삼림산물의 처분에 있어서는 그 특수사정을 고려하여 1912년(대정 원년)8월 14일 칙령 제6호로서 "조선국유삼림미간지 및 삼림산물특별처분령"을 공포하였는데, 제1조에서 조선에 있어서 국유삼림의 매각 또는 대부는 다음의 경우에 한하여 수의계약에 의할 수 있다고 한 후 제4호에서 조선총독이 정하는 바에 의하여 특별한 연고가 있는 삼림을 그 연고자에 매각할 때라고 하고 있다. 또한 제4조에서는 국유삼림의 산물의 매각은 다음의 경우에 한하여 수의계약에 의할 수 있다고 한 후 제3호에서 조선총독이 정하는 바에 의하여 특별한 연고가 있는 삼림의 산물을 그 연고자에 매각할 때라고 하고 있다. 삼림산물의 매각에 있어서 수의계약으로 할 수 있도록 하였고, 조림을 목적으로 하는 대부는 무료로 하고, 사업을 성공하면 양여하는 특례를 규정하였다. 1912년(대정 원년) 9월 3일 부령 제10호 "조선국유삼림미간지 및 삼림산물특별처분령에 의한 삼림의 연고자 및 목재업자의 자격의 건"을 발포하였고, 동령 제1조는 조선국유삼림미간지 및 삼림산물특별처분령 제1조 제4호 및 제4조 제3호에 규정하는 삼림의 연고자는 다음 중 하나에 해당하는 것을 뜻한다고 하면서, 제4호에서 입회의 慣行이 있는 삼림산야에 있어서는 그 입회의 慣行을 가지는 자라고 하고 있다. 入會慣行者는 이에 의해 부락림(동내산)에 편입되었다. 1915년(대정 4년) 국유임야조사내규에서 제2종 불요존임야에 편입할 연고임야를 정하고, 다시 1918년(대정 7년) 임야조사령 시행규칙 제1조에 의하여 소유자와 비슷하게 신고를 하여야 할 6종류의 연고자를 정한 바 있다. 임야조사령 제3조, 임야조사령 시행규칙 제1조에서는 森林法

상의 지적계의 유무에도 불구하고 사유로 하였다. 그러나 이러한 연고자의 구제 규정에도 불구하고 문제가 많자 부득이 1926년(대정 15년) 4월 5일 제령 제7호 "조선특별연고삼림양여령"을 공포하고 연고임야에 대하여 1년의 기간의 정하여 대대적으로 양여하였다.

### 5. 朝鮮林野調査令

일제는 토지조사사업에 이어 1918년(대정 7년)5월 1일 훈령 제5호로 조선임야조사령을 발포하면서 신고주의를 채택하였다. 동법 제3조 제1항에서 임야의 소유자는 도장관이 정하는 기간내에 성명 또는 명칭, 주소 및 임야의 소재 및 지적을 부윤 또는 면장에 신고하여야 한다고 하고, 제2항에서 국유임야에 있어서 조선총독이 정하는 연고를 가지는 자는 전항의 규정에 준하여 신고하여야 하고, 이 경우에 있어서는 그 연고에 대한 것도 신고하도록 하고 있다. 조선임야조사령 시행규칙(1918년 5월 1일 부령 제38호) 제1조에서는 다음 각호의 하나에 해당하는 자는 연고를 가지는 국유임야에 관하여 조선임야조사령 제3조에 의하여 신고를 하도록 하면서 제5호에서 국유임야에 있어서 입회의 慣行을 가지는 자라고 하고 있다. 조선임야조사령 시행수속(대정 7년 11월 26일, 훈령 제59호 도장관, 부윤, 도사, 면장 앞) 제11조에는 다른 사람의 토지를 잘못하여 신고한 경우에는 신고자로 하여금 말소시킨 뒤 날인하고 신고서류의 끝 쪽에 편철한다. 국유임야의 구분조사 또는 처분조사에 있어서 연고자가 없는 국유임야로서 조사하고 현재 국유에 속하는 것에 있어서 조선임야조사령 시행규칙 제1조 제1호, 제2호, 제4호 또는 제5호에 규정하는 연고자로서 신고시켰을 때에도 역시 전항과 같다고 규정하고 있다. 이렇게 일제는 임야조사를 한 결과 약 1630만정보 중에서 연고자 없는 국유림이 약 618만정보, 민유임야가 약 661만정보로 사정되었다.

### 6. 砂防事業

1933년(소화 8년) 8월 25일 제령 제17호로서 조선사방사업령을 제정공포하였다. 제1조 제1항에서 사방사업이라 함은 본령에 의하여 토지의 붕괴 또는 토사의 유출 또는 비산을 방지하기 위하여 공작을 하고 또는 식물을 파식하는 것을 말하고, 사방시설이라 함은 사방사업에 의하여 만들어진 공작물 기타의 시설 및 파식한 식물을 말하고, 사방지는 사방사업을 실시하고 또는 실시하였던 토지를 말한다고 규정하고 있다. 제2항에서 사방지에 천연으로 생겨난 식물 또는 사방사업 시행 전부터 그 토지에 있었던 식물로서 사방시설인 식물과 함께 생육한 것은 사방시설로 간주한다고 하고 있다. 이 조선사방사업령에 따라 종전까지 인정되었던 입회권이 제1조 제2항에 의해 많이 상실되었다.

## Ⅳ. 解放後 林野入會慣行

### 1. 民法施行以前

일제의 36년 치하에서 1945년 8월 15일 독립하면서 우리나라는 미군정시대가 되었다. 미군정하에서의 법률적용에 대해서는 재조선미국육군사령부 군정청 법령 제21호에 의하여 일제하에서 적용되는 일본민법이 계속하여 그 효력이 존속되면서 이른바 구민법시대에 접어 들었다. 구민법은 일본의 입회권제도를 도입하여 공유의 성질을 가진 입회권(구민법 제263조)과 공유의 성질을 가지지 아니하는 입회권(구민법 제294조)에 관하여 각각 규정을 두고, 전자는 각 지방의 관습에 따르는 외에 공유에 관한 규정을 적용한다고 하였고, 후자는 각 지방의 관습에 따르는 외에 지역권에 관한 규정을 준용할 것이라고 하였다.

1948년 7월 17일 대한민국 헌법이 제정되면서 대한민국 정부 수립후에 제헌헌법 부칙 제100조에 의하여 일본민법 즉 구민법이 계속하여 그 효력이 존속되었다가 1958년 민법이 제정되고 1960년 1월 1일부터 새로운 민법이 시행되면서 구민법은 그 효력이 실효되었다. 따라서 구민법 제263조 및 제294조의 효력은 존속되었고, 그 林野入會慣行은 그 구민법에 의하여 규율되었다.

그러나 해방이후 정부는 연료용으로 이용되는 임산물 즉 솔가지, 솔잎 등의 채취로 인한 남벌등을 우려하여 산림법이 제정될 때까지 산림보호 및 조림에 관한 산림보호임시조치법(1951.9.21,법률 제218호)을 제정하였다. 이 법에 의하면 산림보호와 조림보호, 임산물의 공동이용을 위하여 리동단위로 산림계를 조직하도록 하였다(동법 제4조, 동법 시행령 제6조 내지 제20조). 산림계는 30인이상의 발기인으로 설립하고, 계원은 산림의 소유자와 그 구역내에 거주하는 가구주가 된다. 이러한 산림계가 입회권을 행사하였다.

### 2. 民法施行以後

우리나라는 해방후 지역주민들에 의한 주변 임야의 남벌채가 심하여 산림보호 임시조치법, 임산물단속에 관한 법률(1961.6.27,법률 제635호,농림부) 등이 제정되었으나, 1970년대 이후 연탄과 난방용 기름의 사용으로 이에 대한 규제의 필요성이 적어져 1980년에 임산물단속에 관한 법률, 산림개발법 등은 폐지하였고, 전면 개정된 산림법에서는 주로 임목벌채,

석재채취, 토사채취등에 관하여 규정하고 있는 반면에 송이 등 임산물에 관한 규정은 몇 개의 조항만 규정하고 있다. 따라서 일본의 입회권에 관한 내용은 현재 우리나라의 실정에도 맞지 아니할 뿐 아니라 特殊地役權과 관련하여 논의 될 수 있는 부분도 이미 실정법상 규정되어 있는 임목보다는 송이, 솔잎, 산삼, 산나물 등 임산물에 대하여 논의해야 할 것으로 보인다.

구민법은 일본의 입회권제도를 도입하여 공유의 성질을 가진 입회권(구민법 제263조)과 공유의 성질을 가지지 아니하는 입회권(구민법 제294조)에 관하여 각각 규정을 두었다. 민법은 전자의 입회권은 민법상 총유로 규정하였고, 후자의 입회권에 해당하는 권리는 민법 제 302조상 어느 지역의 주민이 집합체의 관계로 각자가 타인의 토지에서 초목, 야생물 및 토사의 채취, 방목 기타의 수익을 하는 권리가 있는 경우에는 관습에 의하는 외에 본장의 규정을 준용한다고 규정하면서 표제어로 特殊地役權이라고 하고 있다. 여기에서는 特殊地役權의 해석에 대하여 살펴보기로 한다.

1) 特殊地役權의 意義

特殊地役權이라 함은 민법에서 규정하고 있듯이 어느 지역의 주민이 집합체의 관계로 각자가 타인의 토지에서 초목, 야생물 및 토사의 채취, 방목 기타의 수익을 하는 권리(민법 제302조)라고 한다. 特殊地役權의 용어를 特殊地役權[23], 總有的 土地收益權[24], 入會權[25], 土地收益權의 準總

23 고상용,물권법,법문사,201,467;이영준,물권법,박영사,2001,658;이은영,물권법,박영사,2000,624;최식,신물권·담보물권법,박영사,1960,248.

24 김상용,물권법,법문사,2001,521;김증한,물권법,박영사,1983,288.

25 김기선,한국물권법,법문사,1985,294;방순원,신물권법,일한도서,1960,193.

有[26], 準總有的 土地收益權[27], 準總有的 用益關係[28] 등으로 명명하고 있다.

2) 特殊地役權의 法的 性質

特殊地役權의 법적성질에 대해서는 地役權說과 人役權說이 있다. 地役權說은 첫째 특정인에게 그의 주거지역과 관계없이 인정되는 권리가 아니고, 지역주민일 것이 요구됨으로써 토지와의 결합이 강하게 요구된다고 하고, 둘째 지역권에 의한 용역이 토지 자체를 위한 것이어야 하고, 사람을 위한 것이어서는 안된다는 생각은 잘못된 것이라고 하면서 特殊地役權을 지역권의 일종이라고 한다[29]. 이에 대해 人役權說은 편익을 얻는 것은 지역주민 즉 사람이고 토지가 편익을 얻는 것은 아니라고 하면서 特殊地役權은 人役權이라고 한다.[30]

생가건대 지역주민이 목적토지를 점유하지 아니하고 특정한 편익을 위하여 이용한다는 점에서는 지역권과 비슷하지만, 그 편익을 받는 것이 토지가 아니라 일정한 지역의 주민 즉 사람이라는 점에서 지역권과 다르고 따라서 特殊地役權은 人役權이라고 보아야 할 것이다.

特殊地役權은 토지수익권으로서의 제한물권이다.[31] 학설에 따라서는 어느 부락의 주민이 전체로서 다른 부락 또는 개인과 계약을 하여 일정

26 곽윤직,물권법,박영사,2000,343.

27 김용한,물권법론,박영사,1996,406;장경학,물권법,법문사,1987,595.

28 김현태,신물권법,일조각,1963,15.

29 이은영,전게서,624.

30 곽윤직,전게서,343;김상용,전게서,522;김용한,전게서,409;이상태,물권법,법원사,2000,316;이영준,전게서,659.

31 김상용,전게서,522;김용한,전게서,409;장경학,전게서,597.

기간 다른 부락 또는 개인의 소유에 속하는 산림을 공동수익할 수 있는 권리를 취득하는 채권적 입회권이 성립할 수도 있다고 하지만,[32] 생각건대 特殊地役權은 지역적인 연고를 가진 주민단체가 필요하고, 또한 양도될 수 없기 때문에 채권적 입회권이 성립할 수 없다고 생각된다.

3)特殊地役權의 社會的 機能

민법의 물권법 교과서에서 민법 제 302조상의 特殊地役權을 서술한 우리나라의 모든 학자들이 이구동성으로 이 방면에 대한 연구의 필요성을 언급하고 있었으나 민법상으로 이와 관련하여 실제로 진척된 연구는 전혀 없는 실정이라고 하고 있다. 또한 종래 국내 물권법 교과서에서 언급하고 있는 特殊地役權 부분에 관한 사항은 주로 임목의 남벌채로 인한 부정적인 부분을 서술하고 있다. 긍정적인 면을 서술하고 있는 견해[33]는 소수이다. 다수 학설이 特殊地役權의 폐단에 대하여 논급하고 있으면서도 特殊地役權에 관한 관습조사의 필요성을 강하게 인정하고 있다.

(1) 자연경제시대의 농촌주민에 있어서는 이러한 토지수익권이 그들의 생활의 기초가 되어 있는 반면에 그러한 수익권은 커다란 폐단을 수반하고 있다. 토지의 관리에 있어서 철저하지 못하며, 수익의 절대량을 줄어들게 한다. 토지의 황폐를 초래하고, 홍수의 재해를 커지게 할 염려가 있

32 末川博,물권법,일본평론사,1956,364.

33 입법정책상 이같은 제도를 말살해 버리는 것이 좋겠다는 부정설에 의하면 만약 이 제도를 존속시킨다면 수목을 남벌하여 산림을 황폐화시킬 우려가 많은 것을 이유로 정책상 이 제도를 폐지하자는 의견도 있을 줄 안다. 그러나 농촌부락민의 현재의 처지에서 본다면 그들의 생활자료획득에 있어 이 권리는 생명선과 같은 것에 견줄 수 있다고 보아야 할 것이고, 이같은 용익권을 인정한다고 해서 바로 산림이 황폐화된다는 이론에도 찬동할 수 없고, 혹시 황폐화되는 일이 있을 경우에는 산림보호법에 의하여 산림녹화는 충분히 소기의 목적을 달성할 수 있기 때문이라고 한다(김현태,전게서, 15-24).

다. 수익권의 존재는 토지의 개발을 방해하며, 그의 교환가치를 줄어들게 한다. 위와 같은 이해는 사회발달에 따라서 그 이익은 점차로 줄어드는 반면에 폐해는 커지는 경향이 있다. 농업기술의 발달, 농촌에 있어서의 교환경제의 확대, 교통의 발달 등은 특수수익권의 농업적 가치를 감소시켜 가고 있다. 반대로 농촌사회의 생활고는 수익권의 행사에 관한 단체적 통제를 이완케하고, 목적토지의 황폐화를 촉진한다. 임업을 장려하고 원야를 개발할 필요가 커짐에 따라서 그러한 수익권의 존재는 더욱 고통스러운 것이 된다.[34]

⑵ 特殊地役權이라고 하는 특수한 토지수익권은 자연경제시대의 농촌주민생활에서 흔히 있었던 현상으로서 오늘날에 와서는 그 폐해가 적지 않았다. 타인의 토지를 주민이 공동적으로 수익함으로써 토지관리를 철저히 하지 못하여 토지의 황폐화와 더불어 토지의 가치를 감소시키는 결과를 초래하고 있다. 우리나라에서 지역주민의 산림이나 초원을 공동으로 이용하여 수익하는 慣行은 적지 않다.[35]

⑶ 特殊地役權은 자연경제를 영위하고 있었던 농촌주민으로서는 생활에 없어서는 안 될 존재이지만, 한편으로 극심한 폐해를 주었다. 토지의 관리를 게을리하고 비효율적인 수익을 방관하였다. 토지의 황폐와 더불어 홍수의 위험을 일으키고 토지의 개발을 지연시킴으로써 토지의 가치를 감소시킨다. 농업기술이 향상되고 농촌에 있어서도 교환경제가 확대

---

**34** 곽윤직,전게서.343-344.

**35** 김상용,전게서,550-553.

되며 또 지역을 초월하는 교통이 발달함에 따라서 特殊地役權의 농업에 대한 가치는 점차 감소되고 오히려 농업의 진흥과 임야의 개발이 요구되게 되었다. 따라서 特殊地役權은 점차 정리되고 오늘날에 있어서는 지역적인 慣行은 남아있을지언정 전반적으로 소멸해가는 경향이 있다. 빈농이 많았던 우리나라 농촌에 있어서 特殊地役權이 치루었던 서민적 기능은 결코 무시될 수 없다.[36]

⑷ 자연경제를 영위하고 있는 농촌 주민에게는 땔감, 가축의 먹이 등을 확보해주는 이 권리는 생활의 기초를 이루는 것이고, 만약 이 권리를 그들로부터 빼앗는다면 그들의 생활은 당장 중대한 위협을 받게 될 것이다. 이 제도는 전근대적 성격을 가진 것이므로 이 제도를 그대로 남겨두면 농촌경제의 근대화를 저해하고 또 토지의 개량·개발을 방해하는 폐단이 있는 것은 부인치 못할 것이다.[37]

⑸ 과거 자연경제적 농촌활동체제에 있어서 입회권은 사회적 작용이 광범위하였지만, 토지의 합리적 개발을 방해할 뿐 아니라 농촌의 근대화를 저해한다. 각종 특별법 특히 농업기본법, 농지개혁법, 산림법, 농경지조성법, 초지법 등에 의하여 종래의 입회권은 거의 자취를 감추고 있는 실정이다. 이런 상황에서 종래의 입회권을 特殊地役權으로 입법화한 것은 그리 바람직하지 않다.[38]

---

**36** 김용한,전게서,406-411.

**37** 김증한,전게서,351-356.

**38** 이영준,전게서,715-718.

(6) 주로 자연경제를 영위한 농촌주민에 있어서는 이러한 特殊地役權이 생활의 기초가 되어 있었다. 목초비료, 신탄의 재료 등의 채취는 대개 特殊地役權에 의존하였다. 반면에 여러 가지 폐해를 수반하였다. 토지의 관리를 소홀히 하여 수익의 절대량을 감소시키는 경향이 있고, 토지의 황폐를 초래하여 홍수의 재해를 증대시킬 염려가 있다. 特殊地役權의 존재는 토지의 개발을 방해하며 그 교환가치를 감소시킬 염려가 있다. 그러므로 사회경제의 발달에 따라 特殊地役權에 의하여 얻는 이익은 적어지고 반면에 폐해는 점점 증대해가는 경향을 보였다. 농업기술의 발달, 농촌에 있어서 교환경제의 확대, 교통의 발달 등은 特殊地役權의 농업적 가치를 감소시키고 있다. 농촌공동체의 해체와 농업기본법, 농지개혁법, 산림법, 농경지조성법, 초지법 등에 의하여 농지·산림·목야 등의 조성과 보호에 의한 농촌근대화의 전진으로 特殊地役權 행사에 대한 단체적 통제가 약화됨으로써 特殊地役權의 존재는 점차 쇠퇴의 길을 걷게 되었다.[39]

4)特殊地役權의 內容

(1) 特殊地役權의 成立

特殊地役權의 성립에는 관습법에 의해 성립한다. 위에서 본바와 같이 慣行에 의해 조선시대부터 면면히 내려온 하나의 관습법이다. 관습법에 의해 성립된 特殊地役權은 내용의 다양성과 권리의 장기존속성에 비추어 등기로써 공시하는 것은 곤란하고 그 필요성도 없기 때문에 등기가 필요

39 장경학,전게서,593-599.

하지 않다.[40] 계약에 의해서도 特殊地役權이 성립하는가. 학설은 이를 긍정하면서 그 경우 등기를 하여야 효력이 생긴다고 하지만,[41] 관습법에 의해서만 성립되고 계약에 의해서는 성립할 수 없다고 보아야 하고, 特殊地役權의 경우 등기는 할 수 없을 뿐 아니라 부동산등기법도 이를 예정하지 않고 있는 것이라고 보아야 한다.[42] 다만 법률에 의해서는 성립할 수 있다고 보아야 한다.[43] 따라서 민법 제187조에 의해 등기가 필요없다고 할 것이다. 민법 제187조에 의할 경우 처분에는 등기가 필요하다고 볼 수 있지만, 特殊地役權 자체가 양도성이 인정되지 아니하기 때문에 이런 문제를 생기지 않는다고 할 것이다.

(2) 特殊地役權의 內容

일정한 지역주민이 공동으로 각자가 목적 토지에서 초목, 야생물 및 토사의 채취, 방목 기타의 수익을 할 수 있다. 그 수익은 초목의 채취(사료용, 비료용, 연료용으로 사용되는 것, 지금은 연료용은 의미가 없다.), 야생물의 채취(조류 등을 잡는 것), 토사의 채취(석재, 자갈, 모래, 흙의 채취), 방목(가축을 방목하는 것), 기타 수익 이다.

特殊地役權의 주체와 관련하여 과거 일본에서는 부락주체설[44]이 있었

---

**40** 김용한,전게서,410.

**41** 김용한,전게서,411;김상용,전게서,524. 민법안 심의록에서는 계약에 의해서도 발생할 수 있는 것이라고 한다(민법안 심의록(상), 182).

**42** 이은영,전게서,624.

**43** 이은영,전게서,624.

**44** 植村三次郎,本邦林野の 入會關係と 入會權,80.

지만, 현재는 부락주민설이 통설[45]이다. 따라서 다른 부락으로 전출하는 자는 부락민의 자격을 잃기 때문에 당연히 特殊地役權을 상실하고, 다른 부락에서 전입하여 오면 부락의 구성원이 되기 때문에 特殊地役權을 취득한다. 여기에서 부락은 반드시 현재의 자치단체인 리동과 일치할 필요는 없다.[46] 문제는 부락민의 자격요건을 현재의 지방자치법상의 동리개념과 일치시킬 필요는 없겠지만, 주민등록법상의 거주요건과 동일한지 여부가 문제된다. 이에 대해서는 주민등록법상의 거주요건과는 관련이 없다고 보아야 한다고 생각되지만, 관습상 어떻게 하고 있는지는 조사가 필요하다. 그렇다면 전출로 인한 자격의 상실의 기준, 전입으로 인한 자격 취득의 경우에 있어서의 유예기간의 유무 등에 대하여는 관습조사가 필요하다.

特殊地役權의 객체는 법문상 '타인의 토지'라고 하고 있으나, 일반적으로 산림, 원야(초원)이라고 한다. 다만 지금처럼 권리의식이 높고, 명확한 토지행정체제하에서 초원이 포함되는지는 의문이다. 일본에서는 입회지라고도 하고, 入會山, 野山, 秣山, 差図山, 稼山, 請山, 立入場, 掟山 이라고 한다.[47] 特殊地役權은 승역지만 있고 요역지가 없는 特殊地役權이기 때문에[48] 지역권자는 승역지를 점유하지 않고 특정한 편익을 위하여 출입하고 이용할 뿐이다.[49] 수익의 정도 및 방법, 수익량, 수익기간 등은 관습에 따라 다르다. 特殊地役權은 일반적으로 무상으로 인정되는 것이 관습이

---

45 안동섭,전게논문,83;김용한,전게서,410.

46 안동섭,전게논문,83-84.

47 末川博,전게서,367.

48 민법안 심의록(상),182.

49 이은영,전게서,625.

라고 하지만,[50] 도리어 特殊地役權의 객체가 타인의 토지이기 때문에 대가를 지불하는 것이 관습이라고 볼 수 있고,[51] 이 경우 그 대가채무는 지역주민이 총유적으로 부담한다고 보아야 한다. 그렇다면 송이버섯채취에 대한 대가의 채무는 지역주민이 모두 부담하는가. 예를 들면 송이 흉년이 든 경우에 그 대가채무를 소수의 특정인이 부담하지 아니하고 이를 주민들에게 부담시킬 수 있는지 여부가 문제된다. 관습상 이러한 대가지급에 대하여는 다른 관습이 있는 것 같고, 따라서 관습조사가 필요하다. 特殊地役權의 소멸은 주민으로서의 자격의 상실 이외에도 特殊地役權의 객체인 토지의 멸실, 사용 수익의 목적물의 근절,[52] 지역주민의 의사(주민총회의 결의), 토지소유자와의 협의로 폐지할 수 있다.[53]

(3) 特殊地役權의 侵害

지역주민의 일부가 그 권능의 범위를 넘어서 수익하거나 그 수익으로 인해 다른 주민의 권리행사를 방해한 경우 주민 전체가 그 규약에 의해 불법한 행위의 정지 및 손해배상을 청구할 수 있을 뿐 아니라 주민 각자도 독자적으로 그러한 청구를 할 수 있다. 제3자가 特殊地役權을 침해한 경우에 역시 불법한 행위의 정지 및 손해배상을 청구할 수 있다.[54]

---

**50** 이은영,전게서,625.

**51** 김상용,전게서,524;김용한,전게서,410;안동섭,전게논문,92. 입회지가 입회부락주민의 총유인 때에는 입회료를 지불하지 않는다고 하지만(안동섭,전게논문,91), 이 경우는 '타인의 토지'가 아니기 때문에 입회권 문제가 생기지 않는다고 보아야 할 것이다.

**52** 산불로 인하여 송이, 산나물, 풀등의 소실 등.

**53** 김상용,전게서,524;김용한,전게서,411.

**54** 김상용,전게서,524;김용한,전게서,411.

## V. 마무리

林野 入會慣行은 없었는 것이 아니고 위에서 본 바와 같이 조선시대부터 면면히 전해 내려오고 있다. 다만 그 入會慣行의 대상이 임목에서 송이, 산나물, 산삼 등으로 바뀌고 있을 뿐이다. 임야入會慣行은 사라진 것이 아니라 지금도 살아있는 慣行으로서 유지되고 있다. 예를 들면 일본이 1960년대부터 우리나라에서 고가로 수입을 하게 됨으로써 송이가 일반인의 관심을 끌게 되었고, 자연산 송이의 採取權을 둘러싸고 부락간, 개인간 다툼이 있었다. 또한 1996년 강원도 고성에서 군부대의 과실로 인하여 일어난 산불에 대하여 송이採取權에 대하여 민사상 손해배상을 해준 적이 있다. 송이採取權과 같은 入會慣行은 앞으로 우리 고유의 살아있는 법(lebendes Recht)의 발견을 위한 작업의 일환으로 관습조사를 하여야 하고 현재 졸자의 책임하에 진행중이다.

# 제9장 | 일제하 토지조사사업에서의 위토의 소유권

## I. 문제의 제기

일반적으로 음력 10월에는 時祭라고 하여 忌祭祀가 없는 5대조 이상의 조상墓 앞에 제물을 차려 놓고 일정한 날 또는 일요일에 祭(墓)祀 지내는데 그 비용은 位土의 수입으로 충당하는 경우가 많다. 位土에서 나온 수익은 宗中이나 그 位土를 소유한 사람들에게 분배되지 않고 祭(墓)祀에 사용되는 제물의 구입비용이나 분묘수호비용 등 공동의 이익을 위해 사용된다. 位土수익의 분배는 宗中員의 숫자나 공유자의 수가 늘어난다고 해서 줄어드는 것은 아니다. 位土는 소유자에게 거의 경제적 이익을 주지 못하며, 대부분의 宗員도 아무런 혜택을 받지 않고 있다. 따라서 종전까지 位土의 소유권은 명확하게 정할 필요가 없다고 할 수 있었다. 그러나 종전까지 별로 값어치가 없었던 位土 등이 신도시 개발사업 등으로 수용되는 경우에 엄청난 토지보상금이 지급되고, 그 토지대금의 분배를 둘러싸고 宗中 또는 宗中員간에 법적 다툼이 많아지고 있다. 이에 따라 位土

의 소유주체에 대하여 관심이 많아지고 있다. 位土를 비롯한 宗中所有土地는 "가문의 로또"로 불릴만큼 토지 소유자들한테는 뜻하지 않았던 횡재가 될 수 있다. 宗中總會에서 의견일치가 가장 잘 되는 회의가 宗中所有土地의 處分會議이고, 의견불일치가 제일 많은 회의가 宗中 所有土地代金의 分配會議라고 한다. 位土를 비롯한 宗中 소유토지의 소유 관계는 매우 복잡해서 일단 소송이 발생하면 대법원까지 진행하는 것이 일반적이다. 최근 位土의 처분을 둘러싸고 법적 다툼이 많아지고 있는 이유 중의 하나가 대법원의 판례에 근거하고 있다고 할 수 있다. 즉 대법원 전원합의체 판결은 位土라는 사실만으로 宗中 소유의 토지라고 볼 수는 없고, 또한 位土라고 하여 반드시 墓主의 소유라고 단정할 수도 없다[1]고 하였다. 이 판결은 종래 位土가 중중의 소유라고 여겨 왔던 관행과 동떨어진 판결로써, 位土가 宗中의 소유라고 생각하고 있던 종손 또는 후손들에게 이 판결을 계기로 하여 位土의 소유권이 자신에게 있다고 주장하게 함으로써 宗中과 宗中員간의 분쟁을 더욱 부채질하고 있다고 볼 수 있다. 그래서 位土의 소유주체에 대한 위 전원합의체 판결에 의문을 가지게 되었고, 이에 본 연구에서는 位土의 법률관계에 대하여 살펴보면서 위 대법원 전원합의체 판결을 비판하고 그에 대한 반론을 제시하고자 한다.

## II. 位土의 意義 및 設定

位土는 조상의 분묘를 수호하고 位土경작에서 발생하는 수익을 제수용

---

1 대법원 1997. 10. 16. 선고 95다57029 전원합의체 판결.

제물의 구입비용으로 사용하기 위하여 이용되는 전답을 말하고, 墓土 또는 祭位土라고 한다. 민법은 墳墓등의 承繼에 대하여 墳墓에 속한 1町步이내의 禁養林野와 600坪이내의 墓土인 農地, 族譜와 祭具의 所有權은 祭祀를 主宰하는 者가 이를 承繼한다(제1008조의 3)고 규정하고 있다. 농지개혁법(1994.12.22.폐지)은 墳墓를 守護하기 爲하여 從前부터 小作料를 徵收하지 아니하는 旣存의 位土로서 墓每一位에 2反步以內의 農地는 本法으로써 買收하지 않는다(제6조 제1항 제7호)고 규정하고 있었다. 민법에서의 墓土는 位土를 말하고, 금양임야는 墓山을 말한다. 제수용이외에 그 수익의 일부를 祭(墓)祀 제구 등의 구입비용 등으로 사용되는 경우도 있다[2]고 한다. 그러나 일반적으로 제구는 宗中에서 구입하는 것이 보통이다. 민법 제1008조의3에 정한 墓土인 농지는 그 수익으로서 분묘관리와 祭(墓)祀의 비용에 충당되는 농지를 말하는 것으로서, 단지 그 토지상에 분묘가 설치되어 있다는 사정만으로 이를 墓土인 농지에 해당한다고 할 수는 없으며, 위 규정에 따라 망인 소유의 墓土인 농지를 제사주재자(또는 구 민법상의 호주상속인)로서 단독으로 승계하였음을 주장하는 자는, 피승계인의 사망 이전부터 당해 토지가 농지로서 거기에서 경작한 결과 얻은 수익으로 인접한 조상의 분묘의 수호 및 관리와 祭(墓)祀의 비용을 충당하여 왔음을 입증하여야 한다.[3]

位土는 祭田과 墓田으로 구별하여, 제전은 고조이하의 제사를 위하여 설정된 토지이고, 墓田은 대가 다한 고조이상의 조상 신주의 제사를 지내는 묘제를 위한 토지이다. 位土에는 제전이 墓田化되는 경우와 묘제를

---

**2** 곽윤직, 상속법, 박영사, 2004,134면.

**3** 대법원 2006.7.4. 선고 2005다45452 판결.

위하여 특별히 설정된 경우가 있다.[4] 代盡(5代祖 以上)으로 인한 墓祭를 행하기 이전, 즉 高祖 以下의 先祖에 대하여서도 그 제사를 奉行하기 위하여 필요한 때, 예컨대 이러한 제사를 主掌하는 宗家가 貧困하기 때문에 祭田을 設置할 수 없을 만한 경우에는 그 자손들이 共同出捐하여 祭位土를 설치하고 宗中으로서 合有하는 것은 일반적으로 행하는 慣習이었다고 한다. 즉 祭田과 墓田은 그 본질에 있어서 차이가 없으며 이것에 의하여 영위되는 祭祀가 代盡 前에 하는 祠祭인가 또는 그 후에 하는 墓祭인가에 따라 名稱이 달라지게 된다. 位土는 좀더 넓게 보면 祭田, 墓田외에 사래畓까지를 포함한다고 볼 수 있다.[5] 位土가 설정되는 방법으로는 先祖의 一人 또는 相續人이 單獨으로 設定하는 경우, 宗中의 共同出損에 의하여 設定하는 경우, 私不遷位土의 設定, 國家로부터 優秀한 學者나 功臣에게 賜與된 祭位土등이 있다.[6] 이 외에도 선조가 생전처분 또는 유언으로 소유토지를 位土로 설정한 경우, 종족간에 기금을 갹출하여 토지를 매입하여 位土로 설정한 경우, 자손이 상속재산 중 일부를 출연하여 位土로 설정하는 경우, 공신 등이 국가로부터 토지를 받아 位土로 설정하는 경우 등이 있다.

4 朝鮮總督府,朝鮮祭祀相續法論序說,520-553면.

5 任漢欽,位土의 소유관계, 國民과 司法; 윤관大法院長 退任紀念,박영사, 1999, 537-538면.

6 許 奎·盧宗相·李泰勳,宗中·宗中財産에 관한 諸考察,사법논집 제4집,1973, 67-69면;宮岐孝次郎,財産承繼制度の比較法的研究,勁草書房,1983,308면.

## Ⅲ. 位土의 管理契約

### 1. 位土管理契約의 의의

位土管理契約은 位土의 소유자와 位土의 耕作者사이에 체결되는 位土의 관리를 내용으로 하는 계약이고, 位土耕作契約, 位土契約이라고도 한다. 位土管理契約은 분묘와 관계없이 이루어질 수 없고 분묘수호를 위한 계약과 동시에 이루어지는 경우가 많기 때문에, 位土管理契約은 墳墓守護契約이라고도 한다. 그러나 분묘수호계약은 분묘를 벌초하거나 石物 기타 장식물의 도난을 방지하기 위하여 巡廻하는 등 감시할 의무가 있고, 분묘 안전을 확인하기 위하여 순회하는 등 안전확인의무가 있고, 분묘가 무너져 있는 경우에는 연고자에게 연락하거나 직접 보수하는 것을 내용으로 하는 계약이다. 이에 비하여 位土管理契約은 位土를 경작하여 그로부터 산출되는 수익으로 분묘에 祭(墓)祀를 하는데 필요한 제물을 구입하는데 드는 비용을 제공하거나 분묘수호하는 것 등을 포함하는 포괄적인 계약이다. 따라서 位土管理契約이 분묘수호계약보다는 넓은 개념이라고 보아야 한다. 최근에는 공원묘지 등과 같이 분묘는 있지만 位土가 없는 경우도 많다. 일반적으로 분묘수호계약에 부수하여 位土管理契約이 체결되기도 하지만, 때로는 位土管理契約에 부수하여 분묘수호계약이 체결되기도 한다. 즉, 분묘수호를 위하여 位土경작을 하도록 약정하는 경우도 있고, 位土경작을 하면서 분묘를 수호해달라고 약정하는 경우도 있을 수 있다.

### 2. 位土管理契約의 法的性質

位土管理契約은 債權契約이다. 位土는 분묘수호 및 祭(墓)祀에 附隨하는 특수한 제도라고 보아야 하기 때문에 位土管理契約은 벌초 등 분묘수호 및 祭(墓)祀비용출연을 내용으로 하는 계약이라고 보아야 한다. 그러나 位土管理契約과 분묘수호계약는 각기 독립적으로 체결되는 별개의 계약이고, 다만 서로 유인적으로 연계되어 있다고 보아야 한다. 그래서 분묘수호자와 분묘수호를 위한 제수료를 납부하여 온 耕作者가 다른 경우도 있다.[7] 한편 분묘수호계약이 해지되면 位土管理契約이 소멸하고, 位土管理契約이 해지되면 분묘수호관계약도 소멸한다고 보아야 한다. 판례는 墓主와 수호자 사이의 분묘수호계약은 분묘의 수호와 位土의 경작을 내용으로 하는 채권계약으로서 계약에 관한 일반원칙의 상용을 받는 것[8]이라고 한다. 또한 位土경작계약은 토지를 사용수익하고 대가로 임료를 지불하는 임대차와는 그 성질이 상이하므로 민법 제617조의 규정이 적용되지 아니하고, 관습상 일종의 신임관계를 기초로 하는 점에서 민법상 위임과 유사하시민, 경작에서 발생하는 수익 중 제수용에 충당하고 남은 잉여부분은 경작인의 소득으로 돌아가는 것으로서 位土 소유권자의 이익을 위하여서만 체결되는 것이 아니므로 민법 제651조의 규정도 적용되지 아니한다[9]고 한다.

### 3. 位土管理契約의 當事者

位土管理契約의 當事者는 位土의 所有者와 位土의 耕作者이다. 耕作者는 位土에서 생산한 산출물 중 일부는 耕作者 자신의 경작비용 및 생활비용으로 사용하고, 나머지 산출물은 祭(墓)祀비용으로 사용하는 것이다.

---

7 대법원 1966.2.15. 선고 65다2155 판결.

8 대법원 1960.6.30.선고4292민상646 판결.

9 대법원 1956.9.6. 선고 56다174 판결.

생각건대 位土의 소유자는 宗中으로 보아야 하기 때문에 位土의 耕作者는 宗中과 位土管理契約을 체결하여야 할 것이다. 位土의 소유권자가 宗中이 아닐 수도 있다는 대법원 전원합의체판결에 의하면, 이 경우에 宗中이 아닌 位土소유자로서는 무엇 때문에 자신의 소유토지에서 산출되는 수확물로서 祭(墓)祀비용에 충당하도록 하는지 여부가 의문이다. 설령 위토소유자가 종손이라도 자신의 소유토지에서 생산된 산출물로서만 묘사비용에 사용한다고 하는 것은, 일반적으로 묘사비용은 후손들 모두가 공동으로 부담하는 것이 관례인 습속에 비추어 보아도 이례에 속한다고 할 것이다.

### 4. 位土管理契約의 內容

位土管理契約에 기하여 位土 소유자인 宗中은 位土를 位土 耕作者에게 제공하여야 하고, 位土 耕作者는 분묘를 수호하거나 位土를 경작하여 位土경작으로 인한 수확물을 가지고 제수준비를 할 의무를 位土 소유자인 宗中에 대하여 부담한다.

#### (1) 位土의 提供

宗中은 位土를 位土耕作者에게 제공하여야 한다. 位土는 주로 논(畓), 밭(田)이다. 宗中은 位土를 제3자에게 매매 등 양도하는 경우에 位土耕作者의 승인을 받을 필요는 없다고 하는 관습이 있다. 그러나 宗中이 位土 중 일부분을 제3자에게 양도하는 경우에 그 부분에 해당하는 만큼만 位土耕作契約이 소멸하지만, 나머지 부분으로 祭(墓)祀비용 등에 충당할 수 있다고 한다면 位土耕作契約은 해제할 수 없다. 그러나 나머지 부분만으로는 祭(墓)祀비용에 충당하기 힘드는 경우에는 位土耕作者는 宗中에게 位

土耕作契約을 해제할 수 있다.

(2) 位土의 耕作

位土인 논과 밭은 位土 耕作者가 점유하면서 경작하여야 한다. 주로 경작되는 작물은 벼, 콩, 고추, 참깨, 담배, 포도 등이다. 경작면적은 500평 이하가 가장 많고, 그 생산량은 벼 20-30가마가 가장 많았다. 경우에 따라서는 位土 耕作者가 位土 소유자에게 位土에 대한 임차료를 부담하는 수도 있었다.[10] 그러나 최근에는 낮은 농업생산량이나 농산물 가격에 비추어 오히려 位土에서 생산하는 산출량으로는 높은 가격의 제수물의 준비조차도 힘드는 경우도 있을 것이고, 따라서 宗中에서 位土耕作者에게 도리어 보조금을 주어야 할 정도이다.

(3) 祭需準備義務

位土 耕作者는 位土를 경작하고 그 수확물을 수익으로 하여 한식 또는 음력 10월에 분묘에서 시제를 지내는데 필요한 제물을 준비하거나 祭(墓)祀床을 차려주거나 祭需物을 마련하는 데 드는 祭(墓)祀비용을 마련하여야 한다. 位土 경작에서 발생하는 수익 중 제수용에 충당하고 남은 剩餘部分은 일반적으로 경작인의 소득으로 돌아갈 수 있다. 이 잉여부분은 경작인의 벌초 등 분묘수호에 드는 노동력 제공의 대가로 볼 수 있다. 位土의 제수료의 법적 성질은 소작료와 다르기 때문에 제수료를 불이행하고 당해 연도가 경과하면 소멸시효가 완성된다는 일반관례는 없다고 한다.[11]

---

10 최헌체,位土의 位相과 賃貸借實態 分析, 忠北大 박사논문, 1992.2, 54-56면.

11 대법원 1958.2.27. 선고 57다300 판결.

(4) 墳墓守護義務

位土所有者 祖上의 墳墓를 守護하는 것는 위토耕作者가 부담하는 位土管理契約의 主債務 중의 하나이다. 아울러 분묘수호계약의 주채무 중의 하나이기도 하다. 位土耕作者가 부담하는 분묘수호의무는 누구에게 부담하는가. 위토관리계약은 位土耕作者와 위토소유자가 체결하는 것이기 때문에 분묘수호의무는 位土耕作者가 위토소유자에게 부담한다고 보아야 한다. 그래서 분묘수호권은 위토소유자인 宗中에게 있다고 보아야 한다. 그러나 판례는 선조의 분묘를 수호관리하는 권리는 문중에 귀속되는 것이 아니라 그 호주상속인인 종손에게 전속한다[12]고 한다. 이것은 현실상 혹은 관습상 누가 실제로 분묘를 수호관리하고 있는지 여부와는 상관없이 항상 절대적으로 분묘수호관리권은 호주상속인인 종손에게 속하는 것임을 선언한 것은 아니라고 보여지고, 현실적으로 호주상속을 한 종손이 분묘수호를 하고 있다면, 위와 같은 권리는 종손에게 전속되는 것이므로, 종손이 아닌 자나 실제로 분묘수호를 맡고 있지 않은 宗中에서 분묘수호와 봉제사에 관하여 왈가왈부할 수 없다는 의미라고 보아야 한다.[13] 그렇다면 분묘의 수호관리에 대하여 현실적으로 또는 관습상 호주상속인인 종손이 그 권리를 가지고 있다면 그 권리는 종손에게 전속하는 것이고 종손이 아닌 다른 후손이나 宗中은 관여할 수는 없다고 할 것이나, 공동선조의 후손들로 구성된 宗中이 선조분묘를 수호 관리하여 왔다면

12 대법원 1985. 11. 12. 선고 84다카1934 판결;동 1985. 11. 12. 선고 84다카1934 판결;동 1988. 11. 22. 선고 87다카414, 415 판결.

13 鄭然彧, 宗中이 墳墓를 守護 管理하여 온 경우 墳墓守護管理權의 歸屬主體와 그 權利侵害에 대한 損害賠償請求權者, 法曹,41卷12號,법조협회,1992,93면.

분묘수호관리권은 宗中에게 있다[14]고 보아야 한다. 결국 耕作者의 墳墓管理契約에 기한 분묘수호의무는 位土소유자가 宗中이고 분묘수호관리권도 宗中에게 있다고 하면 당연히 宗中에 대하여 부담한다고 하여야 하고, 位土소유자가 宗中이고 분묘수호관리를 종손이 하고 있다고 하면 宗孫이 宗中으로부터 분묘수호관리권을 위임받아 행사하는 것이라고 보아야 한다.

분묘수호라는 것은 1년에 한번 이상 墳墓주변의 잡초나 나무등을 제거하여 주는 벌초를 하거나 수호하는 산의 나무도벌과 채석의 감시, 분묘수호를 위한 묘막의 관리보존 등을 하는 것이다.[15] 뿐만 아니라 墳墓주변이 천재지변으로 무너져 내리거나 축대가 붕괴되어 墳墓의 존립이 문제될 경우에 종손 등 墳墓의 연고자에게 연락하여 조치를 취하도록 하거나 급박한 경우에는 직접 자신의 노력으로 복구를 하는 것을 말한다. 일반적으로 우리나라 풍습은 墳墓에 손질을 가하는 것은 아무 때나 아무나 하는 것은 아니기 때문에 특별한 사정이 없는 한 位土耕作者는 墳墓가 붕괴할 위험이 있는 경우에는 직접 분묘를 손질하기보다는 종손 등 墳墓연고자에게 연락을 취하는 등의 간접적인 방법을 이용하는 것이 보통이다. 제3자가 분묘등의 훼손행위를 하는 경우에는 耕作者는 宗中 또는 종손을 대위하여 불법행위를 원인으로 한 손해배상의 청구를 할 수 있다. 점유자가 타인의 선대를 위하여 그 선산과 분묘 등을 돌보면서 이를 관리하여 온 경우, 이들 토지에 대한 점유자의 점유는 그 권원의 성질상 처음부터 타주점유이고 이를 상속 등의 방법으로 승계한 자의 점유 역시 특단

---

**14** 대법원 1992.3.13. 선고 91다30491 판결 참조.

**15** 대법원 1971.5.24. 선고 71다410 판결.

의 사정이 없는 한 피상속인의 점유의 성질을 그대로 승계하여 타주점유라고 보아야 한다.[16] 그렇다면 位土耕作者가 분묘를 관리하면서 位土를 경작한 경우에 분묘와 位土에 대한 점유는 모두 타주점유로 보아야 한다.

(5) 小作料

농지개혁법상 位土는 墳墓를 守護하기 爲하여 從前부터 小作料를 徵收하지 아니하는 既存의 位土로서 墓每一位에 2反步以內의 農地(농지개혁법 제7조 제1항 제7호)이지만, 이 位土는 농지분배대상에서 제외되는 位土와 농지분배대상이 되는 位土로 구분할 수 있다. 位土는 분묘를 수호하기 위한 목적만 있으면 가능하고, 전자는 소작료를 징수하지 아니하여야 하고, 그 범위도 600평 이내로 축소된다. 후자는 소작료를 징수하여도 되고, 600평을 넘는 경우이다. 位土耕作者는 位土管理契約으로 분묘수호와 祭(墓)祀비용을 충당해야 하지만, 경우에 따라 소작료를 지불하는 경우도 있다. 종래 조사에 따르면 位土면적이 1000평 이내라는 비율이 과반수를 넘고, 位土에서의 생산량도 벼 20-30가마가 과반수를 넘는 것을 고려하면 소작료를 지불하는 位土는 많지 않을 것이다.[17] 耕作者로부터 농지개혁법상의 位土에서 소작료를 징수하더라도 그 소작료가 분묘관리나 제수용으로 충당되는 경우라고 보아야 한다.[18]

---

16 대법원 1998. 2. 13. 선고 97다42625 판결.

17 최현채, 전게논문, 54-56면.

18 대법원 1993.9.24. 선고 93다24568 판결.

### 5. 位土管理契約의 解除

판례는 墓主와 수호자 사이의 분묘수호계약은 분묘의 수호와 位土의 경작을 내용으로 하는 채권계약으로서 계약에 관한 일반원칙의 상용을 받는 것이므로 수호자가 동 계약상의 의무를 불이행할 경우에는 墓主는 그 계약을 해제할 수 있다[19]고 한다. 묘주는 宗中이라고 보아야 한다. 耕作者가 분묘수호 또는 제수준비의무를 불이행한 경우에 한하여 일반계약해제의 규정에 따라 해제할 수 있다.[20] 位土管理契約의 해지는 최고없이 할 수 있고, 宗中總會의 결의를 거쳐 하여야 한다. 또한 位土管理契約을 해지한 소유자는 耕作者에 대하여 位土의 인도청구를 할 수 있다. 당사자 쌍방은 언제라도 자유롭게 位土계약을 해제할 수 있고, 춘분이전의 해제는 해제한 당해 년부터, 춘분경과후의 해제는 다음 해부터 각각 효력이 발생한다고 하는 관습이 있다고 한다.

## Ⅳ. 農地改革法上의 位土

### 1. 농지개혁법상 위토의 요건

관습법상 내려오던 位土는 農地改革法(1949.6.21. 법률 제31호; 1996. 1. 1. 농지법시행으로 폐지됨)의 시행으로 그 존재가 성문법상 처음으로 인정되었다. 農地改革法에 의하면 墳墓를 수호하기 위하여 마련된 기존 位土로서 이전부터 소작료를 징수하지 않았던 농지는 墓 1位당 2反步(600평)까지

19 대법원 1960.6.30. 선고 4292민상646 판결.

20 대법원 1956.9.6. 선고 56다174 판결

는 매수 및 분배대상에서 제외되었다(農地改革法 제6조 1항 7호). 位土가 분배대상에서 제외되려면 첫째, 墳墓를 守護한다는 目的, 둘째, 소작료를 내지 않는 대신 제수물의 제공과 분묘관리를 위한 노동력을 제공한다는 특수계약적 관계, 셋째, 旣存位土라는 사실, 넷째, 墓 1位당 600평 이내라는 保有限界 등 네 가지 요건을 갖추어야 했다.[21] 위 요건을 갖추고 位土의 인정을 받고자 하는 자는 묘주의 주소와 성명, 位土의 표시(지번, 지목, 지적 및 주재배작물), 분묘의 소재지, 묘위와 묘주와의 관계, 분묘수호조건, 수호자의 주소와 성명, 位土 설치년월일의 사항을 기재한 신청서 정부3통에 분묘소재지위원회에서 증명하는 서류와 기타 참고자료를 첨부하여 농지소재지 읍, 면장을 거쳐 구청장, 시장 또는 군수에게 이 규칙 공포한 날로부터 기산하여 20일이내에 제출하여야 한다(농지개혁법 시행규칙 제12조 제1항 및 제2항, 제3항). 位土 신청을 인허하였을 때에는 位土臺帳에 등록하여야 한다(농지개혁법 시행규칙 제12조 제4항). 구청, 시청 또는 군청에는 位土에 관한 사항을 기재한 位土臺帳을 비치하여야 한다(농지개혁법 시행규칙 제11조). 이에 따라 位土는 1950년 5월 18일까지 位土신청을 하지 아니하면 位土臺帳에 등록할 수 없도록 되었고, 그 이후에는 位土新設은 물론이고 직권에 의한 位土의 말소도 할 수 없도록 되었다.

### 2. 농지개혁법상 위토의 종류

位土는 농지개혁법에 의한 位土臺帳에 등재된 位土와 농지개혁법 이후 位土 新設禁止에 따라 位土臺帳과 상관없이 宗中이나 개인이 位土로 설정하여 관리하여 오는 位土의 2종류가 있다. 位土는 농지개혁법상의 位土臺

21 任漢欽, 전게논문, 538면.

帳에 등재되어 있는지 여부와 관계없이 실제로 位土로 이용되고 있는지 여부를 기준으로 판단하여야 한다고 보아야 한다. 판례는 宗中 位土는 농지개혁법상 位土인허를 받지 아니하였다 하여 당연히 그 位土의 소유권을 상실한다 할 수 없다[22]고 하였다. 또한 농지개혁법 시행당시 분묘를 수호하기 위하여 종전부터 경작의 대가로 소작료를 징수하지 아니하던 기존의 位土로서 분묘 매1위당 2단보 이내의 농지는 位土인정절차를 거치지 않더라도 정부매수나 분배로부터 당연히 제외되는 것이고 이러한 位土에 대하여 분배절차가 있다 하여도 이는 당연무효이다.[23] 따라서 농지개혁법 당시 位土소재지 농지위원회의 확인만 받으면 읍면장을 경유하여 시장 군수가 인허하는 것이었고, 이 경우 인허를 실질적인 심사를 하는 것이 아니라 형식상 서류심사를 하여 매우 손쉽게 인허되었다. 이에 지주들이 법에 명시된 기존의 位土가 아니었던 토지를 新生位土로 새로이 인허받거나 분배대상인 소작지를 位土로 둔갑시켜 분배대상에서 제외시키는 방법 등으로 악용하기도 하였다.[24] 농지개혁법상의 位土는 位土신고가 실질적으로 누구에 의하여 이루어진 것이든, 수호인을 누구로 하였든, 位土가 누구의 묘를 수호하기 위한 것이었든지 간에 분배대상농지가 아니어서 국가에 매수취득되지 아니하는 것이고, 位土의 소유권은 일반 소유권과 아무런 차이가 있을 수 없으므로 位土에 대한 명의신탁관계는 농지개혁법이 공포·시행되어도 그대로 유지된다.[25]

---

**22** 대법원 1991.3.27. 선고 91다3741 판결.

**23** 대법원 1990.12.11. 선고 90다6682 판결;동 1993.9.24. 선고 93다24568 판결.

**24** 유기천,농지개혁과 토지소유관계의 변화에 관한 연구,경제사학 14호,1990,179면;최현채,전게논문,46면.

**25** 대법원 1992.12.24. 선고 92다8279 판결.

### 3. 농지개혁법상 위토의 소유권자

농지개혁 당시에 특정인이 位土에 대하여 분배대상의 제외신청을 하여 분배대상에서 제외되었던 位土라고 하여 그 제외신청을 한 개인의 소유라고 볼 수 없다. 즉 농지개혁법상 분배대상 제외신청인과 位土의 소유주체는 별개의 문제라고 보아야 한다. 다시 말하면, 位土는 宗中의 소유이지만, 분배대상 제외신청은 位土耕作者나 종원이 할 수 있었다고 보아야 한다. 설령 분배대상 제외 신청인과 位土의 소유주체가 모두 종원 명의로 되어 있다고 하더라도 분배대상 제외 신청인이 종원임을 이유로 位土의 소유자를 종원이라고 주장하는 경우에는 오히려 位土는 宗中이 宗中員에게 명의신탁한 것이라고 보아야 한다. 그렇다면 位土가 종원 소유가 아니라 宗中 소유라고 보는 입장에 있어서는 농지개혁 당시 位土라고 하여 특정 종원이 농지분배절차에서 제외시켜 宗中所有로 돌려 놓은 후에, 최근에 이르러 宗中 소유 位土이지만 그 位土가 개인소유라고 주장하는 것은 신의칙 내지 금반언에 위반하는 것이라고 할 수 있다. 한편 位土는 5대이상의 조상의 墳墓에서 치러지는 時享에 차려지는 제수물을 준비하기 위하여 후손들이 마련한 宗中位土를 말하였지만, 농지개혁 당시 구분없이 1대부터 4대까지의 개인位土도 모두 位土로 인정하게 되었다고 하여 이제 位土는 제전과 墓田의 구분이 없이 하나의 位土가 되었다고 하는 견해[26]도 있다.

---

**26** 최현채,전게논문,46면.

## V. 位土의 所有權歸屬

### 1. 序 說

현재 宗中에 관한 다툼은 宗中財産의 보존·관리·처분을 둘러싼 분쟁에서 비롯되는 것이 거의 전부이기 때문에 位土의 소유권자가 누구인지 여부는 매우 중요한 문제이다. 종래 宗中財産의 소유권자가 누구인지 여부에 대하여 논의는 있었지만, 宗中財産의 일종인 位土의 권리주체에 대하여는 별도로 논의되지 않았다. 여기에서는 位土의 소유주체에 대한 일제의 왜곡과 이를 만연히 이어받고 있는 대법원판결을 비판 검토함으로써 그 실마리를 풀고자 한다.

### 2. 日帝의 歪曲

종래 位土의 소유권 귀속을 둘러싸고 일어나고 있는 문제는 일제가 우리나라를 병탄한 이후에 집중적으로 왜곡시켜 왔기 때문이라고 생각된다. 일제는 초기에는 位土가 宗中의 소유라고 하는 관행에 대하여 우호적이었지만, 종래의 양반계층이 일제에 항거하게되자 그 양반계층의 경제적 토대가 되었던 位土를 포함한 宗中財産을 붕괴시킴으로써 이를 무력화시키고 이를 계기로 일제침략을 가속화하고자 하였다. 이러한 과정을 정리하면 다음과 같다.

#### (1) 日帝의 調査報告書, 慣習照會 및 回答

조선시대는 宗中이 존재하였고, 이 宗中이 재산을 가지고 있었던 사실은 1910년대 일제 침략 초기에 일제가 주도하여 작성한 각종 조사보고서나 관습조회 및 회답 등에서도 나타나고 있다.

조선에 있어서의 宗中財産인 宗契田은 마음대로 처분할 수 없다는 점과 그 처분을 위해서는 동족 전체의 동의를 얻어야 한다.[27] 조선에서 일문 또는 문중이라고 하는 것은 친족단체이고 인격을 가지지 않는다. 문중재산은 그 단체를 조직한 친족의 공유에 속하고, 문장은 그 재산에 대하여 당연히 문중을 대표하는 것은 아니라고 한다.[28] 조상의 제사를 목적으로 하는 宗契 또는 門契가 있고, 이러한 契에서는 전답을 구입하여 그 수익으로서 조상제사의 비용에 충당하는 것을 그 목적으로 한다. ―계의 재산은 계원의 공유에 속하고 그 처분은 계원의 협의로 하는데 과반수의 의견으로 이를 결정한다. ―계원은 다른 계원의 승낙이 없으면 그 지분을 처분할 수 없는 것이 원칙이라고 하고 있다.[29] 조상의 분묘를 수호관리하기 위하여 묘직, 산직 등을 두고 이들 임원의 급료 및 매년 제사의 경비를 지불하고, 동족의 공익상 길흉화복 및 동족교육상의 경비를 충당하기 위하여 宗中 소속의 전답, 즉 祭位土를 가지고 그 수익으로서 이를 충당하였다. 宗中財産은 조상의 유산, 宗中일동의 갹출 및 宗中 독지가의 기부등으로 되고, 이 재산을 가지고 영구히 조상의 제사를 행할 목적으로 설정되는 것이기 때문에 문장, 도유사 등 개인의 소유에 속하는 것은 아니다. 宗中財産은 양안 기타의 관공부상에는 何何宗中, 何何門位 등의 명의로 등재하는 것이 보통이지만, 때로는 종손 또는 문장, 유사 등의 개인명의로 등록된 것이 있다.[30]

일제 초기의 위와 같은 기록으로 보아 조선말 당시 우리나라에는 宗中

27 度支部, 土地調査參考書 3호,1909,70면.

28 1911.9.4. 取調局長回答,民事慣習回答彙集,1933,73면.

29 朝鮮總督府 中樞院,慣習調査報告書,1913,260면-263면.

30 朝鮮總督府,朝鮮土地調査事業報告書,1919,170면.

財産이 있었고, 宗中財産 중 가장 중요한 부분으로서 位土가 있었고, 조상祭(墓)祀를 치르는 비용으로 位土의 수확물이 사용된 관습이 있었다는 사실이 확인되었다. 그런데 이러한 조사보고서나 회답은 단순한 보고서나 내부적인 행정해석에 머무는 것이 아니라 당시 일제하 법원의 판결에 결정적인 영향을 미쳤다. 그리고 이 판결은 다시 다음 판결이나 회답에 영향을 미쳐 결국 일제의 조사보고서나 회답은 일제침략기간 내내 뿐 아니라 1945년 해방후에까지 영향을 마쳤다. 그래서 祭位土는 관습상 당연히 봉사손의 전유에 속하는 것이 아니고, 일문의 공유에 속하는 경우도 있다는 조선고등법원의 판결[31]에는 종토 또는 位土는 종가의 소유에 속하고, 종손은 일족의 승인을 얻지 아니하고 임의로 이를 처분할 수 없다고 하는 조선총독부 취조국장의 회답(1912.3.13)이 결정적인 영향을 미쳤다고 한다.[32] 또한 조상제사를 위해 특별히 설정된 宗中財産으로서 山坂과 位土가 있고, 전자는 공동조상의 분묘소재의 토지, 후자는 그 수확으로 조상제사의 비용을 충당하기 위해 제공된 논과 밭을 의미한다.[33] 位土와 산판은 조상의 제사를 위한 목적 이외에는 다른 용도로 사용하지 못하도록 강한 목적성을 후손들에게 남긴 것이라고[34] 한다. 이러한 사실을 종합하면 일제는 宗中財産으로서 位土가 있다는 사실을 확인하고 있었고, 그 位土의 소유주체는 개인인 종원이 아니라 단체인 宗中이라는 사실도 알고 있었다.

---

**31** 조선고등법원,1912.12.3.,조선고등법원판결록 2권,78-80면.

**32** 이승일,일제 식민지시기 宗中財産과 조선부동산등기령,사학연구 61호,2002,182면.

**33** 高橋隆二,宗中財産を る法律關係に就て,司法協會雜誌 19-10·11,1940,870면.

**34** 宮岐孝次郎,財産承繼制度の比較法的硏究,勁草書房,1961,370면.

(2) 土地調査事業, 林野調査事業

1912년부터 1918년까지 실시된 조선총독부의 토지조사사업은 근대적인 소유권개념을 도입하였다기보다는 이미 존재하고 있던 소유권의 관념을 法認化하였다[35]고 보아야 하고, 당시 일본 민법의 시각아래에서 토지 소유관계를 파악하였다. 당시 일본민법에서는 공유와 합유만 있었고, 宗中이나 총유라는 개념은 없었다. 이에 조선민사령과 조선부동산등기령에서는 宗中財産의 소유주체를 설정할 방법이 없었다. 토지조사사업을 거치면서 宗中財産을 宗中명의로 등기하지 못함으로써 소유권을 둘러싼 분쟁이 빈발하였다. 이러한 조선민사령이나 조선부동산등기령의 법적 흠결은 조선고등법원의 판결에도 영향을 미쳤다. 位土가 공유라는 것은 일문의 조상제사의 용도로 제공하기 위해 일문에 속하는 자에 한하고 공유성질이라면 일문에 속하지 않는 자가 공유자 1인으로부터 다른 공유자의 승낙없이 단독소유로서 매수한 경우에는 그 매매계약은 무효로 한다[36]고 하였다.

또한 일제는 宗中의 법적 성질에 대하여 일본민법상 법인으로 인정할 방법이 없었다. 宗中은 특정선조의 후손들로 구성된 사람의 집단이기 때문에 사단법인으로 보아야 하지만, 사단법인의 성립에는 설립등기가 필요하였다. 그러나 宗中은 설립등기를 하지 않았을 뿐 아니라 일제가 설립등기를 강요할 수 없었기 때문에 결국 권리능력없는 사단으로 이론구성할 수 밖에 없었다. 그러나 당시 일본민법학에서는 권리능력없는 사단이라는 개념은 있었지만, 부동산등기법상 권리능력없는 사단으로 등기할

---

35 배영순, 한말일제초기의 토지조사와 지세개정, 영남대출판부, 2002, 313면.

36 고등법원서기과, 조선고등법원 1916.1.21.조선고등법원판결록 3권,380면.

방법이 없었다. 그래서 토지조사사업 규정상 서원, 宗中 기타 단체명으로 신고하는 것에 대해서는 법인자격을 구비하였는지를 조사하여 법인자격이 없는 경우에는 그 성질에 따라 공유명의로 신고하게 하였다. 단, 단체원 중의 상당명의인을 세워 신고할 때에는 수리할 수 있다고 하였다[조선총독부 임시토지조사국 조사규정(1913) 제8조]. 또한 임야조사사업 규정상 宗中財産 기타 법인의 자격을 가지지 않은 단체의 소유 또는 연고에 의한 토지는 공유 또는 개인소유로 신고할 것이라고 규정하고 있었다[조선임야조사령 제3조에 의한 申告心得(1918.7.27. 고시 제182호) 제2호]. 이렇게 토지조사사업규정이나 임야조사사업규정에 의하여 位土는 宗中명의로 소유권보존등기를 하지 못하고 부득이 宗員 중 1인이 査定을 받을 수 밖에 없었다. 나아가 토지조사사업에서의 사정명의자에 대한 소유권의 인정은 절대적인 것으로 원시취득으로 보았다.[37] 임야조사사업에 있어서도 동일하였다. 따라서 位土는 宗中의 소유라 할지라도 宗中名義로 등기할 수 없었고, 결국 종손이나 宗中의 구성원인 종원 등 단독의 명의자로 소유권 등기를 하게 되었다. 일제하 토지조사사업과 임야조사사업으로 인하여 宗中 소유의 位土의 소유권체계는 완전히 붕괴되었고, 이때부터 位土의 소유권은 왜곡되기 시작하였다.

(3) 日帝下 位土의 所有形態

일제의 宗中財産에 대한 태도는 1919년 3.1운동을 계기로 하여 변화를 보이게 된다. 일제하 일본인 판사였던 多田吉鍾 해주지방법원판사는 祭

---

**37** 조선고등법원 1916.5.16.; 조선고등법원판결록 3권,583면.

位土를 공유가 아니라 총유로 이론구성하자고 주장하였다.[38] 野村調太郎 조선고등법원판사는 宗中財産 또는 문중재산을 인정한 이상 공유 이외에 별도로 법리상의 조립을 案出해야 하고… 재산을 소유한 宗中 또는 문중을 법인으로 인정하는 것도 一策이라고 주장하였다.[39] 조선고등법원은 합유는 공동자 전원이 공동의 목적을 수행하기 위하여 발생한 것이지만, 공유와는 다르고 목적물에 대한 각인각개의 지분은 존재하지 않는다. 합유물에 속한 각인각개의 권리는 양도하거나 담보로 제공하는 등의 처분을 할 수 없다[40]고 한다. 또한 합유는 宗中의 내부관계에 국한하고, 등기명의인과 제3자 혹은 다수의 등기명의인 사이의 법률관계는 합유가 아니라 단독소유 혹은 공유관계라고 한다.[41] 1930년 조선고등법원은 祭位土는 합유에 속하고 권리주체는 가장인 호주에 한정한다[42]고 하였다. 그래서 일제하 조선고등법원은 3.1운동을 통한 사회적 반발과 일본인 법조인의 주장의 영향으로 宗中財産을 공유에서 합유로 보기 시작하였다. 합유가 공유보다는 단체적 성질을 지니고 있다는 점에서 位土가 宗中의 소유로 볼 수 있는 근거 되지만, 총유는 位土의 소유주체가 권리능력없는 단체인 宗中이라는 사실을 가장 쉽게 설명할 수 있다.

(4) 事實問題로 取扱

이러한 조선고등법원의 태도는 당시 조선민사령이 근거하고 있던 일본

38 多田吉鍾,祭位土の總有性に就て,司法協會雜誌 1권 3호,1922, 89면 이하.

39 野村調太郎,祖先の祭祀と現行の法律,司法協會雜誌 5권 4호,1926,10-11면.

40 조선고등법원 1927.9.23.;조선고등법원 판결록 14권, 321-328면.

41 조선고등법원 1930.2.28.;조선고등법원 판결록 16권, 21-33면.

42 조선고등법원 1930.6.24.;조선고등법원 판결록 17권, 134-137면.

민법하에서는 宗中財産의 법리 중에서 가장 유사하게 접근한 법리가 합유라고 보았다. 그러면서 조선고등법원판결은 墓位土나 祭位土의 소유권이 관습상 당연히 봉사손이나 종손에 전속하는 것만은 아니고 그 소유문제는 사실문제에 속하는 것으로 보았다.[43] 여기에서 位土의 소유권이 종손에게 전속하는 것이 아니라고 본 것은 개인소유도 있다는 것을 의미하는 것이 아니라 位土의 소유권이 宗中에게 있다는 것을 의미한다고 보아야 한다. 등기명의상으로는 종손에게 전속하는 것으로 볼 수 있을지언정 결코 종손의 단독소유로 볼 수는 없다고 보아야 한다. 朝鮮高等法院은 位土 등에 대해서 일률적으로 종손의 단독소유 또는 宗中의 공동소유가 아니라, 墓山과 位土를 누가 형성하였는가에 달려 있는 법률문제가 아닌 사실문제로 사실심에서 판단할 것이라고 함으로써 종손과 宗中간의 분쟁을 부채질하게 되었다. 位土에 대해 宗中의 단독소유권 또는 宗中所有를 획일적으로 인정하지 않고 사실문제로 보는 朝鮮高等法院의 판결태도는 대법원에도 지속되고 있다.[44]

(5) 日帝의 位土所有權에 관한 歪曲

비록 전체 국토(토지)면적에서 宗中財産이 차지하는 비중은 그렇게 많지 않다고 하더라도, 어쩌면 일제가 알았던 몰랐던 그들이 노린 것은 토지조사사업과 임야조사사업을 통하여 宗中財産의 소유매커니즘을 붕괴시킴으로써 조선의 양반지배구조 자체를 붕괴시키고, 이를 통하여 새로운 지배구조를 구축함으로써 일제가 우리나라를 효과적으로 지배하는

43 조선고등법원 1919. 1. 31

44 朴秉濠,墓山·位土의 權利主體, 민사판례연구 2, 민사판례연구회, 1980,5-12면.

데 박차를 가하고자 하였던 것으로 보인다. 이러한 토지조사사업과 임야조사사업을 통한 宗中財産의 박탈은 결국 位土의 박탈로 이어졌고, 이는 봉제사 접빈객이라는 가장 중요한 덕목인 조상숭배사상을 훼손함으로써 우리나라 사람의 가치관을 뒤흔들어버렸다. 특히 宗中財産의 소유와 등기명의인의 모순관계를 이용하여 宗中財産의 소유권을 둘러싸고 宗中員간의 분쟁을 격화시킴으로써[45] 일제는 침략초기에 완강하게 거부하던 지배층 및 가진 자들의 경제력을 일거에 무력화시켰고, 소유권분쟁에 휘말리도록 함으로써 반일항쟁의 추동력을 무력화시켰다. 특히 이러한 일제의 정책에 동조하여 이를 이용하여 자신의 치부를 노렸던 무리에게는 일제가 너무나 반가운 세력이었다.

### 3. 民法上 位土의 問題點

민법은 墳墓등의 承繼에 대하여 墳墓에 속한 1町步이내의 禁養林野와 600坪이내의 墓土인 農地, 族譜와 祭具의 所有權은 祭祀를 主宰하는 者가 이를 承繼한다(제1008조의 3)고 규정하고 있다. 여기에서 소유권의 의미가 진정한 의미에 있어서 소유권, 명의신탁을 받은 외부적인 소유권, 명의신탁에 있어서 내부적으로 신탁자인 宗中이 가지고 있는 소유권, 관리자로서의 관리권, 또는 수탁자로서의 점용권 등 중 어느 것을 의미하는 것인지 여부가 문제될 수 있다. 금양임야나 위토가 宗中의 소유라고 본다면, 여기에서의 소유권은 수탁자로서의 명의신탁을 받은 외부적 소유권이라고 볼 수 있다. 또한 승계라는 의미가 상속, 양도 등 어느 것을 의미

45 位土의 소유권에 관한 귀속문제를 사실문제로 파악함으로써 宗中과 종원간의 피 튀기는 싸움을 유도하고, 이로 인하여 일제에게 굴복하지 않는 宗中과 그 대표자의 경제적 기반을 일거에 무력화시켰다.

하는지 문제될 수 있다. 이에 대하여 민법 제1008조의 3에서는 용어상 제사를 주재하는 자가 아니라 제사를 주재할 자로 해석하여야 하고, 승계자 결정에 대하여 아무런 규정을 두지 아니하는 입법적 불비를 저지르고 있다는 견해도 있다.[46]

### 4. 大法院判決의 問題點

#### (1) 全員合議體判決以前의 判例

대법원은 어떤 임야가 宗中의 소유인데 宗員인 개인 명의로 신탁하여 등기를 마친 것이라고 인정하기 위하여는 그 임야가 宗中의 소유로 된 과정이나 내용이 증명되거나 宗中 시조를 중심으로 한 宗中 분묘의 설치 방법이나 임야 관리 상태 등 여러 정황에 미루어 그 임야를 宗中 소유로 인정할 수밖에 없는 많은 간접자료가 있어야 할 것이고, 그와 같은 자료들이 충분히 증명되지 아니하거나 오히려 반대되는 사실의 자료가 많을 때에는 이를 인정하여서는 안된다[47]고 하여 宗中의 宗員에 대한 명의신탁 여부의 판단 기준을 제시하였다. 그런데 대법원은 임야에 공동 선조의 분묘가 있다거나 位土 또는 종산이라는 사실만으로는 이를 宗中 소유로 볼 수 없다고 하여 位土와 宗中과의 밀접성을 약화시키고 있다. 또한 어느 임야에 宗中에 속한 분묘가 설치되어 있고 전답이 그에 인접해 있다고 하여 그러한 사정만으로는 그 임야 및 전답이 宗中 소유라고 단정할 수 없다

---

46 곽윤직, 전게서, 69-70면.

47 대법원 1997. 10. 10. 선고 96다15923 판결.

는 판결[48]과 선조의 분묘가 있다고 하더라도 宗中所有로 볼 수 없다고 하는 판결[49]은 비록 타인 소유의 토지상의 분묘기지권까지 인정하고 있는 대법원판결에 비추어 놀라운 일이 아니라고 하더라도, 이는 우리풍습에 대한 매우 도전적인 판결이라고 하지 않을 수 없다. 생각건대 특별한 경우를 제외하고는 耕作者와 位土와의 거리가 2㎞이내에 위치하고 있는 것이 88.4%이고, 耕作者와 관리하고 있는 분묘와의 거리가 2㎞이내인 경우가 69.5%라는 분석[50]에 따르면, 오히려 位土와 분묘의 인접성은 位土로 볼 수 있는 유력한 증거라고 보아야 한다.

(2) 全員合議體判決과 問題點

位土의 소유권 귀속문제는 민사적 문제이지만, 대법원은 형사적 문제가 된 사안에서 이에 대한 판단을 먼저 하였고, 이 형사 판결을 참조판결로 하여 민사판결에서 소유권자를 확정하고 있는 점에서 문제가 있다고 할 수 있다. 즉 位土의 소유권 귀속에 대하여 중중의 소유인지 수탁자 소유인지 여부를 둘러싸고 문제된 경우, 位土가 宗中所有라고 본다면 명의수탁자인 피고인이 이를 처분한 경우에 횡령죄의 죄책을 부담하고, 수탁자 소유라면 횡령죄의 죄책을 부담하지 않게 된다. 전자로 해석한 원심에 대하여 대법원은 토지가 특정묘의 位土로 되는 경위는 그 특정묘와 관련있는 宗中이 그 소유권을 취득하여 位土설정을 한 경우와 후손중의 어느 개인이 개인소유의 토지를 특정 선조묘의 位土로 설정하는 경우등이

48 대법원 1997. 2. 25. 선고 96다9560 판결.

49 대법원 1997.10.10.선고96다15923 판결.

50 최현채, 전게논문, 57-58면.

있을 수 있으므로 位土라는 사실만으로는 宗中所有라고 볼 수 없다[51]고 하여 파기환송하였다. 이 형사판결은 位土의 소유권에 대한 리딩 케이스로 그 후 민사판결[52]에도 영향을 주었고, 특히 1997년 대법원은 아예 후손 중의 어느 개인이 그 소유의 토지를 특정 선조 묘의 位土로 설정하는 경우 등이 있을 수 있으므로 位土라는 사실만으로 宗中 소유의 토지라고 볼 수는 없다고 하는 전원합의체판결[53]로 이를 공식화하고 있다.

생각건대 첫째 位土는 宗中財産으로 보아야 하고, 그런 의미에서 位土는 宗中의 소유로 보아야 한다. 후손들이 조상묘의 관리를 위해서 位土를 매수하여 출연할 경우에 位土가 분묘에 귀속되는 것을 전제로 출연하는 것이 일반적이다. 또한 位土가 분묘에 귀속한다는 것은 位土의 소유권이 분묘의 후손들, 즉 宗中에게 귀속한다는 것을 의미한다고 보아야 한다. 位土가 종손의 명의로 등기되어 있다면 이는 宗中의 종손에 대한 명의신탁으로 보아야 하고, 그 소유자는 宗中으로 보아야 한다. 분묘와 조상숭배라는 것은 일시적인 것이 아니라 연연세세 영구히 후손들에 의하여 이루어진다는 것을 전제로 하면, 특별히 당해 조상묘가 이장되어 멸실된다는 것을 고려하여 그 경우에는 位土의 출연자에게 소유권이 반환되어야 한다는 특약을 하는 경우는 예외에 속하는 경우이고 이를 생각하는 것 자체가 후손으로서는 불경스러운 일임에 틀림이 없다. 位土의 설정경위가 宗中이 출연하였든 宗中員 중의 일부 또는 1인이 출연하였든 位土로 출연한 시점부터 宗中의 재산으로 되고, 출연자가 개인 또는 일부의 소유

---

**51** 대법원 1984.3.13. 선고 83도1726 판결.

**52** 대법원 1985.11.26. 선고 85다카847 판결.

**53** 대법원 1997. 10. 16. 선고 95다57029 전원합의체 판결.

라고 명백하게 명시적인 의사표시를 하지 않는 한 宗中財産으로 된다고 보아야 한다. 그러나 최근 부동산 가격이 폭등하여 位土로 설정되는 토지의 가격이 만만치 아니하여 이제부터라도 위와 같은 특약을 하는 경우도 생길 수도 있다.

둘째 墓主와 位土의 소유권자가 다르더라도 位土가 될 수 있고, 位土가 된 이상 墓主의 후손들로 자연발생적으로 구성된 宗中에게 그 소유권이 귀속한다고 보아야 한다. 어떤 전답이 位土로 출연됨으로써, 출연된 位土의 소유권은 출연자와의 관련성은 단절되고 宗中의 소유로 전환된다. 그래서 굳이 宗中의 재산으로 된 位土에 대하여 출연자가 출연당시의 명시적인 특별한 의사표시를 근거로 하여 반환을 요구하게 되면, 宗中총회의 결의를 거쳐 반환될 수 있다.

셋째 그럼에도 불구하고 대법원이 位土를 宗中所有로 보지 아니하고 달리 선고하고 있는 것은 일제의 침략논리에 순종하는 것으로 찬성할 수 없다. 이제 우리나라도 민주적 독립국가가 된 이상 일제하와 같이 宗中所有재산을 박탈함으로써 宗中의 경제적기반을 초토화시킬 이유가 없고, 오히려 제사불인멸이라는 풍속의 유지를 위해서라도 宗中의 위토소유는 계속되어야 한다. 대법원의 논리대로 하면, 位土로 설정되더라도 位土가 개인 소유로 남아있으면서 그 수확물로서 묘사비용을 충당하는 것이라고 하면, 묘사비용을 전적으로 그 특정 후손이 부담하는 것이 된다고 할 수 있다. 그러나 일반적으로 묘사비용은 후손이 공동으로 부담하는 것이 원칙이다. 설령 그 位土의 소유권자가 宗員 중의 일부이거나 종손이라고 할지라도 후손으로 내려갈수록 결국 그 분묘에 매장된 조상의 후손전체가 소유권자로 되고, 이는 결국 후손전체로 자연발생적으로 구성된 宗中의 소유로 된다고 보아야 한다. 예외적으로 宗員이 아닌 자가 자신의 소유토지를 位土로 출연한 경우에 있어서는 특별히 예외로 인정될 가능성이 있다. 대법원이 후손 중의 어느 개인이 그 소유의 토지를 특정 선조 묘의 位土로 설정하는 경우 등이 있을 수 있으므로 位土라는 사실만으로 宗中 소유의 토지라고 볼 수는 없다고 하는 것은 이처럼 宗員이 아닌 자가 位土를 설정한 아주 특별한 경우에 한한다고 할 것이다.

넷째 대법원은 位土라고 하여 반드시 墓主의 소유라고 단정할 수도 없다고 하고 있다. 位土는 당연하게 분묘의 존재를 전제로 하여 성립되는 것으로 분묘가 없는 位土라는 것은 있을 수 없다. 또한 과거에는 분묘가 있었고 이에 딸린 位土가 있었지만, 지금은 분묘가 소실되거나 이장되어 분묘가 소재하지 아니하는 경우에는 그에 딸린 位土는 位土로서의 기능을 상실하고 단순한 상속재산으로 전환된다고 할 것이다. 따라서 분묘가 여러 대에 걸쳐 집단적 선산화가 되어 있다면 당연히 그 位土도 宗中所有가 될 것이지만, 분묘가 당대에 설치되었다가 곧바로 폐묘가 된 경우에는 그 位土는 일반상속재산으로 宗中과는 상관없이 그 位土를 제공한 측- 그것이 장남이든, 차남이든, 딸이든-에게 귀속될 수 있다고 할 것이다. 아울러 미래의 분묘를 예상하여 位土를 설정하는 것은 位土로서의 기능이 없고, 이에 대하여는 단순한 상속재산으로 승계되는 것이라고 할 수 있다.

결국 墓主와 位土의 관련성, 위토와 宗中의 관련성을 부인하고 있는 대법원의 판단은 매우 이례적인 것으로 位土를 출연한 자가 특별히 자신의 소유토지라는 것을 명시적으로 밝히거나, 宗員이 아닌자가 특약을 한 후에 출연하는 경우 등 극히 예외적인 경우를 제외하고는 위토는 宗中에 속한다고 할 것이다.

(3) 全員合議體判決의 別個意見

성년여자에게도 종원자격이 있다고 하는 대법원 전원합의체판결[54]에서 별개의견으로 제시된 바를 살펴보면, 위토와 宗中의 관계에 대하여 솔직하게 밝히고 있다.

宗中의 목적과 기능에 대한 변화 중 가장 두드러진 것이 宗中의 재산공동체적 성격이 제사공동체, 친목공동체적 성격보다 점점 더 전면에 부상하고 중요성을 띠게 되었다는 점이다. 宗中은 宗中 목적을 달성하기 위하여 宗中財產을 가지고 있으나, 이러한 宗中財產은 제사불인멸(祭祀不湮滅)·재산영구보전(財產永久保全)의 원칙 아래 처분은 원칙적으로 금지되며, 宗中財產으로부터 얻어지는 수익은 주로 선조의 제사봉행 등에 소요되고, 나머지가 있는 경우에 종원의 원조 내지 공익을 도모하는 용도에 충당된다. 宗中이 소유하는 재산으로는 분묘수호 등에 쓰이는 宗山과 제사봉행 등에 소요될 식량 및 그 비용의 조달 등을 위한 位土田畓 그리고 祭具등이 주된 것이고, 이러한 재산은 주로 재력 있는 선조나 후손들의 증여 또는 종원들의 출연에 의하여 마련된 宗中의 총유로서, 일단 宗中의 소유로 귀속되면 그 재산을 宗中에 증여한 사람이나 그의 상속인이라도 배타적인 권리를 주장할 수 없고, 오로지 宗中의 목적에 합당하게 사용되어야 하며, 라고 하고 있다. 여기에서도 位土가 누구의 출연으로 되었더라도 일단 位土가 된 이후에는 宗中財產으로 보고, 宗中所有가 된 이후에는 출연자는 그 권리를 주장할 수 없다고 하고 있다.

---

**54** 대법원 2005. 7. 21. 선고 2002다1178 전원합의체 판결.

### 5. 暫定的 結論

位土와 관련하여 다음과 같은 견해가 있다. 宗中財産에 대한 合有 또는 總有關係에서 유추하여, 位土는 宗中 또는 문중의 總有物이며 일가의 祭(墓)祀를 계속하게 하기 위하여 존재하는 것으로, 戶主名義로 되어 있더라도 一家의 대표자로서 일가의 祭(墓)祀者인 지위에서 受託者로 보유하고 있는 것으로 본다. 호주상속인이 位土에 대하여 소유권을 승계한다는 것은 대외관계에 있어 소유권자의 지위를 승계한다는 것이며, 일족간의 대내관계에서는 소유권 자체를 단독으로 소유한다는 것은 아니다.[55] 被承繼人이 형성한 개인소유물인 경우에도 그것을 승계하는 것에 의해 그것은 제사주재자의 단독소유가 아니라 가족간의 合有의 성질을 갖게 되는 것이며, 이러한 해석은 조상제사를 위해 특정재산의 승계를 인정하는 입법취지에 부합한다.[56] 位土의 설정은 종가의 유산의 일부에 한하는 것이 아니고 종족의 갹출에 의한 경우도 있으나, 일단 宗産으로서 설정된 이상, 종가의 가산은 아니며, 따라서 그 소지분을 허용할 수 없다.[57] 또한 판례는 宗中 소유의 位土가 문중의 종손에게 상속된다는 관습은 없다. 전래되어 온 宗中位土에 대하여 位土인허를 받지 아니하였다 하여 당연히 그 位土의 소유권을 상실한다 할 수는 없다고 한다.[58] 朝鮮高等法院은 位土의 소유주체에 대하여 법적인 문제가 아닌 사실-位土의 形成過程-문제로 파

---

**55** 鄭光鉉,新親族相續稅法要論, 법문사, 1962, 343면; 梁壽山, 친족상속법, 일신사, 1996, 601면; 金容漢, 親族相續法論, 박영사, 1984, 334-335면.

**56** 權逸, 韓國親族相續法, 弘文堂, 1961, 198면.

**57** 김두헌, 한국가족제도연구, 서울대출판부, 1985, 98면.

**58** 대법원 1991.3.27. 선고 91다3741 판결.

악하였지만,[59] 位土의 형성과정과 位土의 소유주체는 전자가 후자에 영향을 미칠 수는 있지만, 전혀 별개의 문제이다. 그럼에도 불구하고 일제는 종전 지배세력의 경제적 토대를 붕괴시켜 일제에 동화시키기 위해서 位土의 형성과정이 位土의 소유주체에 영향이 있다고 왜곡하였다.

결론적으로 位土의 소유자는 宗中으로 보는 것이 합리적이다. 位土의 소유자를 宗中으로 본다면 位土管理契約은 宗中과 耕作者사이에 체결된다. 位土라는 것은 분묘에 종속되는 것으로 그 분묘가 하나이든 복수이든 그 분묘의 피매장자의 후손으로 추정되는 사람들로 구성되는 小宗中의 소유에 귀속된다고 보아야 한다. 位土라는 사실만으로 宗中所有의 토지라고 보아야 하고, 墓主의 소유라는 관념은 없다고 보는 것이 합리적이다. 位土의 소유자가 宗中이라고 한다면, 位土가 종손 명의로 소유권등기가 되어 있는 경우에는 宗中으로부터 명의신탁이 되어 있는 것으로 보아야 한다.

## VI. 墓山과 位土의 關係

### 1. 墓田의 所有權者

분묘의 기지에 해당하는 토지의 소유권자는 당연히 분묘에 매장된 선조의 후손들, 즉 宗中에게 소유권이 있고, 분묘기지에 대하여 소유권이 없다고 하더라도 분묘기지권에 해당하는 권리자는 宗中이라고 할 것이다. 분묘의 기지에 해당하는 토지부분에 대하여 출연한 소유권자가 조

59 정긍식, 宗中財産의 법적문제, 법제연구 4호, 1993, 228면.

상의 분묘기지로 제공(출연)한 이후에 위 토지에 대한 소유권을 계속하여 유지하다가 향후 위 분묘가 이장 등으로 나대지가 될 경우에는 자신의 소유로 반환되어야 한다는 취지의 특약을 하는 경우가 있을 수 있는지 여부가 문제된다. 특별한 예외, 예컨대 가매장 등의 특별한 경우를 제외하고는 분묘로 사용된 토지를 다시 반환받는다는 것은 상상할 수가 없다. 또한 분묘로 사용되고 있는 토지가 일정기간 이후에 분묘가 철거(굴이)된다는 것은 우리나라 특유의 명당론, 풍수지리라는 관습상 상상하기 힘든 일이다.[60] 분묘로 출연된 토지는 분묘의 수호권자가 계속하여 봉제사 및 분묘수호를 하는 한 분묘에 매장된 자의 후손들로 구성된 宗中에게 그 소유권이 귀속된다고 보아야 한다. 설령 분묘의 토지소유권자가 宗員 중에 1인 또는 일부이더라고, 그 宗員 또는 일부인의 후손들이 계속하여 생기는 때로부터 그 후손들로 구성된 宗中의 소유로 그 출연된 토지가 귀속된다고 보아야 한다. 이 경우에 그 토지를 출연한 자의 후손들만으로 구성된 宗中에게 분묘의 토지가 귀속된다고 보아야 하는지 문제가 된다. 분묘가 만들어지는 순간에 그 토지의 소유자는 그 분묘의 후손들로 구성된 宗中에게 토지를 출연하였다고 보아야 하고, 생전에 그 토지의 출연을 약속하였다고 하면 그 매장된 조상에게 증여를 하였다고 볼 수 있기 때문에, 결국 토지소유자는 자신의 토지를 墳墓基地로 제공한 순간부터 宗中에게 출연한 것이라고 보아야 한다.

---

60 물론 장사등에 관한 법률 제12조, 제13조, 제17조에서 분묘설치기간을 최대 60년으로 규정하고 있는 것을 고려하면 상상이 가능한 일이지만, 과연 이러한 일이 2001년부터 시행된 위 법률이 그 효과를 볼 수 있는 기간이 2060년이 되어야 하는데, 참으로 난감한 일이 아닐 수 없다. 2000년에 매장된 묘는 계속하여 유지가 되는데, 2001년에 매장된 묘는 2061년에 철거하여 파헤쳐져 화장되어야 하는데, 참으로 실효성있는 법인지 여부가 문제된다.

## 2. 墓山과 位土

墓山은 宗山, 禁養林野라고 하며, 조상의 분묘가 소재 위치하고 있는 임야를 말한다. 墓山과 位土의 관계에 대하여 獨立說과 從屬說이 있을 수 있다. 전자는 位土는 墓山의 존재여부와 관계없다는 것이고, 후자는 墓山 없는 位土는 생각할 수 없다는 것이다. 獨立說은 우리 대법원의 판단으로 농지 소유자와 분묘 소유자가 다르다 하더라도 位土로 인정할 수 있다[61]고 한다. 그러나 분묘라는 것이 어느 특정인의 소유라고 볼 수 없기 때문에 그 분묘에 종속된 位土 역시 그 분묘의 후손들로 구성된 宗中의 소유라고 보지 않을 수 없다고 보아야 한다. 즉 位土가 설정될 당시의 소유권이 문제가 아니라 位土로 설정되고 난 후에는 개인의 소유권이라는 것은 있을 수 없다는 것이 바로 종속설의 입장이다. 從屬說은 位土는 분묘에 종속되는 것으로 분묘와 位土는 분리될 수 없다는 것이다. 농지개혁법상 宗中은 농지를 취득할 수 없지만, 제6조 제7호의 규정취지에 비추어 기존 位土가 없는 분묘를 수호하기 위하여 분묘 1위당 2반보(反步) 이내의 농지를 位土로 하기 위하여서는 宗中명의로 취득할 수 있다고 한다. 즉 농지개혁법상 宗中이 분묘의 位土로 하기 위한 취득이어야 하고, 분묘 1위당 2반보 이내의 농지이어야 한다는 요건을 갖추어, 位土로 하기 위하여 농지를 취득한다는 취지가 기재된 시·구·읍·면의 장이 발행한 농지매매증명서를 발급받아 소유권이전등기신청시 이를 첨부하면 농지취득이 가능하다(농지개혁법 제6조, 제7호 참조). 그런 의미에서 어느 토지가 구 민법 제996조(1990.1.13. 법률 제4199호로 삭제) 소정의 금양임야이거나 墓土인 농지에 해당한다면 위 규정에 정한 범위 내의 토지는 일반상속재산과 구별되는 특

---

61 대법원 1997.12.23. 선고 97다32918 판결

별재산으로서 대외적인 관계에서뿐만 아니라 상속인 상호간의 대내적인 관계에서도 호주상속인이 단독으로 그 소유권을 승계한다[62]고 하는 대법원의 판결은 墓山인 금양임야와 墓土인 位土의 소유자가 宗中에게 있다고 하는 논리에 비추어 보면 민법상 명문규정을 규범적으로만 문리해석한 너무 형식적인 판단이 아닐 수 없다. 墓山과 位土가 상속재산으로 인정되어 다수의 상속인에 의하여 여러 부분으로 분해되어 분묘수호 등 이른바 봉제사 접빈객이라는 우리나라 고유의 풍습이 무너질 것을 우려한 민법 입법자의 입법취지를 고려하면, 墓山과 位土는 宗中 소유의 재산이지만, 종손에게 명의신탁하고 있다고 보는 것이 합리적이다.

## Ⅶ. 마무리

宗中에 관한 분쟁은 宗中財産의 보전, 관리, 처분을 둘러싼 다툼에서 비롯되는 것이 대부분이다. 대법원 전원합의체가 位土라는 사실만으로 宗中 소유의 토지라고 볼 수 없다고 하는 판결을 선고한 것은 宗中財産분쟁의 격화를 조장하거나 유도하는 불필요한 선언이다. 이는 일제가 노린 宗中 분열을 반복하는 현명하지 못한 결정이다. 位土의 소유권은 그 설정 경위가 어떠하든지 간에 宗中에게 있다고 보아야 한다. 이는 분묘의 소유권이 종손에게만 있다고 할 수 없고, 모든 후손들에게 있다는 것과 궤를 같이 한다고 할 것이다. 位土는 분묘에 종속되는 것으로 분묘의 소유권이 宗中에게 있다면, 그 분묘에 종속되는 位土도 역시 宗中에게 그 소유권이 있다는 보는 것이 합리적이다.

---

**62** 대법원 1995.2.10. 선고 94다39116 판결.

## 찾아보기